经济管理学术文库·管理类

国有企业改革发展探索与现代企业制度建设

——以中冶建工集团为例

Exploration of Reform and Development of State-owned
Enterprises and Construction of Modern Enterprise System
——An Example from MCC Group

姚晋川／主编

经济管理出版社
ECONOMY & MANAGEMENT PUBLISHING HOUSE

图书在版编目（CIP）数据

国有企业改革发展探索与现代企业制度建设——以中冶建工集团为例/姚晋川主编. —北京：
经济管理出版社，2018.12
ISBN 978-7-5096-6176-5

Ⅰ.①国… Ⅱ.①姚… Ⅲ.①建筑企业集团—企业改革—研究—重庆 ②建筑企业集团—现代
企业制度—研究—重庆 Ⅳ.①F426.9

中国版本图书馆 CIP 数据核字（2018）第 261471 号

组稿编辑：杨国强
责任编辑：杨国强　张瑞军
责任印制：黄章平
责任校对：张晓燕

出版发行：经济管理出版社
　　　　　（北京市海淀区北蜂窝 8 号中雅大厦 A 座 11 层　100038）
网　　　址：www. E-mp. com. cn
电　　　话：（010）51915602
印　　　刷：玉田县昊达印刷有限公司
经　　　销：新华书店
开　　　本：720mm×1000mm/16
印　　　张：17.75
字　　　数：310 千字
版　　　次：2019 年 1 月第 1 版　2019 年 1 月第 1 次印刷
书　　　号：ISBN 978-7-5096-6176-5
定　　　价：88.00 元

前　言

党的十九大指出，要完善各类国有资产管理体制，改革国有资本授权经营体制，加快国有经营布局优化、结构调整、战略性重组，促进国有资产保值增值，推动国有资本做强做大做优，有效防止国有资产流失。深化国有企业改革，发展混合所有制经济，培育具有全球竞争力的世界一流企业。这是在新的历史起点上，以习近平同志为核心的党中央对国有企业改革作出的重大战略部署，是对新时代国有企业改革发展的新号召、新期盼、新指引。从理论和实践相结合上系统梳理总结国有企业改革发展取得的历史性成就，深入研究国有企业改革重大问题，是新时代深化国有企业改革的客观要求。

国有企业属于全民所有，是推进国家现代化建设、保障人民共同利益的重要力量，是我们党和国家事业发展的重要物质基础和政治基础。改革开放以来，国有企业改革发展不断取得重大进展，总体上已经同市场经济相融合，运行质量和效益明显提升，在国际国内市场竞争中涌现出一批具有核心竞争力的骨干企业，为推动经济社会发展、保障和改善民生、开拓国际市场、增强我国综合实力作出了重大贡献，国有企业经营管理者队伍总体上是好的，广大职工付出了不懈努力，成就是突出的。但国有企业仍然存在一些亟待解决的突出矛盾和问题，一些企业市场主体地位尚未真正确立，现代企业制度还不健全，国有资产监管体制有待完善，国有资本运营效率需进一步提高；一些企业管理混乱，内部人控制、利益输送、国有资产流失等问题突出，企业办社会职能和历史遗留问题还未完全解决；一些企业党组织管党治党责任不落实、作用被弱化。面向未来，国有企业面临日益激烈的国际竞争和转型升级的巨大挑战。在推动我国经济保持中高速和迈向中高端水平、完善和发展中国特色社会主义制度、实现中华民族伟大复兴中国梦的进程中，国有企业肩负着重大历史使命和责任。要认真贯彻落实党中央、国务院战略决策，按照"四个全面"战略布局的总要求，增强"四个意识"，坚定"四个自信"，以经济建设为中心，坚持问题导向，继续推进国有企业改革，切实破除体制机制障碍，坚定不移做强做优做大国有企业。

本书分为上下两篇，上篇回顾了国有企业改革发展历程，主要介绍了党的十八大召开前后国有企业的发展情况和国有企业发展中所面临的问题。同时，从理论方面对国有企业的健康发展进行了阐述总结。此部分包括：完善现代企业制度建设、完善国有资产管理体制、强化国有资产监督、发展混合所有制经济、加强企业中党的建设和供给侧改革。下篇结合中冶建工改革发展的实践，介绍了中冶建工集团自改革开放 40 年来的发展历程，分析总结中冶建工集团改革发展的成功经验，主要包括：企业完善治理结构、企业创新管理、企业文化建设、企业党建，从实践的角度，为国有企业改革发展提供一个成功的案例样本。

社会制度之中国方案最具特色处，就是不断改革和完善国有企业体制机制。国有企业不仅是党执政的经济基础，也是实现以共同富裕为主要特征的社会主义本质目标的前提条件。因此，不断深化国有企业改革，提升国有企业在国民经济中的控制力和领导力，不断做强做优做大国有企业，已经成为实现全面建成小康社会，实现中华民族伟大复兴中国梦的先决条件。2018 年适逢改革开放 40 周年，本书的出版既是对国有企业改革的一个总结，也是对国有企业未来发展的一个展望，可以说，无论是从理论上还是实践上，我们都有理由和自信做大做强做优国有企业。

此书的编写过程，也是一个不断总结学习、创新拓展的过程，通过此书的编辑，更加增强了我们对新时代中国特色社会主义的道路自信、理论自信、制度自信和文化自信，并以此书从国有企业的微观层面献给改革开放 40 周年。

最后，本书在编写过程中，参考了大量关于国有企业改革的理论与实践方面的书籍与研究论文，我们在此对这些参考文献的作者表示衷心的感谢。参加本书编写工作的同志包括宋增基、杨百里、宋慈篯、姜雪、李国润、吴少文、姜燕、贺唐等，同时，我们也对提供、整理资料的同志表示衷心的感谢。

目 录

上 篇

第一章　我国国有企业改革与发展历程 ······················ 003

第一节　党的十八大召开前：国有企业发展与改革历程 ·········· 003

第二节　党的十八大召开：国有企业改革进入新的历史时期 ·········· 015

第二章　我国国有企业存在问题解读 ······················ 023

第一节　现代企业制度不健全 ························ 024

第二节　国有资产监管体制不完善 ····················· 029

第三节　国企内部人控制突出 ························ 031

第四节　党组织责任作用弱化 ························ 037

第三章　完善现代企业制度建设 ························ 045

第一节　推进公司制股份制改革 ······················ 046

第二节　公司法人治理结构 ························· 052

第三节　建立领导人员分类分层管理制度 ·················· 058

第四节　改革企业薪酬分配制度 ······················ 063

第四章　完善国有资产管理体制 ························ 069

第一节　我国国有资产管理体制历史沿革 ·················· 069

第二节　以管资本为主推进国有资产监管机构职能转变 ············ 072

第三节　以管资本为主改革国有资本授权经营体制 ············· 078

第四节　以管资本为主推动国有资本合理流动优化配置 ············ 082

第五节　以管资本为主推进经营性国有资产集中统一监管 …………… 086

第五章　强化国有资产监督 ………………………………………… 091

第一节　企业国有资产监督的基本要素 ……………………………… 091

第二节　完善企业内部监督体系 ……………………………………… 094

第三节　建立健全高效协同的外部监督机制 ………………………… 098

第四节　实施信息公开加强社会监督 ………………………………… 100

第五节　严格责任追究制度 …………………………………………… 102

第六章　发展混合所有制经济 …………………………………… 109

第一节　发展混合所有制经济有关理论分析 ………………………… 109

第二节　我国经济体制变迁中混合所有制经济的表现形式 ………… 116

第三节　积极稳妥发展混合所有制经济 ……………………………… 119

第七章　加强国有企业党的建设 ………………………………… 133

第一节　国有企业党的建设理论综述 ………………………………… 133

第二节　充分发挥国有企业党组织的领导作用 ……………………… 142

第三节　加强国有企业反腐倡廉建设 ………………………………… 146

第八章　供给侧改革与国有企业 ………………………………… 153

第一节　供给侧改革基本要求 ………………………………………… 153

第二节　供给侧为国企改革带来的新机遇 …………………………… 156

第三节　供给侧改革背景下国有企业发展途径 ……………………… 159

下　篇

第九章　中冶建工集团的发展历程 ……………………………… 163

第一节　中冶建工简介 ………………………………………………… 163

第二节　中冶建工发展历程 …………………………………………… 164

第三节　中冶建工发展成就 …………………………………………… 166

第十章　中冶建工现代企业制度实践 ·················· 169

　　第一节　建立现代企业制度　改制设立中冶建工有限公司 ·············· 169

　　第二节　设立中冶建工集团　开启集团化运作新时代 ·············· 173

　　第三节　实施党建工作进章程　明确党组织的法定地位 ·············· 174

第十一章　中冶建工管理创新实践 ·················· 177

　　第一节　整合企业资源　打造优势产业 ·················· 177

　　第二节　精细项目管理　提升核心竞争力 ·················· 183

　　第三节　调整经营结构　确保持续发展 ·················· 201

　　第四节　改革构建企业有效分配体系 ·················· 212

　　第五节　创新科技管理　增强发展动力 ·················· 218

第十二章　中冶建工企业文化实践 ·················· 229

　　第一节　企业文化概念界定 ·················· 229

　　第二节　中冶建工企业文化理念体系的构建 ·················· 231

　　第三节　中冶建工企业文化落地的十大保障措施 ·················· 236

　　第四节　企业文化建设的经验总结 ·················· 242

第十三章　中冶建工党建实践 ·················· 245

　　第一节　中冶建工发展史上的三次党代会 ·················· 245

　　第二节　中冶建工党建工作的探索与创新 ·················· 249

　　第三节　党风廉政建设和反腐败工作 ·················· 257

　　第四节　加强党建经验总结 ·················· 263

第十四章　中冶建工集团改革发展经验总结 ·················· 265

　　第一节　战略是方向，决定了企业的未来走向 ·················· 266

　　第二节　管理是基础，决定了企业成败 ·················· 267

　　第三节　政策是关键，决定了企业动力 ·················· 268

　　第四节　文化是环境，决定了企业人才成长的导向 ·················· 269

　　第五节　党建是保证，决定了企业的政治生态和组织保证 ·············· 270

参考文献 ·················· 273

PART ONE | 上篇

本篇为理论篇，详细叙述了我国国有企业改革发展遇到的问题以及解决的途径。

首先，回顾了国有企业的发展历程，以党的十八大召开为节点，分为两个阶段，即国有企业发展与改革历程（1978~2012年）和国有企业改革进入新时期（2012年至今）。其中，第一个又细分成三个阶段，分别是打破计划经济体制格局（1978~1992年）、开始建立现代企业制度（1993~2002年）和初步确立现代企业制度（2003~2012年）。

其次，对我国国有企业存在的问题进行了系统的梳理，包括现代企业制度不健全、国资监管体制不完善、国企内部人控制突出以及党组织作用弱化四个方面。

最后，从以下几个方面对国有企业的健康发展进行了阐述和总结：

（1）完善现代企业制度建设。

（2）完善国有资产管理体制。

（3）强化国有资产监督。

（4）发展混合所有制经济。

（5）加强国有企业党的建设。

（6）推动供给侧改革。

第一章　我国国有企业改革与发展历程

中华人民共和国成立后，我国着手恢复国民经济，建立社会主义经济制度。国有企业作为共和国长子，对迅速改变我国落后的经济面貌、奠定党和国家事业发展的物质基础发挥了重要作用。从 20 世纪 70 年代末开始，国有企业改革从最初的放权、让利、承包经营责任制，到明确建立现代企业制度，再到建立权利、义务和责任相统一，管资产与管人、管事相结合的国有资产管理体制，大致经历了机制创新、制度创新、体制创新三个阶段。党的十八大、十八届三中全会对深化国有企业改革作出重大部署，推动国有企业完善现代企业制度，发展混合所有制经济，以管资本为主加强国有资产监管、加强国有企业党的建设，我国国有企业改革进入了一个新的历史时期。

第一节　党的十八大召开前：国有企业发展与改革历程

一、打破计划经济体制格局（1978~1992 年）

这一阶段主要指从 1978 年 12 月的党的十一届三中全会，经 1984 年 10 月党中央颁布的《中央关于经济体制改革的决定》，到股份制改革正式试点，到 1992 年初邓小平南方谈话以及党的十四大的召开这段时期，在不触及原有企业制度的前提下，通过以"放权让利"为基本特征的非产权改革方式调整政府与企业的"权、责、利"关系的摸索与尝试，当然这其中也包含与非产权改革模式探索同时进行的股份制形式的产权改革初期试点。整体上讲，非产权改革是这一阶段探索的主要路径。

"文化大革命"结束以后，企业管理体制改革问题被提出来了，当时国企存在的主要问题在于：政企职责不分。改革开放初期，国家对国有企业实行计划下的统包统销，盈亏都由国家负责，国家对企业统得过多过死，忽视商品生产、价值规律和市场的作用，分配中平均主义严重，造成了企业缺乏应有的自主权，事实上企业依赖于国家，而职工又依赖于企业，这严重压抑了企业和职工的积极性和创造性；经济问题的症结又集中表现为企业效率的低下。中国财政收入的基础主要是企业上缴利润，若企业效益低，财政必然困难，人民也很难得到实惠，因此政府提出要"搞活企业"。这一阶段，我国国有企业改革围绕放权让利展开，主要坚持在不改变企业所有权的基础上，通过对经营控制权的改革搞活国有企业。理论界认为，决定企业绩效的主要因素不在于所有权的主体，而在于经营控制权的主体以及具体的经营激励机制。党的十一届三中全会提出，要让企业有更多的经营管理自主权，并在国有企业推进了扩大企业经营自主权、利润递增包干和承包经营责任制的试点，调整了国家与企业的"责、权、利"关系，进一步明确了企业的利益主体地位，调动了企业和职工的生产经营积极性，增强了企业活力。因此，这阶段主要是在保证国有企业的国有产权条件下扩大企业经营管理权的改革。具体地说，这一阶段的国有企业非产权改革包括四个方面的探索，即扩大企业自主权试点、试行经济责任制、试行两步利改税以及推行以承包制为主要形式的经营机制转换。具体来说，这一时期又可分为以下两个阶段：

(一) 放权让利 (1978~1984 年)

这一阶段主要是进行国企经营层面的改革，扩大国营工业企业的经营管理自主权，采取了提高利润留成，开征固定资产税等措施。传统的国企是政府垄断企业经营权、产品支配权以及收益处置权，因而导致国企长期处于低效率的运行状态。针对政企不分的弊端，党的十一届三中全会后，政府颁布了一系列扩大企业自主权的文件，推动了国企经营权层面的改革。1978 年 10 月，四川省宁江机床厂等 6 家企业进行了扩大企业自主权的试点，确定企业在增收基础上可以提取一些利润留成，职工可以得到一定的奖金；允许国有企业从事国家指令性计划之外的生产，允许出口企业保留部分外汇收入自主支配。1979 年 4 月，中央工作会议做出了扩大企业自主权的决定，同年国务院颁布了《关于扩大国营工业企业经营管理自主权的若干规定》等 5 个管理体制改革文件，并在四川省进行扩大企业自主权的试点。根据中央政策，政府向企业让渡了一定的生产自主权、原料选购权、劳动用工权和产品销售权等 14 项经营权。企业经营权的部分让渡意味着企业的经营者具有了一定程度的剩余产品的控制权和索取权。

这一阶段改革意在使国企成为自负盈亏、自主经营、自我约束、自我发展的"四自"经济实体。截至 1980 年 6 月,试点企业发展到 6600 个,约占全国预算内工业企业数的 16%,产值占 60% 左右,利润占 70% 左右。后来在 1981 年底和 1982 年底,国务院又提出加强国营工业企业内部的经济责任制,以提高经济效益。1983 年 4 月,国务院开始实行两步"利改税",即国有企业向政府上缴利润由利润所得税代替,希望通过把利润分成以税收的形式固定下来,增强国有企业的经济自主权,增强其经营的主动性和积极性。但由于税率过高(达到 55%),企业交不上税,"利改税"政策到 1986 年底无法继续实行,"利改税"不成功。

这一时期的国有企业改革还是在原有计划经济框架内的改革,是不改变企业所有制形式、不改变隶属关系、不改变财政体制的企业经营权改革。从结果上看,虽然这一阶段改革是浅层次的,采取的是一些权宜之计的放权让利措施,但也取得了一定的成效。1979 年国有工业企业实现利税比 1978 年增长了 10.1%,高于 1957~1978 年的平均增长率。国家财政收支也从 1978 年的财政赤字 10.17 亿元,转为 1979 年的财政盈余 135.41 亿元,职工实际工资比上年增长 7.5%。

这一阶段改革之所以取得成效,主要是因为:①它能使各利益主体在改革中获得程度不同的利益,具有普惠性质,从而产生了较强的激励作用,调动各方面的积极性;②这种改革是在不改变原有产权框架内进行的,只在政府和国企之间进行利益调整,这种调整并不涉及"姓公姓私"或"姓资姓社"的问题,因而阻力较小,改革能够被全社会所接受,进行得比较顺利;③这种改革虽然表现为政府利益的部分损失,但国民经济总量是增加的,中央政府收益的绝对量也是增加的,同时,又带来社会成员收入的提高和生活的改善。因此,以放权让利为内容的国企经营权层面的改革是一种社会绝大多数成员都能接受并受益的"帕累托改进"。

(二)承包制(1985~1992 年)

这一阶段主要是进行国企从经营权向所有权过渡的改革。随着改革的深入,不可避免地触及企业的产权问题,不进行产权改革,国企改革就没有出路,相应地也产生了两种不同的改革思路。

其中,一种思路是主张将国企改革仍限制在原有财产关系之内,进一步推进或深化企业经营权层面的改革。与这种认识相对应的制度选择是企业承包制或租赁制。政府决策部门也倾向于这种改革思路。1984 年 12 月,党的十二届三中全会通过了《党中央关于经济体制改革的决定》，提出了社会主义经济是以公有制为基础的有计划的商品经济的著名论断。按照发展社会主义有计划商品经济的要求，决定提出今后应全面推进以增强企业活力，特别是增强国有大中型企业活力为中心的、以城市为重点的经济体制改革。

国有企业改革的目标是：要使企业真正成为相对独立的经济实体，成为自主经营、自负盈亏的社会主义商品生产者和经营者，具有自我改造和自我发展能力，成为具有一定权利和义务的法人。按照这一目标，国有企业改革转向实行"两权分离"，即国家的所有权与企业的经营权分离。1986年12月，国务院提出，要推行多种形式的经营承包责任制，给经营者以充分的经营自主权。1987年，大中型企业普遍推行企业承包经营责任制。截至1987年底，全国预算内企业的承包面达78%，大中型企业达80%。1990年，第一轮承包到期的预算内工业企业有3.3万多户，占承包企业总数的90%。到1992年经历了两轮承包，国有大中型企业的98%都实行了不同程度的承包。

承包和租赁推行伊始，确实调动了企业和职工的积极性，推动了国有经济的发展。1987年和1988年我国工业增长速度分别为14.1%和20.7%，企业实现利润分别增长8.0%、18.2%，亏损面也逐年下降，经济效益有所提高。但在推行承包制、租赁制期间，却出现了企业增效、经济增长、国家财政收入下降的状况。在推行承包制、租赁制的第一年，即1987年，伴随国民经济的高速增长，财政收入出现了低增长，财政收入占国内生产总值的比重从1986年的20.8%骤降为18.4%，一年下降2.4个百分点，1988年又急剧降到了15.8%，比1987年又下降2.6个百分点。在这一时期，虽然我国开始了股份制的试点，但主导国有企业改革的模式还是承包制。承包制的实行是在不改变国有企业所有权的基础上，进一步下放企业经营管理权的改革。

承包制的最大缺陷是有激励但严重缺乏约束，所有权和经营权分离了，但所有者缺位，所有权不能约束经营权，造成了经营者滥用经营自主权谋取私利或小集体利益，出现大量"内部人控制"现象，进而造成了国有资产随着承包周期变化而不断流失。承包、租赁带来的后果招致了各界强烈的批评和反对。人们普遍认为，在承包、租赁过程中，国家和企业处在一种不完全的契约关系中，政府与企业一对一的谈判成本很高，且无法对承包、租赁合同的细节逐一加以规定，企业经营者可凭借承包、租赁权合法或不合法地追求自身利益的最大化，而不顾国家的利益。因而政府对企业约束仍然是软的。企业只负盈不负亏，不仅使国家财政收入下降，而且还造成了承包者、租赁者的行为短期化和"机会主义行为"，导致国企被掏空的危险。

与承包制、租赁制的改革主张不同，国内理论界的一些学者提出了深化国企所有权层面改革的主张，与这种主张相对应的制度选择是股份制。股份制改革是国企在所有权层面改革的一个重要推进。其根本目的是改变由国家垄断的企业财产制度，使国企内部形成多元化的产权主体，优化国企内部的治理结构，实施对股东、董事会和经理层进行有效的激励和制约，调动全体职工的积极性，促进企业更好地发展。

从实践上看，国企股份制改革的试点始于1986年。改革之初，大多都在国有中小企业试行。试点的影响面并不广泛，主要问题在于当时非国有的财产主体介入不足，又找不到能够作为非国有主体的普遍介入形式。在多元化主体严重不足的情况下，股份制试点往往在企业内部职工中展开。由于企业内部职工筹资能力的局限，股份制改革自然达不到预期的目标。而且因当时对股份制改革的理论准备不足，认识不清，管理人才匮乏，很多试点企业的职工股份演变为一种工龄折股，内部借贷买股，或化公产为私股，最后使股份制难以推行下去。在这期间，由于承包、租赁所产生的一些负面影响，以及股份制发育不足，致使国企改革一度处在摇摆、徘徊、迷惘之中。改革的效果并不理想，改革无法顺利进行下去。

1978~1992年，是我国国企改革的初步探索阶段，没有明确的方向和路线指引，除了改革之前的一些教训外，没有可以借鉴的发展经验，走的是一条完全陌生的道路。这一阶段，以"扩权让利""两权分离"为重点，国企改革通过不断的试探性改革措施，寻求改革的正确方向和路径，也就是在"摸着石头过河"的过程中逐步调整改革的方向。为了调动国有企业的积极性，推出了放权让利，但"内部人控制"等问题的出现，使改革调整为推行承包经营责任制，但问题依然没有解决，于是又调整为转换经营机制。

尽管"放权让利"本质上仍是在不触动原有社会组织方式和国有企业原有体制模式的前提下，以调整国家与企业之间的利益分配关系为重点，通过改革利润流程制度这种浅层次的经营体制以探讨国家怎样管理企业的问题，但这些力图通过调整国家与企业、企业与职工之间权力利益关系以提升企业效率的措施确实取得了一些阶段性成效，并为以后的改革提供了借鉴之处。我们知道，在计划经济时期，由于国企权力有限，所以存在严重的"预算软约束"，国企投资和生产的效率很低。

针对这一情况，国家通过"拨改贷"控制国企投资风险，通过"利改税"提高国企生产创新的积极性。不仅如此，以承包为主的多种形式经营责任制的着手建立，更预示了政企职责分开、"两权分离"的改革思路开始显现：政企关系的调整已不限于分配关系，实际上企业已获得部分产权，国有企业开始由行政机构的附属物向商品生产者转变，国有企业改革开始从经营权向所有权层面过渡。党的十二届三中全会报告首次提出，"要使企业真正成为相对独立的经济实体，成为自主经营、自负盈亏的社会主义商品生产者和经营者"，这些改革在很大程度上把权力分给国企，让它们在市场竞争中把握自己的航向，这对企业来说更加有效率。总之，这一阶段的国企改革取得了非常显著的成效，并积累了丰富的经验和教训。

不过在当时的条件下，由于缺乏必要的配套制度，改革并没有使政企真正分开（直到现在，学界对这个问题还是有争议的），以至于很多改革措施只是在一定程度上把政府承担的风险转嫁给商业银行，无形中加大了银行坏账的风险，弱化"拨改贷""利改税"等政策对社会总福利的正面效应。这与扭曲的产权关系有关，国企、商业银行都是国家的，两者之间的契约关系不明晰，银行甚至认为来自国企的贷款收不回来是天经地义的事；地方政府偏向国企，因为企业与地方税收、绩效有关，而银行是国家的，政府会"埋单"；国企利用银行贷款搞基本建设，使银行陷入"信贷配给两难"的境地。

二、开始建立现代企业制度（1993~2002 年）

（一）建立现代企业制度试点（1993~1997 年）

20 世纪 90 年代初，社会主义制度下计划和市场的关系问题使改革陷入发展的僵局，由于承包制不能促进国有企业适应市场经济的发展，还带来国有资产的流失，使许多国有企业包括大中型企业陷入困境。同时，苏联的解体对社会主义制度形成了巨大冲击。触及计划体制本身的改革势在必行，国企改革由此进入了第二个阶段。这一阶段，国企改革开始向"建立现代企业制度"迈进，同时对国企布局和不合理的结构进行调整，并经历了"抓大放小"、战略性改组。

1992 年，我国在继续完善和推进承包经营责任制的基础上，开始逐步推进股份制改革试点。邓小平南方谈话中提出对市场经济的卓越见解；党的十四大报告明确指出，我国经济改革的目标是建立社会主义市场经济体制，国企改革作为经济改革的中心环节，宏观上"适应市场经济发展"，微观上建立"产权清晰，权责明确，政企分开，管理科学"的现代企业制度，并对国企实行"抓大放小"政策以优化国有资产结构，为我国的国有企业改革指明了方向。这意味着：①国家不再拥有整个企业，而是拥有国家出资的那部分资产的财产权及相应的所有者权益；②国家只承担以出资额为限的有限责任，不再为企业"埋单"；③企业可以优先引入其他出资人，实现产权多元化；④企业不再隶属于某个行政部门，只对出资者承担资产保值增值的责任。假如真能这样，就从根本上解决了政企不分和企业负盈不负亏的老大难问题，同时也可以打造财产边界清晰的独立的市场主体，这正是市场经济的必要基础。

1992 年，原国家经济体制改革委员会等有关部门制定并陆续公布了《股份制企业试点办法》等规范股份制改革的文件。1993 年，在党的十四届三中全会通过的《关于建立社会主义市场经济体制的若干问题的决定》中，第一次明确提出国有企业改革的方向是建立现代企业制度以及国企建立现代企业制度的目标和步骤，要求"继续深化企业改革，必须解决深层次矛盾，着力进行企业制度的创新"，并指出现代企业制度的特征是：产权清晰，权责明确，政企分开，管理科学。从此，国有企业改革进入制度创新阶段。1994 年以后，建立现代企业制度的试点在国企中展开。

（二）国有企业初步脱困（1998~2002 年）

1997 年，党和政府提出帮助国有企业脱困的任务，其目标是从 1998 年起，用 3 年左右的时间，使大多数国有大中型亏损企业摆脱困境，力争到 20 世纪末大多数国有大中型骨干企业初步建立现代企业制度。到 2000 年底，这一目标已基本实现。1997 年底，国有及国有控股大中型工业企业为 16874 户，其中亏损的为 6599 户，占 39.1%。到 2000 年，亏损户减为 1800 户，减少近 3/4。党和政府在帮助国有大中型企业脱困的同时，进行了现代企业制度试点，逐步推行公司制股份制改革，努力使国有或国有控股企业成为适应社会主义市场经济发展的市场主体和法人实体。

伴随着国有企业现代企业制度的改革，要想把数以十万计的国有企业都搞好是不可能的，大量的在一般竞争性行业从事生产经营的国有中小企业没有优势，竞争力低下。针对这一情况，从战略上考虑，国家对国企的布局和结构进行了大幅度调整。从一定意义上说，调整也是改革。1997 年党的十五大报告以及 1999 年党的十五届四中全会《关于国有企业改革和发展若干重大问题的决定》（以下简称《决定》），提出了从战略上调整国有经济的布局和结构的任务及"抓大放小"的方针，要求从整体上搞好国有经济，发挥国有经济的主导作用。

国有经济主要控制关系国民经济命脉的重要行业和关键领域，包括涉及国家安全的行业、自然垄断的行业、提供重要公共产品和服务的行业以及支柱产业和高新技术产业中的重要骨干企业。《决定》中最引人关注的就是"有进有退"。往哪里"进"呢?《决定》明确指出："三大行业""两类企业"。三大行业是国家安全行业、自然垄断行业、提供公共产品的公益性事业。企业是高新技术产业中少数几家关键性的企业，支柱产业中的骨干企业。所谓"进"，就是要加强、增加投入，提高经济效益。从发展上看，在这些行业和企业中，经济总量还会增加，还大有发展潜力和前景。除此之外，应当都在退的范围之内。所谓"退"，就是国企从那里撤出来，为民营经济腾出广阔的发展空间，有利于民营经济按照"三个有利于"的原则，通过各种方式放开搞活。在国企的"进"和"退"过程中，也要经过市场并通过收购、兼并、重组、出售、关闭、破产等多种形式实现。经过几年的实践，国企布局和结构取得了积极进展，成效显著。

（1）国企在"三大行业""两类企业"中有了明显的加强，不仅总量大大增加，质量明显提高，而且管理也大有改善，从而促进国企在这些部门较快地发展。1995~2002年，通过改组、联合兼并、出售等多种形式，国有及国有控股工业企业户数从7.76万户减少到4.19万户，下降了46%；中小企业户数从24.5万户减少到14.9万户，下降了39.2%。

（2）一批长期亏损、资不抵债的企业和资源枯竭的部门从市场退了出来。1994~2002年，全国实施政策性关闭破产项目3080个，涉及核销银行呆坏账准备金1995.4亿元，安置职工约530万人。关闭破产政策的实施，不仅推动了国企布局优化和结构的调整，也促进了企业优胜劣汰机制的建立。

（3）放开搞活了一大批中小民营企业。1997年以来，各地通过改组、联合、兼并、出售等多种形式，使地、市、县级的国有小企业的60%左右转为民营企业，并给予信贷放宽的支持，促其发展。同时，相应地加大了对地、县、市以下的国有中小企业特别是小企业改革的力度，通过股份制、股份合作制和吸引外资等方式，对国有小企业进行产权多元化改革。

为了适应全面建设小康社会和完善社会主义市场经济体制的要求，还必须加快对国企的改革、调整和优化国有经济布局和结构。只有继续深化改革和调整国有经济布局和结构，才能进一步完善公有制为主体、多种所有制经济共同发展的基本经济制度，才能进一步建立完善的现代企业制度和规范法人治理结构，才能进一步促进行政管理体制改革和政府职能转变。

股份制以及建立现代企业制度的改革是我国国有企业改革进程中的重要转折。建立现代企业制度的目标是通过产权结构的改革，使国企成为"产权清晰，权责明确，政企分开，管理科学"的现代企业。在现代企业产权结构的制约下，政府不能直接控制和经营国企。政府可以通过其代理人即国有资产管理公司或控股公司参与国企重大事宜的决策，但这个决策也要受所有者出资额即所持股份数额限制。当然，政府可在国企清算和转让时依据终极所有权实施并表达自己的意愿。因此，在现代企业组织框架中，从发展上看，政府的意志是递减的、受限的，而股东的意愿和权利可得到组织和制度的保证。在现代企业制度中，权利、责任和义务是由法律规定的。决策只能由董事会成员讨论后通过表决做出，这就可以避免长官意志和个人意志的独断专行，从而为企业的科学决策及其实现提供组织基础。而股份制的推行说明政府开始从所有制角度破解国有企业改革的难题。

经过 10 年的努力，国企的现代化改革取得了明显的绩效，调整国有经济布局和结构的任务已取得实质性进展。国有经济和国有资本逐步向关系国民经济命脉的重要行业和关键领域集中，向大企业集中，从一般竞争性行业中逐步退出，开始改变国有企业量多面广和过于分散的状况。截至 2002 年，15.9 万户国有控股企业中的 50% 以上实行了公司制改革。1997 年，全国国有工商企业实现利润 800 亿元。从 1998 年到 2002 年底，国有及国有控股企业重组上市的有 442 家，累计筹集资金 7436 亿元，其中境外筹资 352 亿美元。这一时期涌现出一批具有较强竞争力的大公司和大企业集团。1997~2002 年，进入世界 500 强的内地企业由 3 家上升到 11 家，这些企业全部是国有及国有控股公司。2003 年，中国企业联合会推出的我国企业 500 强中，国有及国有控股公司共有 368 家，占总数的 73.6%，资产占总数的 96.4%，利润占总数的 85.4%。

三、初步确立现代企业制度（2003~2012 年）

（一）现代企业制度建设继续深化（2003~2008 年）

党的十六大提出建立出资人制度，现代企业制度建设的继续深化、国有资产管理方式的变化和资本市场的改革使我国的国企改革进入一个新的阶段。中央政府和地方政府建立出资人制度，分别代表国家履行出资人职责，把国有企业管理的责、权、利统一给企业，建立管资产和管人、管事相结合的国有资产管理体制。改革的主要任务是在原有改革所取得成就的基础上，深化对国家控股的股份公司特别是上市公司内部的改革。这里更值得关注的是国家控股的上市公司内部产权分置制度的改革。

2003 年 10 月，党的十六届三中全会通过《党中央关于完善社会主义市场经济体制若干问题的决定》，要求完善国有资本有进有退、合理流动的机制，增强国有经济的控制力。要大力发展混合所有制经济，使股份制成为公有制的主要实现形式。2003 年，中国企业联合会推出的我国企业 500 强中，国有及国有控股公司共有 368 家，占总数的 73.6%，资产占总数的 96.4%，利润占总数的 85.4%。截至 2004 年 6 月，全国 31 个省（区、市）和新疆生产建设兵团国资委全部成立，此后地（市）级国有资产监管机构也陆续组建。"三级"政府国有资产监管机构在国有资产保值增值、推动大型国企（特别是央企）发展、推进国有大中型企业建立现代企业制度等过程中发挥了重要作用。2005 年国企引进董事会制度，2006 年国务院转发国资委起草的《关于推进国有资本调整和国有企业重组的指导意见》提出，要加快国有大型企业股份制改革，大力发展混合所有制经济，实现投资主体多元化。

关于宏观上提出国企应适应市场经济发展的大方向是准确而及时的。企业是市场经济的产物，不顾市场经济的发展性质与需求，企业是没有出路的。我国提出的建立现代企业制度是与市场经济的发展水平一脉相承的。从微观上讲，它明确了企业中的现代企业制度和市场关系中的现代企业制度需要怎样的权益关系。而产权清晰是建立现代企业制度的核心，产权问题对于大型国企（尤其是垄断性央企）一直是个敏感话题。因而，在这段时期内，中央提出"抓大放小"政策，"抓大"指支持一批大型企业和企业集团发展，"放小"指放开搞活中小企业，推动国有中小企业调整与重组。这一过程中，笔者认为，产权改革在"抓大"的改革中是不够深入的，但对中小企业的这块试验田的"放小"，客观上推进了国有企业的产权改革。因此，"抓大"重在促进国有资产的重组，而"放小"则有利于推进国企产权改革，优化国有资产质量。

随着企业产权改革的深入，国有企业的产权改革出现了多种形式，比如出售、MBO、试行经理人股票期权等，但由于有些改革措施实践中不配套，出现了大量国有资产流失，引起 2004 年国有资产改革的大讨论，使得国家停止了国有企业的 MBO，并开始反思国有企业改革中出现的问题。

从 2005 年起，股权分置制度的改革开始起步，以股权分置改革方案出台为标志，我国股票市场进入了一个全新的发展阶段。证监会 2005 年 6 月 16 日在《关于上市公司控股股东在股权分置改革后增持社会公众股份有关问题的通知》中，明确上市公司控股股东在股东大会通过股权分置改革方案后，可通过二级市场把不上市的国有股变为上市的流通股。

传统的上市公司的股权结构是分置的，国有股（包括国有的法人股，法人股大都是国有的）是非流通股，不能上市，只有非国有股即社会公众股才能上市，属于流通股，这实质上在股市上形成了两个市场、两个价格。这种情况的存在，带来的后患是严重的和无穷的，如寻租、价格信号失真、割裂的市场失去有效引导资源优化配置的作用等。股权分置改革，就是把原来由股权分置切割的两个市场（一级和二级）、两个价格（一低一高）变成一个相对完整的市场体系和价格体系。股票上市后呈现全流通状态，真正实现了同股、同价、同交易。

影响股市涨落的除制度和供求原因外，还有其他一些因素，诸如国际的和国内的、经济的和政治的、自然的和社会的、历史的和现实的、文化的和心理的，等等。所以在国企改革这一阶段上的股市涨落，如果不是特殊原因（如金融危机或战争）引起的暴涨或暴跌，应当说是属于正常情况。在国企改革第四阶段还有一个显著特点，即国有银行体制改革。银行体制改革一个重要表现是国有银行股份化并纷纷上市，有的还在国外上市。

经过多年努力，国有企业公司制股份制改革已取得巨大进展。

首先，1998~2006 年，国有企业户数由 23.8 万户减少至 11.9 万户，减少了一半。截至 2005 年底，国家统计局统计的国家重点企业中的 2524 家国有及国有控股企业，已有 1331 家改制为多元股东的股份制企业，改制面为 52.7%。国有中小企业改制面已达 80% 以上，其中县属企业改制面最大，一些已达 90% 以上。

其次，作为国有企业主干的中央企业，到 2007 年已有宝钢集团有限责任公司等 19 家企业按照《公司法》转制，开展董事会试点，共选派了 66 名外部董事；有 14 家试点企业的外部董事达到或超过了董事会成员的半数，实现了企业决策层与执行层分开，改善了公司法人治理结构。

再次，中央企业及所属子企业的股份制公司制企业户数比重，已由 2002 年底的 30.4% 提高到 2006 年的 64.2%。

最后，股权分置改革基本完成，是这两年改革取得的重大进展。截至 2006 年底，全国除国有金融机构控股的上市公司外，801 家国有控股上市公司已有 785 家完成或启动股改程序，占 98%。在改革过程中，大量企业实行资产重组，有不少企业关闭破产（截至 2006 年底，全国国有工商企业共实施政策性关闭破产项目 4251 户，安置人员 837 万人，已完成政策性关闭破产 80% 的工作量）；职工下岗分流，并尽可能剥离企业办社会职能等。截至 2007 年，全国国有企业实现利润达 1.62 万亿元，增长了近 20 倍；其中中央企业实现利润 9968.5 亿元，上缴税金 8303.2 亿元。同年，中央企业主营业务收入超过千亿元的有 26 家，利润超过百亿元的有 19 家；《财富》全球 500 强中中国有 30 家，其中内地企业 22 家（比 2006 年增加了 3 家），这些企业全部为国有控股企业。

中国国有企业经过多年改革和制度创新，不但走出了困境，而且成为具有较高劳动生产率、较强盈利能力和竞争力的市场主体。国有经济也不断向能发挥自己优势的重要行业和关键领域集中，向大企业集中，并且站稳了脚跟，成为社会主义市场经济的一支骨干力量，主导国民经济的发展。这说明党关于推进国有企业改革的方针是正确的。

下面几组数字充分证明，国有企业的效益和竞争力已有明显提高。2005 年，全国国有及国有控股工业企业在全国工业企业中的户数比重仅占 11%，但销售收入占 35%，实现利润占 45%，上缴税金占 57%。2007 年 1~11 月，全国规模以上工业企业中，国有及国有控股企业实现利润 9662 亿元，比 2006 年同期增长 29.6%，超过同期集体企业利润的增幅（25.2%），接近股份制企业利润的增幅（35.1%）。2006 年中国企业 500 强排行榜名单中，国有及国有控股企业共 349 户，占 69.8%；实现年营业收入 14.9 万亿元，占 500 强企业收入的 85.2%。2006 年中国制造业企业 500 强中，国有及国有控股企业共 249 家，占 49.8%，实现营业收入 5.09 万亿元，占 66.7%。2006 年，中国服务业企业 500 强中，国有及国有控股企业 307 家，占 61.4%，实现营业收入 6.59 万亿元，占 87.4%。与此同时，我们要冷静地看到，国有企业改革仍然面临一些改革攻坚任务，有待今后完成。

（二）世界金融危机考验国有企业改革（2008~2012 年）

2008 年，美国次贷危机爆发，导致全球性金融危机，对我国经济也产生了直接的冲击。为提振国内经济，中央出台一系列措施，包括 4 万亿元经济刺激方案、十大产业振兴计划等。国有企业在危机时刻纷纷出手，在承担稳定经济角色的同时，调整自身的发展模式，出现了某种程度的"国进民退"现象。对于"国进民退"，笔者赞同夏业良的说法，即在某一特定经济领域中，国有企业或国有控股企业在关键性产业和一般性竞争产业中所占资本比重和垄断程度大幅度提高，国有资产通过行政指令和权力干预实施全面的战略性兼并重组，进入具有基础性指标意义的产业领域，而民营资本则被迫撤出或只能消极被动地接受官方主导的重组兼并。

2009 年《财富》世界 500 强排行榜显示，中国共有 43 家企业榜上有名，刷新了 2008 年 35 家的纪录。2010 年《财富》杂志载文，说中国有 46 家企业进入世界 500 强，其中有 40 家为国有企业。在上榜的企业中，国资委管理的中央企业有 29 家，比 2008 年增加了 10 家。这些中央企业基本上都是行政垄断型企业，多以规模而非绩效竞争力进入排行榜。

2005 年中央出台《关于鼓励支持和引导个体私营等非公有制经济发展的若干意见》（即"非公 36 条"），充分肯定了非公有制经济的地位和作用，但在这一轮整合过程中，民营企业大多扮演了"被整合者"的角色。"国进民退"是我国应对全球金融危机期间出现的短暂现象，不会改变我国改革开放的大趋势。但"国进民退"绝不是促进我们经济增长的好办法，垄断国企也绝不是我国改革开放的根本所向。在后危机时代，中国要转变经济增长方式实现内外部经济平衡，必须充分发挥国有经济和民营经济的各自优势，鉴于国有企业在国民经济中的主导地位，转变经济增长方式也必须以国有企业的进一步改革为起点。

第二节　党的十八大召开：国有企业改革进入新的历史时期

回顾历史，不是为了从成功中寻找慰藉，更不是为了躺在功劳簿上，为回避困难和问题寻找借口，而是为了总结历史经验、把握历史规律，增强开拓前进的勇气和力量。党的十八大以来，习近平同志多次发表重要讲话，作出重要指示批示，为深化国有企业改革指明了方向，提供了根本遵循。习近平同志强调，国有企业特别是中央管理的企业，在关系国家安全和国民经济命脉的重要行业和关键领域占据支配地位，是国民经济的重要支柱，在我们党执政和我国社会主义国家政权的经济基础中也是起支柱作用的，必须搞好；要坚持国有企业在国家发展中的重要地位不动摇，坚持把国有企业搞好、把国有企业做强做优做大不动摇。面对新形势新任务、新使命新要求，国有企业改革作为经济体制改革的重要环节，随着我国发展进入新阶段，改革进入攻坚期和深水区，也进入了一个新的历史时期。

一、全面深化国有企业改革的重要性和紧迫性

（一）全面深化国有企业改革是坚持和完善基本经济制度的根本要求

坚持公有制为主体、多种所有制经济共同发展的基本经济制度是我国《宪法》的明确规定。改革开放以来，我们党从国情出发，既坚持公有制经济主体地位，又充分发挥多种所有制经济优势，走出了一条中国特色的发展道路。实践充分证明，我国的基本经济制度符合国情实际，具有巨大优越性，保证了中国特色社会主义始终沿着正确的方向和道路前进，促进了经济社会发展、综合国力增强、人民生活水平提高。坚持和完善基本经济制度，有利于夯实中国特色社会主义的制度基础，有利于壮大我国社会主义市场经济的体制根基，有利于推进中国特色社会主义伟大事业不断取得新胜利。

坚持和完善基本经济制度，必须毫不动摇巩固和发展公有制经济，坚持公有制主体地位，发挥国有经济主导作用。发展壮大国有经济，确保国有经济控制国民经济命脉，对于建立和完善社会主义市场经济体制，发挥社会主义制度优越性，增强我国经济实力、国防实力和民族凝聚力，具有十分重要的作用。多年来，通过不断改革，国有企业运行质量和效益明显提升，在国际国内市场竞争中涌现出了一批具有核心竞争力的骨干企业。但国有企业在管理体制、运行机制和布局结构等方面还有许多不完善的地方，存在一些突出矛盾和问题，影响着主体地位和主导作用的发挥，必须通过深化改革加以解决。国有经济和整个公有制经济的兴衰成败，关系着中国特色社会主义事业的兴衰成败，关系着全国人民的福祉。我们必须从这样的战略高度充分认识全面深化国有企业改革的重大意义，通过深化改革，形成更加符合中国特色社会主义市场经济发展要求的国有资产管理体制、现代企业制度、市场化经营机制，进一步发展壮大国有经济，巩固公有制经济的主体地位，为建成富强、民主、文明、和谐的社会主义现代化国家打下坚实基础。

（二）全面深化国有企业改革是协调推进"四个全面"战略布局、实现中华民族伟大复兴中国梦的重大任务

党的十八大以来，以习近平同志为核心的党中央从坚持和发展中国特色社会主义全局出发，提出并形成了"四个全面"的战略布局，确立了当前和今后一个

时期党和国家各项工作的战略方向、重点领域和主攻目标，开辟了我们党治国理政的新境界。国有企业是全面建成小康社会的重要力量，搞好国有企业事关"四个全面"战略布局的顺利推进，事关我国经济社会持续健康发展，事关中华民族伟大复兴中国梦的实现。

在我国社会主义建设和改革开放的历史进程中，国有企业始终发挥着不可替代的重要作用。中华人民共和国成立后，我国在"一穷二白"的基础上，主要依靠国有企业建立起了比较完整的工业体系，对国民经济发展起到了重要支撑作用。改革开放以来，国有企业不断深化改革，完善体制机制，在保证国民经济持续健康发展、推动结构调整和转型升级、保障和改善民生、增强我国综合实力等方面作出了积极贡献，是推动经济社会发展的重要骨干和中坚力量。新的历史时期，在贯彻落实"四个全面"战略布局、实现中华民族伟大复兴中国梦的新征程中，要求国有企业必须承担更重大的使命和责任。一段时期以来，国有企业存在的一些体制机制弊端和深层次矛盾问题，制约着国有企业作用的充分发挥，必须通过深化改革，使国有企业焕发新的活力，形成新的优势，在推动经济实现中高速增长、迈向中高端水平中，在贯彻落实"四个全面"战略布局、实现中华民族伟大复兴中国梦的历史进程中，更好地发挥顶梁柱和主力军作用。

（三）全面深化国有企业改革是适应经济发展新常态、做强做优做大国有企业的迫切需要

当前，国有企业改革发展面临的外部环境错综复杂。世界经济步入深度调整期，国与国之间的竞争更趋激烈。我国经济发展进入新常态，呈现速度变化、结构调整、动力转换三大特点。国内外经济形势的重大变化使得国有企业过去主要凭借要素投入的快速增长模式不可持续，凭借高强度大规模投资拉动的模式不可持续，凭借低水平竞争的粗放增长模式不可持续，迫切需要通过深化改革，走出一条质量更高、效益更好、结构更优、优势充分释放的发展新路。

经过多年改革发展，国有企业总体上已经同市场经济相融合，许多国有企业在提高经济效益、资产保值增值、规范治理结构和管理制度创新等方面取得了显著成效。但我们也要清醒地看到，国有企业还有许多不完善的地方，存在不少亟待解决的矛盾和问题。在体制方面，企业市场主体地位尚未真正确立，政企不分、政资不分问题仍然存在，公司治理结构仍不完善；在机制方面，企业经营机制还不能完全适应市场竞争的要求，动力不足、活力不够问题在企业不同程度地存在；在结构方面，产业结构仍不尽合理，不少企业处于产能严重过剩行业；在管理方面，一些企业内部管理混乱，腐败问题突出，国有资产流失严重。只有持续不断地深化改革才能破除体制机制障碍，充分释放活力、激发动力，把国有企业培育成为行业发展的领跑者，转型升级的引领者，市场竞争的优胜者，打造成为充满生机活力的市场主体，培育一批世界一流企业，为增强我国综合实力和国际竞争力作出积极贡献。

二、全面深化国有企业改革的指导思想和基本原则

2012 年，党的十八大对深化国有企业改革作出重大部署，拉开了改革的大幕。党的十八届三中全会通过了《党中央关于全面深化改革若干重大问题的决定》，对全面深化国有企业改革进行整体规划，吹响了改革的集结号。2015 年 8 月，党中央、国务院印发了《关于深化国有企业改革的指导意见》，从推进分类改革，完善现代企业制度和国有资产管理体制发展混合所有制经济，强化监督防止国有资产流失，加强党对国有企业的领导和为国有企业改革创造良好环境等多个方面，明确了国企改革的目标与举措，是新时期指导和推进国有企业改革的纲领性文件。同时，还配套印发了《关于国有企业功能界定与分类的指导意见》《关于完善中央企业功能分类考核的实施方案》《中央企业公司制改制工作实施方案》《关于进一步完善国有企业公司法人治理结构的指导意见》《关于开展落实中央企业董事会职权试点工作的意见》《关于深化中央管理企业负责人薪酬制度改革的意见》《关于合理确定并严格规范中央企业负责人履职待遇、业务支出的意见》《关于改革和完善国有资产管理体制的若干意见》《关于转发国务院国资委以管资本为主推进职能转变方案的通知》《关于推动中央企业结构调整与重组的指导意见》《关于国有企业发展混合所有制经济的意见》《关于鼓励和规范国有企业投资项目引入非国有资本的指导意见》《关于国有控股混合所有制企业开展员工持股试点的意见》《关于加强和改进企业国有资产监督防止国有资产流失的意见》《关于建立国有企业违规经营投资责任追究制度的指导意见》《企业国有资产交易监督管理办法》《关于深化国有企业改革中坚持党的领导加强党的建设的若干意见》《关于支持国有企业改革政策措施梳理及相关意见》《关于加快剥离国有企业办社会职能和解决历史遗留问题工作方案》等配套文件，共同构成了国有企业改革的设计图、施工图，形成了国企改革的"1+N"政策体系。在继承体制、制度和机制前三阶段创新成果的基础上，承前启后、继往开来，全面推进体制、制度和机制的整体创新、集成创新、系统创新，国企改革以顶层设计开篇，开启了新的征程。

　　新的历史时期，全面深化国有企业改革的指导思想是：高举中国特色社会主义伟大旗帜，认真贯彻落实党的十八大和十八届三中、四中全会精神，深入学习贯彻习近平总书记系列重要讲话精神，坚持和完善基本经济制度，坚持社会主义市场经济改革方向，适应市场化、现代化、国际化新形势，以解放和发展社会生产力为标准，以提高国有资本效率、增强国有企业活力为中心，完善产权清晰、权责明确、政企分开、管理科学的现代企业制度，完善国有资产监管体制，防止国有资产流失，全面推进依法治企，加强和改进党对国有企业的领导，做强做优做大国有企业，不断增强国有经济活力、控制力、影响力、国际竞争力和抗风险能力，主动适应和引领经济发展新常态，为促进经济社会持续健康发展、实现中华民族伟大复兴中国梦作出积极贡献。

　　新的历史时期，全面深化国有企业改革的基本原则是：

　　第一，坚持和完善基本经济制度。这是深化国有企业改革必须把握的根本要求。必须毫不动摇巩固和发展公有制经济，毫不动摇鼓励、支持引导非公有制经济发展。坚持公有制主体地位，发挥国有经济主导作用积极促进国有资本、集体资本、非公有资本等交叉持股、相互融合，推动各种所有制资本取长补短、相互促进、共同发展。基本经济制度是中国特色社会主义制度的重要支柱，也是社会主义市场经济体制的根基。坚持和完善基本经济制度，发展壮大国有经济，是中央的一贯方针，是国家的坚强意志，必须坚决贯彻，不能有丝毫含糊和动摇。习近平同志多次强调要坚定不移把国企做强做优做大，不断增强国有经济活力、控制力、影响力、抗风险能力。习近平同志的重要指示，既是对国有企业改革发展成绩的充分肯定，又是对进一步搞好国有企业提出的新的更高要求。国有企业是国有经济的核心载体，是实现国有经济功能的重要支撑。没有国有企业，就没有国有经济，就没有我国现代化建设取得的重大成就，就没有中国特色社会主义制度，就没有人民的共同富裕。对于我们这样一个发展中的大国来讲，没有强大的国有企业，就没有强大的国有经济，推进"四个全面"战略布局、实现"两个一百年"奋斗目标和中华民族伟大复兴中国梦就失去了深厚根基和有力支撑。改革不能把国有企业改没了、改垮了，而是要更好体现和坚持公有制主体地位，发挥国有经济的主导作用。因此，我们必须增强做强做优做大国有企业的思想自觉、行动自觉。把国有企业做强，就是要让国有企业成为市场竞争的领跑者，集中表现为企业的自主创新能力强、资源配置能力强、市场开拓能力强、风险管控能力强；把国有企业做优，就是要让国有企业成为经营管理的佼佼者，集中表现为企业的公司治理优、内部控制优、品牌形象优、经营业绩优；把国有企业做大，就是要让国有企业成为行业发展的主力军，集中表现为国有企业在保证必要的规模、体量和比重的同时，要有大战略、大思维、大视野，以市场为导向，推进企业并购重组，推进资产资源的优化配置，努力实现大市场、大资源、大协同、大配置，努力把国有企业打造成具有国际竞争力、影响力的大集团。把思想和行动高度统一到中央精神和要求上来，旗帜鲜明地反对各种私有化、"去国有企业"等错误观点，坚持和完善基本经济制度，努力做强做优做大国有企业。

第二，坚持社会主义市场经济改革方向。这是深化国有企业改革必须遵循的基本规律。企业改革遵循市场经济规律和企业发展规律，坚持政企分开、政资分开、所有权与经营权分离，坚持权利、义务、责任相统一，坚持激励机制和约束机制相结合，促使国有企业真正成为依法自主经营、自负盈亏、自担风险、自我约束、自我发展的独立市场主体。社会主义市场经济条件下的国有企业，要成为自觉履行社会责任的表率。企业是市场的微观基础，国有企业改革是整个经济体制改革的重要组成部分。整个经济体制改革选择了社会主义市场经济取向，使市场在资源配置中起决定性作用和更好发挥政府作用。国有企业改革也必须遵循市场经济规律适应市场经济的要求，不能把国有企业当作行政单位或者事业单位看待。可以探索国有企业或公有制实现各种形式，但无论哪种形式都要推动建立现代企业制度，进一步转换企业经营机制，使国有企业成为真正的、完全的、充满活力的、有竞争能力的市场经营主体。坚持市场经济取向就是要坚持政企分开、政资分开，减少对企业经营活动的不正当干预，实行所有权、经营权的分离，以管资本为主加强国有资产监管。总之，任何国有企业改革措施都要有利于使国有企业成为充满活力、有竞争能力的市场主体，而不是抑制它的活力。

第三，坚持增强活力和强化监管相结合。这是深化国有企业改革必须把握的重要关系。增强活力是搞好国有企业的本质要求，加强监管是搞好国有企业的重要保障，切实做到两者的有机统一。继续推进简政放权，依法落实企业法人财产权和经营自主权，进一步激发企业活力、创造力和市场竞争力。进一步完善国有企业监管制度，切实防止国有资产流失，确保国有资产保值增值。增强企业活力、调动企业家和广大职工干事创业的积极性，是搞好国有企业的本质要求和关键所在。国有企业是企业，不是行政事业单位，企业没有活力就不可能在市场竞争中占有一席之地，就不可能保值增值，更不可能做强做优做大。增强活力，前提是简政放权，即依法落实企业法人财产权和经营自主权。经营体制改革的核心是处理好政府和市场的关系，使市场在资源配置中起决定性作用和更好地发挥政府作用。实践证明，凡是市场配置资源作用发挥比较好的领域，资源配置效率就明显提高，经济发展就充满活力。作为经济体制改革的重要组成部分，国有企业改革紧紧围绕这一核心展开，减少政府对资源的直接配置，从更大广度和深度推进国有企业市场化改革，让国有企业根据国家宏观调控和市场信号自主决定资源配置。增强活力，路径是企业改制，即加快实行公司制股份制改革，健全公司法人治理结构。增强企业活力，需要制度保障。通过改制建立现代企业制度，有利于厘清权力边界、明确责任，形成权责对等、有效制衡、运转协调的公司治理结构，充分调动股东会、董事会、监事会、经理层等各方面的积极性，特别是有利于遴选出优秀经营管理者并通过薪酬合理分配激励经营管理者自觉维护股东利益。在推进公司制股份制改革时，积极稳妥推进混合所有制改革，通过引入非国有资本的多元化投资，推动国有企业形成有利于参与市场竞争的治理结构和运营机制。增强活力，核心是调动人的积极性，形成既有激励又有约束的市场化选人用人和薪酬分配机制。搞活企业，归根到底还要依靠人。从制度安排上，对企业管理人员能上能下、员工能进能出、收入能增能减的"三项制度"改革再深化、再推进。"三项制度"改革的重点是企业经理层成员市场化选聘、任期制和契约化管理。增强活力，关键是发挥企业家作用。调动人的积极性，重中之重是调动企业经营管理者、科技骨干团队的积极性，特别是企业家等领军人物的积极性、创造性。

第四，坚持党对国有企业的领导。这是深化国有企业改革必须坚守的政治方向、政治原则。必须认真贯彻全面从严治党方针，充分发挥企业党组织领导作用，加强企业领导班子建设，创新基层党建工作，深入开展党风廉政建设，坚持全心全意依靠工人阶级，维护职工合法权益，为国有企业改革发展提供坚强有力的政治保证、组织保证和人才支撑。搞好国有企业，既是一个重大的经济问题，也是一个重大的政治问题。把国有企业做强做优做大，必须在深化改革中加强党的领导。落实全国国有企业党的建设工作会议精神，围绕解决国企党的建设弱化、淡化、虚化和边缘化的问题和巡视发现的问题，落实管党治党主体责任，强化领导班子建设，选好配强企业主要领导，夯实国企党建基层基础，确保党的领导、党的建设在国有企业改革中得到体现和加强。

第五，坚持积极稳妥统筹推进。这是深化国有企业改革必须采用的科学方法。正确处理推进改革和坚持法治的关系，正确处理改革发展稳定关系，正确处理搞好顶层设计和尊重基层首创精神的关系，突出问题导向，坚持分类推进，把握好改革的次序、节奏、力度，确保改革扎实推进、务求实效。

三、全面深化国有企业改革的主要目标

新的历史时期，全面深化国有企业改革的主要目标是：到 2020 年，在国有企业改革重要领域和关键环节取得决定性成果，形成更加符合我国基本经济制度和社会主义市场经济发展要求的国有资产管理体制、现代企业制度、市场化经营机制，国有资本布局结构更趋合理，造就一大批德才兼备、善于经营、充满活力的优秀企业家，培育一大批具有创新能力和国际竞争力的国有骨干企业，国有经济活力、控制力、影响力、国际竞争力和抗风险能力明显增强。

从机制上看，国有企业公司制改革基本完成，发展混合所有制经济取得积极进展，法人治理结构更加健全，优胜劣汰、经营自主灵活、内部管理人员能上能下、员工能进能出、收入能增能减的市场化机制更加完善。

从体制上看，国有资产监管制度更加成熟，相关法律法规更加健全，监管手段和方式不断优化，监管的科学性、针对性、有效性进一步提高，经营性国有资产实现集中统一监管，国有资产保值增值责任全面落实。

从结构上看，国有资本配置效率显著提高，国有经济布局结构不断优化、主导作用有效发挥，国有企业在提升自主创新能力、保护资源环境、加快转型升级、履行社会责任中的引领和表率作用充分发挥。

从党建上看，企业党的建设全面加强，反腐倡廉制度体系、工作体系更加完善，国有企业党组织在公司治理中的法定地位更加巩固，领导作用充分发挥。

第二章　我国国有企业存在问题解读

　　近 10 年来，国有企业特别是中央企业，在维护国家安全、保障国民经济健康稳定运行和支持民生等重要方面发挥了支柱性作用，作出了重大贡献。尽管我国的国有企业改革已经取得了上述的骄人成绩，但我们仍然要清醒地认识到，目前我国国有企业改革正处于关键环节，仍然存在一些亟待解决的突出问题和矛盾，很多深层次的问题尚未得到解决，国有企业和民营企业"孰进孰退"，在理论界一直争论不休。国有企业自身缺陷以及历史遗留的众多问题一直没能很好地解决。本章重点梳理目前我国国有企业改革中存在的问题，以便能找出解决的方法。

　　总体来看，国有企业现存的问题主要表现为：①现代企业制度不健全，国企治理结构和制度不完善。②国有资产监管体制不完善，难以实现国有资本动态优化配置；国有经济战略性调整不到位，国有经济功能定位和布局不合理。③国企内部人控制突出。④党组织责任作用弱化。具体表现在：公司制改革滞后于经济发展的需要，尤其在产权改革及法人治理结构方面；由企业内部权责利关系、人事管理制度、分配制度及科学管理构成的现代企业制度尚需完善；国有企业跨行业过多，分布面广，资本过于分散，导致企业之间具有结构趋同、重复投资、恶性竞争等问题；政府行政干预企业经营管理现象依然存在，国有企业背负政策性负担，国家监管一定程度上不利于企业的长远发展，导致企业效益低下；企业竞争力与国际大公司相比处于劣势，经营效率与投入不成正比；管理者收购中风险收益有失公平，国有资产可能蒙受损失；产权转让缺乏透明度以及政府对国企改制的"人治化"管理导致腐败寻租等。究其原因，厉以宁提出，国有企业存在的核心问题是政企不分，不自主经营、不自负盈亏。

第一节　现代企业制度不健全

当前，我国经济社会发展进入新的阶段，既面临难得的历史机遇，也面对诸多风险挑战。市场化、国际化继续深入发展，世界经济进入增速减缓、结构转型、竞争加剧的时期。国际金融危机的倒逼机制等因素，使我国进入只有加快经济发展方式转变才能实现持续健康发展的阶段。与新形势、新任务的要求相比，国有企业积累了一些问题、存在一些弊端，现代企业制度总体上还不完善。

一、国有企业布局和结构不合理

目前，国有企业所占有的经济比重依然较高，引发了一系列问题：企业无法满足规模经济的要求、技术老化、竞争力较小、经济效益较低等。国有企业整体规模在我国市场经济中占有重要位置，但其个体规模较小，有严重的不合理现象，造成了国企生产能力剩余，经济效益加剧变小。此外，国有独资企业在各个行业中均有份额，但在我国市场经济的体制之下，国企在行业竞争中缺乏优势。国有企业要改革建设，就需要发挥国有企业在国民经济中的主导作用，让经济结构更为合理。国有企业的布局调整和结构优化工作一直都是此前国有企业改革的重要内容，虽然已经取得了重大进展，但尚未完成国有经济战略性重组的基本任务。一方面，国有企业分布的行业较广，缺乏具有国际竞争力的大公司、大企业；另一方面，垄断国企如何进行改革的问题也一直没能解决。尤其是第二个问题，对我国下一步国有企业改革起决定性作用。

我国从党的十四届三中全会开始提出要建立政企分开的现代企业制度，但是从目前改革的情况看，这一状况并未得到有效改善，而在国有企业改革的过程中虽然一直强调自负盈亏、权责明确，但政企不分这一问题没有得到有效解决，使得改革的目标不能很好实现。市场经济是无法与产权制度割裂开来的，国有企业的所有制性质决定了其产权制度。从我国的实际情况看，通过国有企业改革，一部分企业运用股份制改造的方法，将企业资产变为国家股份；另一部分企业进行了适当的混合所有制改革，但依旧保持了国有股份的绝对优势地位。这些改革中包含了太多的政府干预因素，并非由市场主导完成，而国有或国有控股的形式在我国则表现为政府这一主体从根本上控制了企业的经营，国有资产监督管理委员会代政府行使权力的实质优势并未完全体现，政府对企业经营的干预导致了我国国有企业很难成为自主经营的法人实体，使其无法在市场竞争中放开手脚。

同时，由于改革开放以前，国有企业管理层的人事关系具有浓厚的行政色彩，国有企业管理者与政府官员在身份上没有差异，因此企业和政府部门的管理者可以互相调任。尽管在此前的国有企业改革中已经要求企业政企分离，但对管理者的任免事实上并没有消除"政企不分"，只是出现了一些新的表现形式。这些新的表现形式也使国有企业与政府分而未分，新的利益机制又形成了。因此，国有企业在承担部分政府职能的同时也享受民营企业所没有的优惠。

以财政补贴为例，对企业进行财政补贴是我国所特有的，从计划经济时代一直延续到现在。现在这一问题在我国加入 WTO（世界贸易组织）后经常成为我国企业参与国际市场竞争的一个争议性问题。从财政补贴政策出台的目的看，它是为了帮助企业提高经营效率和走出困境，并非单纯的就补贴而补贴。虽然近年来，财政部门采取了"以奖代补"的形式取代纯粹的财政补贴，但由于我国尚未建立完全的国有资本经营预算体制，各级财政对企业的财政补贴在管理上也存在不少漏洞，财政补贴并未完全产生作用，而国有企业和民营企业间因为财政补贴引起的问题却从未间断，财政补贴是否提供给了最需要补贴的企业也一直是经济学家关注的问题。同时，对国有企业发放财政补贴在一定程度上降低了其提高生产经营效率的动力，忽视了从自身出发，通过压缩成本费用以及提高企业运行效率节约成本的可能性。

国有企业自其成立之日，就与党委、政府存在天然的、必然的联系，无论从出资人的职能，或者从管理者的角度都存有权力的延伸、资源的控制，特别是领导干部的安排，国有企业领导人的级别、任免均来自组织部门、出资人和管理者，一些国有企业是其主管部门的资金、资源提供者。因此，实行政企分开、政资分开的改革，仍然需要一个艰难的过程。

二、国有企业经营效率低下

我国经济体制决定国有企业是我国国民经济的重要支柱，是国家财政收入的重要来源，是一个国家经济综合实力的重要体现。因此，国有企业对于国家来说具有举足轻重的地位。但目前我国国有企业的总体效益不尽如人意，具体表现为其在国民经济中占有重要地位以及占有较大比重的社会经济资源，但其发展状况却与这些不符。在我国建设完善社会主义经济体制的过程中，国有企业的改革还有很多难点并未取得实质性的突破，导致目前国有企业不能够充分利用社会经济资源，并且出现了经营亏损和资产流失。

1998~2014 年，我国国有及国有控股工业企业资产总计 37.13 万亿元，流动资产总计 13.18 万亿元，2014 年的利润总额较 1998 年增长了约 27.6 倍。2000~2012 年，全国规模以上国有及国有控股工业企业户数从 53489 户减少到 17851户，减少了 66.63%，利润总额却由 2408.33 亿元增加到 15175.99 亿元，增长了5.3 倍；国有企业资产总额从 8.4 万亿元增加到 31.21 万亿元，增长了 271.55%。然而，从所属关系看，2013 年中央企业实现利润高达 1.67 万亿元，占全部国有企业利润总额近七成。中央国有企业的利润分布也不均衡，国有企业在数量下降明显的同时，资源向大型国有企业集中；2013 年中央企业实现的利润中，中国石化、中国石油和国家电网公司 3 家企业所占比例超过六成。由此可见，国有企业经营业绩提升可能并非因为企业自身效率的提高，更大程度上归结于其所处垄断地位。这种因为垄断形成的垄断利润和名义上的高效率不仅不利于民营企业的发展，也不利于国有企业认清自身的状况，对市场经济的发展有害无利。

如果我们将国有企业与民营企业进行效率比较，可以看出尽管我国国有企业利润率较改革前有了显著的提高，但仍低于民营企业的平均水平。即使在 4 万亿元计划推出的 2009 年，当时国家的救助计划使国有企业受益最大，但当年 A 股上市国有企业的经营效率远不如上市的民营企业，上市国有企业的净资产收益率为 3.05%，而上市民营企业的净资产收益率为 8.18%。截至 2012 年，尽管民营企业困难重重，但这种趋势仍然存在。当年中国制造业 500 强中 216 家国有企业的平均收入利润率为 2.65%，284 家民营企业为 3.43%；国有企业平均资产利润率为 3.43%，民营企业为 4.84%。

国有企业的绩效中包含了享受的各种优惠政策成分，我们所看到的实际利润率等并不能反映国有企业的真实绩效。在国有企业顺利地享受各种优惠政策的同时，民营企业为了能获得同样的政策优惠和扶持，不得不付出更多的成本。

垄断国企是因为其作为国家干预市场的工具而存在的，它与经济学上所说的一般垄断企业产生的原因不同，产生于国家行为而非市场竞争。按照这一理论，国有企业改革要做到政企分开，垄断国企存在的根源就消失了。但实际情况并非如此。从我国大型骨干国有企业的分布情况看，在我国的石油、电力等行业，国有企业基本处于完全垄断或寡头垄断的地位，它们凭借其行业龙头的优势以及垄断地位能够获得足够的资源、特殊的政策和独有的收益。这种行业垄断使它们控制市场大部分产品的供给，进而控制整个市场价格，从而影响整个实体经济的成本。行业垄断企业的利润以及高管的薪酬也是大家关注的焦点。如果去除企业的垄断光环，是否仍然能够保持良好的利润率，是否可以分配因为国家干预而获取的剩余价值，都是近年来经济学界争议的问题。

三、国有企业改革的内生动力不足

改革是内在动力和外在动力共同推动的结果，我国的国有企业改革也不例外。在人类的行为中，内在动机和外在动机都会起作用。激发行为的外在动机可能会降低行为的内在动机，因此国有企业改革不能仅通过外在动力推进，更应该提高企业的内在改革动力，解决国有企业公平与效率兼顾以及企业的可持续发展等问题。

从我国国有企业改革 40 年的历程看，国有企业改革采用了渐进式的方式，国有企业从政府的"附属物逐渐向政企分开、政资分开、资企分开"的市场主体与法人实体转变。这种转变离不开企业内外不同的利益主体的相互作用。国有企业是改革的主体，改革成功与否，一方面来自政府的积极推动，另一方面来自国有企业的自身动力，而在其中，企业的内在动力起主要作用。国有企业由于在我国经济社会发展中地位的特殊性，不仅在市场资源配置中有其巨大的优越性，而且在政治社会地位方面有其独特的优势，形成了国有企业固有的既得利益格局。当前，通过国资国企改革，充分发挥市场在资源配置中的决定作用，建立职业经理人制度，增加市场化选聘比例，严格规范国有企业管理人员薪酬水平、职务待遇、职务消费、业务消费，以及以管资本为主加强国有资产监管，建立长效激励约束机制，强化国有企业经营投资责任主体等改革内容，毫无疑问要打破国有企业现有利益格局，必然触及国有企业既得利益者。因此，国有企业改革自身动力不足，成为影响深化改革的重要因素之一。

在国有企业改革初期，促使改革推进的企业内在动力是企业和员工的生存压力。当时，国有企业在经营管理上没有自主权，国有企业是作为政府的"附属物"而存在的。高度集权的计划经济体制下的国有企业经营效率低下，无法满足员工想要改善最基本生存条件的要求，企业员工希望改变生存条件的愿望越来越强烈，并逐渐成为国有企业改革的巨大内在动力。1978 年的让利放权是国有企业内在动力推动的必然结果，国家通过让利放权给予了国有企业适当的自主权，企业通过采取奖惩机制激发了经营者和员工的积极性，促进了员工个人收益、企业经济利益和政府财政收入的共同增长，形成了多赢的局面，有力推动了国有企业的健康发展。经济责任制、承包制等改革则进一步规范了国家与国有企业间的责权关系，在多赢的基础上明确了利益分配的原则。

我国从 1992 年起全面推进社会主义市场经济体制改革，商品市场开始出现供大于求现象，而计划经济体制下的国有企业不能适应市场的激烈竞争，经济效益开始下滑，亏损逐年增大。1996 年，全国国有企业的亏损额、亏损面、亏损率分别为 726.69 亿元、37.7% 和 43.87%，与 1992 年相比，增幅分别为 61.4% 和 55.5%。国有企业的亏损导致企业人才开始向非公经济体流动，创造条件使企业摆脱亏损，使员工脱贫致富，使国家财政收入增加成为这一时期国有企业改革必须解决的首要问题，也是国有企业改革的内在动力。国有企业通过产权制度改革，将企业作为市场竞争主体与法人实体，以其法人财产自主经营、自负盈亏、自我约束、自我发展，并通过完善公司治理机制使企业的经营者和员工有实现个人价值最大化的可能。

通过企业产权制度改革的国有企业开始在市场经济体制下蓬勃发展，但也因为改革过程中的效率和公平问题以及社会责任缺失引发了社会的不满，突出表现在垄断国企员工的高收入与社会职工平均工资之间的差异，导致我国居民基尼系数呈不断增大的趋势。而国有企业特别是提供具有一定公益属性产品的国有企业，在承担社会责任与社会公众的需求上存在差距，加大了社会对国有企业进一步改革的呼声，而作为国有企业以及国有企业员工，特别是垄断国有企业，由于没有迫切的改革需要，甚至更愿意享受此前改革的成果，导致国有企业进一步改革的内在动力缺乏，甚至出现为了避免既得利益受损而阻挠深水区改革的声音。以中石油和中石化两家公司为例，2005 年上述两大公司通过控制成品油资源投放、加快出口成品油、限制对民营成品油批发零售企业的供应等手段，强化企业自身利益最大化，导致中国华南地区多次出现"油荒"事件。两家企业一方面控制成品油批发零售环节赚取高额利润；另一方面以国家战略储备和炼化环节亏损为由，从国家获得大量补贴。广大民众能直观感受的是上述企业员工的高收入和油价的不断上涨，改变垄断企业通过占有国有资源促使个人利益最大化的呼声不断。这种改革的外在动机也会降低国有企业进一步改革的内在动机。

第二节　国有资产监管体制不完善

对国有资产的监管从"实物监管"转变为"资本监管"，而国家的角色也就从国有资产的直接所有权人转变为国有资本的股东，并由此决定国有资产监管体制、机制和功能的一系列深刻变化。国有资产监管体制的基本框架，是指国有资产监管体制的主要构成及其相互关系，主要包括国有资产所有权的代理模式，政府、国有资本经营主体（国有具体股东），国有资产经营主体（企业）的角色定位及其相互关系三部分内容。

一、政企不分、政资不分

2003 年，国务院国有资产监督管理委员会成立，我国终于出现了对国有资产保值增值负直接责任的机构。虽然国资委成立以来，我国的国有经济效率提高较快，但现有的国资委管理国有资产的模式并没有解决所有的问题。

2013 年，国资委公布的数据显示，我国国资委系统监管的企业资产总额为 69 万亿元，国资系统以出资人的身份"管钱、管事、管人"，这就使得政府与企业的资本管理并未分离，国资系统作为政府机构成为国有资本的经营管理者，并且对国有企业的经营起决定性作用。在国有资产的管理上，政企分开和政资分开的目标仍然没有实现。

国资部门作为国有企业的大股东，与其他出资人有所不同，他们对被投资的国有企业的要求受制于政府的目标，这会影响国有企业在市场竞争中的实力。相关的文件要求国资系统应按照公共管理职能的要求处理好与政府部门的关系，但同时又需要被投资的国有企业完成诸如维稳、安全生产等政府交办的事项。这两者间的矛盾冲突无法避免，政企不分、政资不分的现象必定存在。

国有企业的人事管理同样受到国资部门的影响，企业难以使用完全竞争的方式选拔企业高层管理者。这使得同一个人在担任政府官员和国有企业高层管理者时薪酬差异过大，而与同行业非国有企业的高层管理者相比又差距悬殊，容易导致个人行为偏差，形成腐败的根源。

国有资本需要通过市场经营保值增值，但国资部门是否参与企业经营一直是一个两难的选择。参与企业经营没有实现"政企分离"的目标，不参与企业经营又可能会影响国有资本的增值效率。

因此，党的十八届三中全会提出，完善国有资产管理体制，以管资本为主加强国有资产监管，改革国有资本授权经营体制，组建若干国有资本运营公司，支持有条件的国有企业改组为国有资本投资公司。这种提法借鉴了新加坡淡马锡公司的模式，是我国国有资产管理模式的一个试水。

二、国有资产管理模式存在的问题

随着我国社会主义市场经济的发展、国有资产规模的扩大，现有的国有资产管理模式已不能跟上我国经济发展的需要。

（一）行业分布过宽

当前国有企业分布行业过于宽泛，几乎涉及我国国民经济的各个行业门类。截至 2015 年底，国资委主管的央企数量为 106 家，具体到电力领域包括两网及五大发电集团、四小豪门、电建能建就达到 13 家。电力企业在央企中的重要性不言而喻。就电力行业央企而言，虽然电改五号文的诞生至今已超过 13 年，主辅分离也一直在进行，但无论是发电供电还是电建都涉足了主业之外的大量行业，像华润、神华这种类型的央企涉足的行业更是多达十几个。

（二）同业竞争过度

国有企业分布过宽且行业门类重复严重导致的一项直接结果就是国有企业同业竞争过度，甚至导致一些恶劣竞争现象。此外，国企同业过度竞争还容易导致盲目扩大规模和产能加剧、产能过剩和与民争利现象，也不利于国有企业的国际化进程。尤其曾经的南车北车之争使我国在高铁技术设备出口领域遭受了巨大损失，后来的合并很大方面也是基于这方面考虑。

（三）产能严重过剩

目前，随着经济形势进入新常态，社会对于传统工业领域需求已逐渐达到饱和状态。以钢铁水泥为例，中国几乎生产了世界上一半的钢铁和水泥，其中国有企业占了相当大的比重，日后的去产能形式依旧严峻。就电力行业而言，电荒的时代已经过去，整个 2015 年发电行业利用小时数也创新低，可以预见未来相当一段时间内，社会用电低增长将成趋势。

（四）企业组织松散，治理结构不完善

许多国有企业虽然规模很大营业额也很高，但内部管理和核心竞争力方面仍

存在很多不足。许多国有企业之所以足够大，不是依托优良的内部管理和过硬的核心技术，而是依靠资源和市场垄断以及行政壁垒，在技术升级和内部管理创新方面缺乏动力和活力。在集团管控层面，许多大型国企横向领域过多，纵向管理层级过多，组织机构不够扁平化，人员层级臃肿现象严重，缺乏现代企业治理结构，使得企业大而不优、大而不强。

三、企业改制不规范

很多国有企业改制公司没有按照法律规定进行改革，企业改制公司具有较大的随意性，其操作有一定的问题。这样会导致国企改革过程中产生资产评估不实、财务核算不严的情况，导致国有资产被低价卖出；有的企业的改革过程透明度不高，存在暗箱操作的漏洞。这些都是先前国有企业进行改革普遍存在的问题。这样的改革方式会让国家、企业、职工的利益受到严重损害，造成国有资产流失，影响改革效果，增加改革的风险。

与此同时，国有企业存在任务和负担过重的问题，向银行贷款是企业负债的最主要形式。因此，如何保护因债务而引发的银行债权是国企改革必须考虑的重大问题，企业过度负债，一方面，阻碍了企业正常运转，造成信用危机和企业资金短缺；另一方面，迫使银行不断投资，资金出现紧张局面，增大银行经营风险，效益受到不同程度的影响。另外，沉重的债务负担还可引起社会关系紊乱，制约经济体制改革的进程。因此，国企改革是向市场要效益的过程，不是为了挽救企业而影响第三方的正常利益。在积极支持国企改革的同时，也应做到实时保护银行债权利益，从而严格规范社会正常经济秩序。

第三节　国企内部人控制突出

国有企业的渐进改革，是在原所有权没有发生改变的条件下，通过自我完善进一步达到改革的目的。国有企业委托代理链的冗长及所有者缺位，经营者剩余控制权和剩余收益权的不匹配，再加上监督约束机制的不健全等，共同形成国有企业的内部人控制。

一、"内部人控制"辨析

"内部人控制"是目前转轨经济国家中国有企业公司治理领域里一个十分普遍而又严峻的课题。青木昌彦在研究俄罗斯和中国经济问题时,提出了转轨经济中内部人控制的概念。青木昌彦通过对苏联和东欧的激进式经济体制转型过程中国有企业情况的分析得出结论,认为这些国家在经过了一段时间的国有企业实践后,计划经济使这些国家的国有企业处于停滞和倒退状态。由于计划经济的被迫转型,国有企业的管理出现了权力真空的状态,国有企业的内部人员(经理或职工)事实上获得了对企业投资和利润使用等方面的剩余控制权和剩余索取权,即国有企业的内部人实际上控制了国有企业。青木昌彦认为,"内部人控制"是经济体制转轨过程中固有的一种潜在可能,是从计划经济制度遗产中演化而来的。实际上,转轨经济体制国家国有企业内部人控制问题就是西方学者所研究的委托—代理问题或者"经理主义"在这些国家国有企业中的表现。在西方的大企业中,由于所有权与经营权的分离,或者说,由于剩余索取权与剩余控制权的分离,便产生了委托—代理问题。这种代理人问题,主要表现为代理人的目标函数与委托人的目标函数发生背离。早在亚当·斯密时代就已经出现了这一情况,而当时股份制等大型企业还不是企业的典型形态。当时企业的典型形态主要是两权合一的企业,代理问题并不是很严重,没有引起学者和实务界的应有关注。后来,随着生产力的发展,大型股份制企业成为企业形态的典型代表,代理问题才成为企业理论的热门话题。

由于经历了长期的演进过程,发达国家的公司治理结构以及外部市场监管都趋于成熟,因此可以较好地解决内部人控制问题的发生。与西方的企业制度相比,我国国有企业的内部人控制问题表现出其自身特有的属性。这种特殊性在产权方面是国有企业产权的平均性质、权力行使的集合性质、所有者的群体性质。这种产权构造,容易导致个体行为对它的侵犯,即这种产权构造难以把个体行为的外部性内部化,其组织成本高于西方的企业制度。在市场方面,传统的国有企业排斥市场,且存在国有企业办社会的情况,国有企业不能参与竞争或者竞争不充分、不平等,使市场的信号显示功能和评价功能失去作用。这些是我国传统国有企业与西方现代企业制度的不同之处。这些不同之处,导致我国的国有企业比西方企业制度更高的代理成本。

二、国企内部人控制的表现

我国国有企业的投资者是国家，内部人控制表现为企业中的经理和职工本该是领取合同所规定的收入者，但事实上他们却在很大程度上支配企业的剩余价值而成为索取者。同时，他们也行使相当程度的剩余控制权。在政府推动公司化改造过程中，企业有积极性转制为上市公司或者中外合资公司，但没有积极性转制为现代企业制度的有限责任公司。这是因为企业可利用转制为上市公司的时机筹集到大量的资金，经营者和企业职工都可以利用购买内部股或者认股证的机会谋取潜在利益。转制合资企业可以使企业享受优惠政策，还可以通过转移资金弥补以前的经营亏损或欠账。有些国有企业为了内部人的利益甚至搞假合资欺骗国家。有的国有企业不仅尽可能避税，甚至还通过转移收入或隐瞒业务的方法逃税。应该说，与传统的经济体制相比，内部人控制企业的经营者获得了更多的自主权，促进了国有企业生产效率的提高，增强了企业活力。但是，内部人控制使企业内部权力结构失衡，损害了出资人的利益，会导致资源配置的扭曲，最终引起社会福利的下降。

（一）短期行为

经营者不考虑企业的长期利益和发展，而只考虑眼前的成绩、地位和利益，过度投资和耗用资产，低效率使用国有资产。如许多国企领导一上任便忙于铺摊子、上项目以表现自己的"政绩"，根本不考虑项目的经济效益和技术可行性，其结果往往是"血本无归"。

（二）不合理的公司并购

在剩余经济条件下，为了扩大规模经济效益或减少经营损失，厂商可以通过资本运作实施公司并购。但是，在内部人控制条件下，公司并购的目的并不是扩大规模经济效益和减少经营损失。具体表现为两种方式：①掌握了公司控制权的经理人通过按高于公司并购的市场价格购入相关的资产方式，在公司并购中向售出方收取巨额回扣；②通过按低于市场公正价格售出相关资产的方式，在公司并购中向购入方收取巨额回扣。

在公司能够实施比较有效监督的同时，发生在公司并购中的内部人收取高额回扣只局限于在公司产生并购需要时，掌握公司内部控制权的经理人才会借机索取高额回报。但是，在公司和社会外部无法实施基本监督功能的时候，掌握公司内部控制权的经理人员会采取欺瞒手法，"创造"公司并购和攫取高额回报的机会。为了将产销两旺的国企转变为私有财产，掌握公司控制权的经理人和主管部门领导合谋，通过制造"人为的失误"，授意相关购货单位拖欠货款或以签订不着边际的合同等方式，使其发生虚亏或在短期内陷入经营困境，然后向主管部门提出公司破产的申请。这些掌握了公司内部控制权的经理人员通过低于市场公平价格的方式购并公司资产。一旦取得了公司所有权，相关的内部控制人可以立即恢复公司原来产销两旺的经营局面。

（三）非公允的关联交易

经营企业必须购入设备、原材料、半成品与技术以及售出产品和提供相关服务。只要存在信息不对称和公司对经理人员的监督不力的情况，就会给掌握公司内部控制权的经理人在关联交易上实现利益最大化的机会。毫无疑问，在信息充分和信息对称的条件下，经理人员无法通过内部控制在购买设备、原材料、能源和售出产品与提供劳务方面获得额外收入。但是，由于市场经济自由竞争的制度安排，使得厂商在产品开发、产品生产成本、销售渠道、实际售价甚至回扣等方面相互保密，使厂商之间、生产者和消费者之间、投资者和经营者之间存在不同程度的信息不对称和信息不充分。这使经理人可以借口信息不充分和搜索成本太高，而自主决定交易对象并与之协商交易价格，使投资者无法对经营者实施有效的监督。相应地，经营者可以制造借口在一定程度上摆脱投资者及其相关监督机构的约束，利用内部人控制，寻求自身利益最大化。

在剩余经济条件下，由于商品普遍过度供给，厂商在购入原材料、能源和设备时，可以利用市场巨大的供给压力把这些商品的价格压到极低水平，再通过给对方适当保留利润的手法，要求售出方将额外支付的款项转移到指定账户，进而通过灰色交易手段实现利益最大化，侵蚀所有者权益。由于购入的设备、原材料和能源具有明确的技术规格要求，尽管购入厂商占买方市场的优势，但不具备专业知识的投资者无法介入。因此，所有者一般不能通过指定厂家或直接控制销售等方式限制经理人通过内部人控制获取额外利益。相应地，过度供给的压力迫使厂商不断地降低商品销售，经理人可以通过与购买者合谋等方式，制造各种借口大幅降低商品售价，进而从购买方索取一定数额的利益折扣。

（四）过度在职消费

企业内部人控制与基于市场垄断的内部低效率异曲同工。产业组织理论认为，在垄断条件下，由于过高利润会招致社会的反垄断法制裁。因此，垄断企业会在非金钱财富的消费方面实现利益最大化。内部人控制在有效效用最大化方面，与基于市场垄断的内部低效率同出一辙，一般地表现为装修豪华的办公室、购置豪华的小汽车、公款吃喝、住房优惠和极尽奢华地增加招待费用，以及以考察的名义在国外旅游等。

在规范的市场经济条件下，即使在形成了理论研究所述的经营者控制的条件下，由于经营者的有效效用最大化行为要受到经营实效、所有者的干预等方面的限制，掌握控制权的内部人不可能随心所欲。但是，在所有者缺位的转轨时期，由于经营者实际身兼所有者和经营者的双重身份，内部人控制的有效效用最大化往往会达到无以复加的程度。一些效益较好的企业领导，借口管理得法、经营有方，或者工作需要，提高其在职消费标准。另外，由于所有者缺位带来的外部监督缺乏，一些经营陷入困境、生存存在严重问题甚至工资都无法发出的企业，也可以通过领导层集体作出决定的方式，为领导层兴建或购买豪华的住宅、汽车，以考察设备、技术为名大行公费旅游之实，在国有企业中形成"穷庙富方丈"的经营悖论。

（五）随意提高工资标准

严格地说，工资标准的形成是劳动力或职业经理人与企业对劳动力和职业经理人需求形成价格均衡的结果。但是，在形成内部人控制的企业，经理人员可以通过提高自身和其他相关职工的工资标准、奖励幅度等手段实现个人利益最大化，并对所有者的合法权益实施侵蚀。

具体表现形式包括：①上市企业一般以年薪制的方式规定经营者的收入标准。由于上市公司的经营规模大，资金雄厚，无论其贡献大小，经营人员的年薪都被提高到很高的水平。②国有企业管理人员参照外企、私营企业业主的收入标准制定经营者的工资标准。实际上，国有企业管理人员待遇中的相当一部分是以在职消费的福利形式表现出来，而且国有企业管理者基本不承担经营风险，工作强度也相对低于业主制经营者。③通过管理层内部制定十分容易达到的工作标准，提高经营者的收入。在掌握内部控制权的条件下，通过不同部门、下级讨论和上下级合谋等方式，为经营者制定一个十分容易达到的经营绩效标准大幅度提高经营者的奖励工资。④通过各种变相的手法提高经营者的实际收入水平。如通过减亏提成、效益分成等方式提高其实际收入水平。

（六）转移和侵蚀国有财产

掌握公司内部人控制权的经理人员可以编造借口，按照利益最大化要求，动用公司财产。主要表现有：①借口疏通关节报销大量的费用。由于市场经济制度建设的不健全和企业经营环境的复杂性，经理人员借口疏通关节，报销大量有关差旅费、招待费、固定设施购置等费用。②实施定向捐赠。在捐赠的借口下，将大笔捐赠指定移交给特定的关联人员。③借口雇佣技术间谍和经济间谍，拨付大量的活动经费。如深圳某国有电子公司董事长和总经理合伙投资在惠州注册成立一家私营公司，然后通过与国有公司的所谓业务往来共转移国有资产达 900 多万元。④虚报财务账。现在不少企业设立两种账目，虚构成本，少报利润，以逃避审核和偷漏税。

三、国企内部人控制的成因

国有企业的内部人控制问题与西方企业制度的内部人控制问题的出现都是所有权与经营权分离后的产物，没有两权分离，内部人和内部人控制问题也不会出现。具体而言，我国国企内部人控制的原因主要有以下两点：

（一）降低企业经营活动的行政管理成本

出现内部人控制的原因之一，在于降低企业经营活动的行政管理成本，即行政协调成本和行政激励成本。政府机构掌握企业资产使用控制权，所带来的行政管理成本至少有几个方面：①政府的社会目标进入甚至替代企业的市场目标，使得企业无法追求最大利润或最大价值，因而变得低效率。同时，绩效差的企业常常夸大此原因作为它们经营不善的借口，而经营良好的企业却不能为此获得相应的补偿。②政府依赖行政层级管理经济和企业的体制，由于众多的管理部门分工严格，多级的委托代理层层相嵌，它们之间不可避免地存在信息不对称、利益不一致和权力不匹配，在信息收集、传递、处理、反馈过程中和决策形成、贯彻、实施过程中，不可避免地存在失真、扭曲、拥挤、延误与机会主义行为。由于政府官员本身存在激励（动力）问题和官僚主义，以及激励内部人的种种困难，政府有很高的协调、监督、控制和驱动企业的成本，而企业的经营权和积极性则受到削弱和挫伤。③预算约束软化，政府承担风险，缺乏退出机制，企业躺在政府怀里，感受不到亏损和破产的压力，因而没有提高市场竞争能力的创新动力。减少这些成本的唯一办法，是向市场经济过渡，与此相适应，或者说，作为条件和结果，控制权将以不同的方式，从政府向内部人转移，以便发挥内部人在信息占有和管理方面的比较优势，调动他们的商业经营积极性，以使企业成为能对市场信号做出敏感反应的、自主经营自负盈亏的独立实体。

（二）控制权与剩余索取权在国有企业内部的不匹配和非统一性

控制权与剩余索取权在国有企业内部的不匹配和非统一性，也是造成国有企业内部人控制的原因之一。从现代企业理论看，企业所要解决的问题可以简单地概括为两点：在给定企业是一个团队的生产情况下，用什么办法使每个人都有工作积极性？用什么机制使最有才能的人占据经营者岗位，也就是企业经营者的选择机制问题。一般来说，要通过控制权和剩余索取权在企业内部的合理分配解决这两个问题。解决问题的原则是：①剩余索取权和控制权要匹配，即谁拥有剩余索取权并对企业最后承担风险，谁就应该拥有控制权；②企业的剩余索取权应授予企业中那些最重要的成员，即相对重要的人应该有剩余索取权，尤其是那些最难监督、最有私人信息优势的经理人员应该拥有一定的剩余索取权和控制权；③要让真正承担风险的资产所有者选择经营者，这对保证真正有经营才能的人占据经营者岗位是非常重要的。在西方典型的大股份公司中，其股东是公司风险的最后承担者，一方面，他们往往可以通过股票市场上"用脚投票"的机制以及恶意收购活动所产生的竞争可能性选择经营者，从而实现对公司的控制权；另一方面，其经理人员的收入相当一部分是剩余收入（这意味着经理人员拥有了一定的剩余索取权），与企业利润和企业的股票价格相关，而且大部分经理人员都有一定数量的股票。这种控制权和剩余索取权在公司内部基本合理的安排，使西方企业制度在解决激励机制和经营者选择机制这两个问题上相对比较成功。而对我国国有企业来说，上述三条原则基本上都没有得到满足：①国家在法律上享有国有企业剩余索取权，但实际上被企业经理和职工所控制。②国有企业经理人员作为最难监督、最具有私人信息优势的群体，却并不拥有法律明确规定的剩余索取权，许多企业在实践中往往是以年终奖金的形式进行操作。③在我国，由于资产所有者缺乏具体人代表，政府各主管部门便都以资产所有者代表的身份对企业进行干预。但很明显，各主管部门并非企业风险的真正承担者。在这种情况下，政府各主管部门便会利用其手中的廉价投票权，根据部门自身的利益要求选择经营者。

第四节　党组织责任作用弱化

党的先进性是党执政地位的根本保证，为确定中国共产党在全社会的政治核心地位提供了保障。但随着经济结构的重大调整，党组织在国企中发挥政治核心作用开展具体工作时，往往出现党组织功能弱化、责任作用不突出的问题，党建工作面临严峻挑战。

一、党组织地位的边缘化

国有企业改制后，尤其是经过市场经济和国际经济秩序的洗礼后，形成了一种适应时代发展的新企业领导体制。现代企业制度要求政企分离，政府和企业之间不再是隶属关系，而是双峰对立、二水分流的形式。公司的权力机构是股东大会，《公司法》对国有企业干部、对公司的决策和经营管理人员的聘任与解雇做出了明确规定，企业领导人不再由政府部门直接任命或随意更换。企业确立了法人资格，成为独立的经济主体，不再划分行政级别，隶属行政机关，企业中的领导者和高层也不再成为国家干部。这些都不同程度地造成国有企业党组织的地位逐步被边缘化，党组织的政治核心作用难以发挥。对于利益主体多元化的股份制国有企业，党组织如今很难协调好党和国家、多个出资者之间的相互关系。党组织的工作相对于企业的中心工作呈现偏离状态，企业经营决策场合很少能听到党组织负责人的声音、意见，就连国有企业有关领导人也仅站在企业经济利益的角度说话，党组织地位的边缘化显而易见。

（一）组织机构配备欠缺、不当，组织活动开展受到影响

过去，国企党组织发挥政治核心作用，一般有专职工作人员和工作机构，也有特定的活动内容和开展活动的固定时间与方式。如今，受市场经济和国家经济体制改革的影响，部分国有企业为追求更高的经济效益，把党建工作机构与其他科室合并，弱化了党组织的地位与作用。尤其在国有企业改革建立现代企业制度后，很多国企没有建立科学的党建工作机制，甚至没有建立正式的党建工作机构，党组织的政治核心地位开始受到挑战，党组织工作随意性大，甚至失去了同群众的联系。一些党务工作者不适应国有企业改革发展的要求，思想认识跟不上形势发展的需要，不懂企业生产经营，缺乏决策经验。有些党务工作者受市场利益的诱惑，不安心党建工作，党性观念淡薄，片面强调经济效益而忽略党建工作的重要性，使国有企业党组织缺乏吸引力和凝聚力，政治核心地位就更难以谈及。

（二）党组织政治核心作用发挥不充分，政治领导地位受到挑战

国企党组织的政治核心作用在维护员工民主权利、保护职工合法利益方面以及在企业文化建设中的领导作用得不到充分发挥，党组织参与企业重大问题决策

的工作机制不够健全和完善，企业党建工作不能与企业经营活动融合。上级党组织对国有企业党组织的管理体制也没有理顺，企业党组织和党员的管理体制职责不明确，存在多头管理和分散管理甚至无人管理的现象，这就导致国有企业党组织的政治核心作用难以发挥，陷入发挥不到位的困境。

二、国有企业党建工作现状

国有企业党建领域仍存在诸多问题，有待破解。比如，党组织的政治核心作用尚未充分发挥，基层组织的战斗堡垒作用以及党员的先锋模范作用没有在企业中展现，党的工作与企业的中心工作时有脱节，党建领域的创新还没有完全适应改革发展的新要求等。归结起来，这些问题主要体现在以下几个方面：

(一) 党建工作"一把抓"问题严重

"一把抓"主要是指，在整个国有企业领域，采用一种模式、一套办法开展党的建设工作。其实，我国国有企业的类型多种多样，不仅经营规模上有大小之别，企业的社会责任亦有强弱之分，有些国有企业甚至还包含多个分支机构和基层企业，呈现多个层级。而在现实中，国有企业的党建工作大多没有根据企业的不同类型有针对性地进行建章立制并开展党建工作，而是将一种党建模式大而化之，不分什么企业，采取"一刀切"的办法，什么都一把抓。这就导致国有企业整体党建模式相对单一、陈旧老套，没能体现不同企业党建工作的要求，也不符合国有企业党建工作的整体需要。

(二) 党建工作与业务工作错叠交织，企业管理"两张皮"

"两张皮"现象主要体现为就党务论党务，党的工作与企业中心工作以及其他业务工作未能有机结合。这一现象产生的重要原因在于，企业党政工作系统之间，无论是在工作职能和机构设置层面，还是在思想观念层面，都存在较大的差异，加之党务工作见效慢且不直接产生经济效益，难以得到企业领导的重视，从而在现实中存在抓党建工作与中心工作"一手软一手硬"的情况，致使党组织与法人治理结构、党务工作与现代企业管理、党的思想政治工作与企业文化建设都未能深度融合。值得注意的是，"两张皮"在现实中又导致了企业中党建工作虚化、弱化，甚至被边缘化的倾向，从而使党建工作更难融入企业的中心工作进而与企业脱离良性互动的轨道。

(三) 抓党建依赖"行政化"，权力依赖现象严重

"行政化"主要是指企业党建工作的开展存在权力依赖的现象，依靠行政力

量尤其是自上而下的力量在推动，企业党建自身的内生力量发挥不足。在现实中表现为"上面不推，下面不动"，党组织活动的开展往往需要成立各式各样的督导组、检查指导组，靠各式各样的会议制造舆论氛围。之所以出现这种情况，主要原因在于党建工作重心没有下移，各基层支部没有成为党建工作的主要责任者、策划者和组织者；领导层面的民主作风不够，存在"家长制""一言堂"现象；党员基本权利未得到保障，致使党员由于缺乏主人翁意识而难以发挥积极性。在这种情况下，国有企业党建工作自然出现上热下冷、上下脱节现象，以行政手段推动工作也就在所难免。由此可见，"行政化"倾向其实是在拔苗助长，长此以往必然产生"应付上级了事"的心态，企业党建工作的开展也就失去了其本质意义。

（四）党建活动存在"随意化"，制度缺位，效果欠佳

"随意化"主要指的是国有企业党建工作存在不规范问题，党组织的活动没有按照规章制度和规定动作开展，想搞什么活动就搞什么活动，想什么时间搞就什么时间搞，想以什么形式搞就以什么形式搞。目前，国有企业的党建工作没有形成一套系统总体的原则规范，加之企业内部对党建工作的轻视，致使党建工作缺乏完善的工作细则，更没有相应的评价标准和激励机制。在这种情况下，国有企业党建工作的开展往往会因人而异，根据自身的理解定向，根据自己的意愿展开，想怎么干就怎么干，干成啥样就啥样。有些企业的党建工作完全"不按套路出牌"，有些甚至达不到规定要求，呈现"规定动作难落实，自选动作又没有"的状态。这都在无形中弱化了党组织的作用，更背离了国企党建科学化的基本要求。

（五）党建工作停留在"表面化"

当前，国有企业的党建工作还普遍存在"表面化"的问题。"表面化"主要表现为党建工作看起来搞得热热闹闹，但实际上并不深入，党的领导没有真正落实，党组织的活动也只是依附形式，搞些"花拳绣腿"，但现实中却是"干打雷不下雨"，并没有起到实际效用。国有企业党建工作的根本目的在于发挥党组织的政治核心作用并推动企业稳定与发展，然而现实中许多企业的党组织并没有抓住这一精神实质，抓党建工作不注重实质性深入，开展活动"重形式"，推进活动"无目标"，没有针对企业的深层次问题展开，也不能深入企业员工的工作生活之中，为落实企业总体部署凝心聚力。由此可见，"表面化"倾向其实是在舍本逐末，这就使国有企业党建工作不免显得"空泛与漂浮"，难以收到应有

的效果。

三、国有企业反腐倡廉建设有待进一步加强

随着中央巡视工作的开展，第三轮初始，就已经有 14 名央企高管被调查或处理。面对党中央的高压反腐，竟然还有个别国有企业领导人员顶风而上，违规违纪。"四风"问题严重，侵吞、挥霍大量的国有资产，这些问题尤为突出。据统计，2014 年，有 70 多名国企高管落马，而且腐败蔓延势头没有得到有效遏制。多种因素交织使我国国企当前仍处于腐败易发高发状态，反腐倡廉的形势依然严峻，情况不容乐观。一些企业领导人员以权谋私、收受贿赂、违规操作，违纪违法行为依然不断，企业反腐倡廉工作面临严峻挑战。

（一）内部管理制度不健全

制度是制约腐败行为的外在保证，国有企业内部制度不健全是国有企业产生腐败的重要原因，具体表现如下：

（1）法人治理制度不完善，结构不科学。现代企业制度的核心是法人治理，它要求企业改变以往旧的管理模式，以建立股东会、董事会、监事会和经理层之间职责分明为基础，构成相互制约、制衡的法人结构和运行机制。目前，大多数的国有企业已经在形式上按照相应的要求，组建了所需的组织结构，但是绝大多数企业建立的法人治理形同虚设，管理模式没有随着现代企业制度的建立而发生任何改变，法人治理结构的规范与运行机制的方式还不够健全。存在很多问题，如股东会无法充分行使权力，董事会有心无力，始终难以代表出资者的利益，监事会的作用发挥不出来，职能虚化等。

（2）关键岗位、重点领域部门制度缺失。近年来，随着国有企业的改革不断深入，国有企业在生产经营的每个环节不同程度直接或者间接地与外部供应商、采购商以及合作商发生经济或利益往来，工程建设、物资采购、产品销售、财务管理等都是腐败现象频发的重点领域。根据腐败发生的特点可知，关键岗位都易产生腐败，这主要是因为相关国企管理者掌握巨大的资源（钱、权或者物），在形形色色的诱惑面前，无抵抗防线，或者抵抗防线直接崩塌，于是便陷入权钱交易或以权谋私的泥潭。因此，重点关注国有企业中的工程招投标、物资采购、财务管理等关键领域和重要环节，是防止国有企业腐败的主线。从党的十八大以来查处的各种国有企业腐败案件看，这些领域或环节之所以能够利用钱、权，主要是因为企业在财务管理、物资使用、资金投入等重点领域缺少相关的制度规范，

即使有的企业有相关制度规范，但是却缺少执行监督，以至于制度荒废，有与没有差别不大。

（二）监督机制不健全，腐败惩罚措施力度小

国有企业监督机制不健全，监督不到位，对违纪违法案件的查处、打击力度不强，也是企业腐败现象滋生、蔓延的一个重要原因。我国国企现代企业制度和公司治理结构还不完善，现存的监督检查工作仅停留在表层，主要表现如下：

（1）领导干部对纪检监察监督工作认识不足。部分领导干部只注重完成任务指标，对监督检查不重视，只为了完成上级交代的任务而进行监察，走马观花、浮表面、流于形式，对监察工作的认识缺少广度和深度。一些企业领导认为监察工作可有可无，监察工作有名无实。

（2）"一把手"权力难以监督。现有国有企业纪检监察成员配备存在不合理现象，由于体制上的原因，大多数国有企业的纪检监察成员隶属于本企业领导管辖，面对掌握自己工作晋升"生杀大权"的上级领导，与自己具有工作友谊的同事，往往会出现监督者怕被监督者，上级不敢管、同级不好管、下级不能管的情况，必然导致监察工作瞻前顾后，无法真正大展拳脚，这就使"一把手"权力无法监督，在监督上缺位。再者，纪检监察成员整体素质偏低，一些国有企业纪委监察工作人员知识面窄、能力不强，素质不高，不能很好地做好教育、监督工作。

（3）惩处执行不到位，力度小。虽然国有企业对于违反相关规定的情况有明文规定的处罚，但是具体落实雷声大雨点小，尤其是当部分国有企业党员干部出现腐败苗头或者现象后，多采取谈话、记过的形式进行处罚，但这种处罚使违纪违法成本过低，无法对贪污腐败人员起到敲山震虎的作用，收效甚微。长此以往，更加助长了腐败的气焰，无法从根本上解除腐败的危机。

（三）现行体制对国有企业的管理存在弊端

曾有一位国企负责人坦言："现行制度下，做国企亏了有国家埋单，赔了有财政兜底。也有一些人为了从'高管'变成'高官'，绞尽脑汁搞政绩，恨不得把后几任的资源都提前花掉，也就不惜通过超发福利向职工买'选票'。"

目前我国国有企业的两大弊端：①所有权主体缺失，国有企业领导人拥有对国有企业的经营权，但是为谁经营，谁对经营的效果负责，这两个问题均没有清晰的答案，贪污了自己不亏，经营惨淡自己不赔，这就为腐败的滋生提供了可能性和必然性。②国有企业领导干部具有行政级别，行政级别拥有权的直接影响就是过度密切了国有企业领导与政府官员的联系。结合中国自古就存在的"官本位"思想，一些国有企业高管为了成就自己或者他人的"当官发财梦"，动用各种手段收买人心，甚至不惜动用国有企业财产，结果必然是腐败现象频发，腐败行为横行。

国资国企改革牵扯面广、政策性强、利益关系复杂。改革涉及诸如混合所有制经济，国有企业功能定位等问题，需要规范和明确。党的十八届三中全会虽然对全面深化国资国企改革做出了一系列重要部署，但国家层面还未出台国资国企改革有关目标、内容、重点、步骤、措施等指导性意见。尽管部分省份已出台了国资国企改革方案，但在国有企业功能定位、分类，管理体制等方面不尽一致，同时，还有部分省份在推进国资国企改革上力度不够，存在等待观望现象。因此，国家层面应在充分调研、试点推进的基础上，尽快制定出台国资国企改革的总体规划、基本框架、路线图、时间表，指导地方国资国企改革。

我国国有企业改革已 30 余年，既有成功的经验，也有深刻的教训，改革的认知度和良好的社会环境是决定成败的重要因素之一。党的十八届三中全会对全面深化改革若干重大问题做出了部署，进一步明确了国资国企改革的方向，但仍有部分人对改革的重要性、紧迫性认识不到位。一些人认为，国有企业是社会主义执政的经济基础，改革国企，使国企股份化和私有化，"民进国退"会影响国家对市场经济的最终控制权，会动摇社会主义基本经济制度；另一些人认为，国有企业改革就是简单的国有资产私有化，国有企业完全退出市场经济；还有一些人认为，当前国有企业发展比较困难，正在结构调整、转型升级的过程中，应以稳定为首要任务。这些模糊认识对加快推进国资国企改革都会产生一定的不良影响。国资国企改革涉及方方面面的经济利益，良好的社会环境是顺利推进改革的重要保障。国资国企全面改革，特别是发展混合所有制经济，集体资本、非公有资本等交叉持股，相互融合，产权保护制度、职业经理人选聘激励等有关制度不完善，尤其是法律、法规保障体系不健全，民营企业或社会资本参与国资国企改革往往担心权益得不到有效保护，影响了民营企业或社会资本参与国资国企改革的积极性。由于缺乏良好的改革环境，制约了国资国企改革的有效推进。

如何解决这一问题，国内学者提出很多观点。吴敬琏主张政府应当尽可能减少对微观经济主体特别是国有企业的行政干预，充分发挥市场在资源配置中的作用。新一轮国企改革中，诸多学者认为，国有企业改革的主要目标是围绕国有资产保值增值建立激励机制，以追求国有资产自身的发展壮大，同时还要建立有效的制度基础，保证国有经济追求"国家使命导向"的发展。李维安指出，国有企业改革已进入"四分离"改革的深水区，而混合所有制改革有望成为深化国有企业改革的突破口。他强调国有企业集团探索混合所有制要"母子"并进、"母子"协同。卢俊认为，政府应为推动国有企业混合所有制改革做好顶层设计，尊重群众首创精神；统一规划，稳步推进；转换企业经营机制，使国有企业成为真正的、完全的市场主体；统一政策，一企一策，探索混合所有制的多种形式、多种模式，分类进行研究，分类提出措施，切忌"一刀切"。刘崇献和邱海平进一步将顶层设计划分为四个具体原则：①分类改革原则；②共存共赢原则；③市场机制为导向兼顾社会效益原则；④破除垄断、提高效率、促进公平原则。杨瑞龙认为，国有企业分类改革战略通过对处于不同行业的国有企业界定功能，划分类别，可有效解决国有企业与市场经济的兼容问题和社会主义与市场经济的兼容问题。

总之，国有企业改革中存在的上述问题如果不能得到有效解决，国有企业改革的最终目标就难以实现。

第三章　完善现代企业制度建设

党的十四届三中全会提出：国有企业改革的最终目标是建立现代企业制度。经过多年的探索和实践，国有企业改革不断深入推进，国有企业经营机制，管理体系、企业面貌都发生了根本性变化。现代企业制度建设成效显著，全国90%以上的国有企业完成了公司制股份制改革，多数企业建立了股东会、董事会、经理层和监事会等机构，公司治理结构逐步规范。一批国有企业实现了股权多元化，形成了混合所有制的股份有限公司。适应市场经济发展的激励约束机制逐步建立，企业经营管理效率明显提升。一批企业在市场竞争中成长壮大，创新能力和市场竞争力明显提高。当前，我国已进入全面深化改革的新阶段。国有企业属于全民所有，是推动国家现代化、保障人民共同利益的重要力量。党的十八届三中全会明确提出，必须适应市场化、国际化的新形势，进一步深化国有企业改革，推动国有企业完善现代企业制度。这是中央对国有企业改革的新要求，是增强国有企业活力和竞争力，提高国有经济发展质量的有效途径和必然选择，对完善以公有制为主体、多种所有制经济共同发展的基本经济基础和社会主义市场经济体制具有重要意义。

当前，我国经济社会发展进入新的阶段，既面临难得的历史机遇，也面对诸多风险挑战。市场化、国际化继续深入发展，世界经济进入增速减缓、结构转型、竞争加剧的时期。国际金融危机的倒逼机制等因素，使我国进入只有加快经济发展方式转变才能实现持续健康发展的阶段。

与新形势、新任务的要求相比，国有企业积累了一些问题、存在一些弊端，现代企业制度总体上还不完善。现阶段主要问题有：①股份制改革仍有差距，国有大型企业特别是中央企业母公司层面的股份制改革相对缓慢，中央企业中混合所有制经济比重还比较低。②一些企业盲目决策，过度追求规模扩张，带来负债率过高等突出问题。企业治理结构还不完善，规范的董事会建设还处于探索之中，内部制衡机制尚未有效形成，国资监管机构、董事会和经营管理层之间的关系需要进一步理顺。③缺少职业经理人制度，行政任命管理人员过多，企业经营者缺乏市场化的退出通道，市场化选人用人和激励约束机制没有真正形成，运营效率有待进一步提高。④垄断行业准入门槛过高，其他所有制企业公平进入的机制不健全，有效竞争的市场环境尚未形成。一些垄断行业还存在普遍服务缺乏、产品价格高、收入水平过高等问题。⑤政企不分、政资不分问题仍然不同程度地存在，应由企业自主决策的事项由政府审批的仍然过多，国资分类监管和考核的机制有待进一步完善，企业活力还需要进一步增强。此外，随着国有企业经营实力不断提升，社会对于国有企业承担社会责任有了更大期待。深化改革是国有企业提高发展质量和效益的动力，是我们可以用好的最大红利。只有加快完善现代企业制度，才能进一步激发国有企业活力和创造力，奠定经济发展方式转变和长期可持续发展的基础，从而推动基本经济制度和社会主义市场经济体制不断完善。

第一节　推进公司制股份制改革

党中央、国务院印发的《关于深化国有企业改革的指导意见》明确了新时期国有企业改革的目标，并从分类改革、国资管理体制、发展混合所有制经济、防止国有资产流失等多个方面提出了改革的方向和措施。

指导意见明确了中国国有企业改革的目标。提出到 2020 年，国有企业公司制改革基本完成，发展混合所有制经济取得积极进展，法人治理结构更加健全，优胜劣汰、经营自主灵活、内部管理人员能上能下、员工能进能出、收入能增能减的市场化机制更加完善。国有资产监管制度更加成熟，相关法律法规更加健全，监管手段和方式不断优化，监管的科学性、针对性、有效性进一步提高，经营性国有资产实现集中统一监管，国有资产保值增值责任全面落实。国有资本配置效率显著提高，国有经济布局结构不断优化、主导作用有效发挥，国有企业在提升自主创新能力、保护资源环境、加快转型升级、履行社会责任中的引领和表率作用充分发挥。企业党的建设全面加强，反腐倡廉制度体系、工作体系更加完善，国有企业党组织在公司治理中的法定地位更加巩固，政治核心作用充分发挥。

一、公司制股份制改革的内涵及必要性分析

党中央、国务院印发的《关于深化国有企业改革的指导意见》，为公司制股份制的改革提供了契机。国有企业公司制股份制改革，是指国有独资企业、国有独资公司及国有控股企业（不包括国有控股的上市公司）改制为国有资本控股、相对控股、参股和不设置国有资本的公司制企业、股份合作制企业或中外合资企业，即改变原有国有企业的体制和经营方式，以便适应社会主义市场经济的发展。

中央企业大多数还是我国传统国有企业的组织制度，基本上是在计划经济条件下形成的。随着社会主义市场经济的发展，这种旧的组织制度呈现越来越多的弊端，效率低下、缺乏约束与激励机制、经营困难，需要尽快进行彻底的改革。

（一）规范的公司制是建立现代企业制度的前提

从 1993 年 11 月党的十四届三中全会通过《党中央关于建立社会主义市场经济体制若干问题的决定》，到 1999 年 9 月党的十五届四中全会通过《党中央关于国有企业改革和发展若干重大问题的决定》，中央对推进国有大中型企业建立现代企业制度进行了多次要求和强调，原国家经贸委在 2001 年初发布的《国有大中型企业建立现代企业制度和加强管理基本规范（试行）》，提出了具体的要求，但收效不大。主要原因是现代企业制度是在现代公司制的范围内实施的，从产权制度改革入手，在资本结构多元化、资本形成社会化和市场化等制度上进行重构，国有独资企业不是现代公司制，没有这个基础，就无法建立现代企业制度。国有企业要建立现代企业制度，必须与公司制改革同时进行，这是关键所在。公司制改革的主要形式是产权多元化，虽然产权多元化不是万能的，但如果没有产权多元化，建立的现代企业制度往往有很大缺陷。

（二）公司制形成权责明确、相互制约的法人治理结构

国有企业进行公司制改革后，有明确的投资主体，建立权责明确的法人治理结构，所有权和经营权分离，建立股东会、董事会、监事会和经理人员之间相互制衡的公司治理结构。构建公司董事会、监事会的结构与功能，增强外部股东、合资者、合作者及独立董事对公司的制约和监督，明确董事长与总经理的权利、义务、责任以及相应的聘任、解聘机制，建立公司事务决策规则、程序和约束机制、激励机制。

在公司制改革后，产权的代表人（董事或董事长）和经营者（总经理）分开

设立，产权的代表人由国资委及其他股东委派，主要对产权所有者（国资委或其他投资主体）负责；经营者是产权代表人选择完成经营目标任务的经理人选。两者权责明确，有利于约束和激励。

公司制改革也可解决国有企业普遍存在的"内部人控制"通病。由于国有企业的所有者缺位，经营者缺乏必要的产权约束，导致经营者享有所有者的权利，两者分不清，权责不明，缺乏必要的约束机制和激励机制。公司改制后可望解决长期存在的国有企业"内部人控制"的问题。

（三）公司制明确了国有公司的有限责任，探索国有资产管理的新方式

公司制改革后，国有企业成为有限责任公司，这个有限责任对国有公司具有重要的深刻含义。有限责任对国有公司具有三大功能：①减少债务风险，国有企业进行公司制改革后，仅以其独立的全部法人财产对公司债务承担有限责任，避免了一些不必要的纠纷；②投资风险减少，如果是无限公司，公司在资不抵债而破产后，债权人可直接对股东进行追索，直至倾家荡产，而有限公司的股东仅以其出资额为限，对公司及其债务承担有限责任；③促进国有资本流动及投资风险转移，国有资本转化为股权成股票后，可以按照经营资本的要求运作，转让、交易给其他投资者，既可获益，也可转移风险，促进了国有资产的合理流动和优化配置，盘活了国有资产。

二、我国公司制股份制改革的道路

我国国有企业改革是坚持市场化改革取向的渐进式改革道路。改革的起点始于计划经济时期的国有国营企业。为改变企业严重缺乏活力的状况，在搞活国营企业的政策目标下，进行了多方面多种形式的试验与探索。1984年10月，党中央做出《关于经济体制改革的决定》，提出"企业所有权与经营权相分离"的政策，国有企业"承包经营责任制"成为主要实现形式。在此期间，一直在进行经济管理体制改革的讨论，政策导向也逐渐明晰地指明了我国国企改革的市场化取向，如1982年提出的"以计划经济为主，市场调节为辅"，1984年提出的"有计划的商品经济"，以及1987年更为彻底的"国家调节市场，市场引导企业"等。20世纪80年代初到90年代初的这一阶段，国企改革的体制特征是，在不触动公有制前提下，探索经营方式的改革，目的在于调动企业管理者、劳动者的主动性、积极性和创造性，提高企业的产出效率。1992年邓小平南方谈话时提出："……必须大胆吸收和借鉴人类社会创造的一切文明成果，吸取和借鉴当今世界各国包括资本主义发达国家的一切反映现代社会化生产规律的先进经营方式、管理方法。"此后党的十四大通过了建立社会主义市场经济体制的决定，进一步解放了思想，为国企改革提供了新的理论和政策依据。1993 年，党的十四届三中全会做出《关于建立社会主义市场经济体制若干问题的决定》，提出建立现代企业制度的目标，要求企业转换经营机制，建立适应市场经济要求，成为自主经营、自负盈亏、自我发展、自我约束的法人实体和市场竞争主体。1999 年，党的十五届四中全会提出"积极探索公有制的多种有效实现形式""大力发展股份制经济和混合所有制经济"。

我国的国有企业改革，经历了国有国营到国有多种经营形式并存，政府从国有时期的管企业到目前的管资产和管人、管事相结合的国有资产管理体制，实现了国有企业改革从经营方式改革到产权改革的突破。21 世纪初，我国国有企业（其中主要是大中型企业），逐步走出了 20 世纪 90 年代的低谷。究其原因，主要是党中央在国企改革中明确并逐步深化市场化取向政策，相机采取了一系列重要政策。尽管我们离国企公司制股份制改革的目标尚有距离，但方向已经明确，道路已经开辟，与世界上其他转型国家相比，我国的国有企业改革具有以下鲜明特点。

（一）改革的终极目标不同

一位著名经济学家曾经断言，社会主义实现的道路是漫长的。事实证明，他只说对了一半，苏联和东欧国家选择的是资本主义道路，实行资本主义经济制度，原国有企业改革的目标是私有化，转型的终极目标是由社会主义转向资本主义。我国则选择了与它们不同的道路。在改革过程中，关于国企私有化的讨论一直不断，但我们在坚持市场化改革取向的同时，坚持了社会主义的终极目标，不断提高国有和国有控股骨干企业的活力、控制力、影响力。我国国有企业改革的成果表明，市场经济体制能够与社会主义基本政治制度相融合。这将成为人类历史上最重要的思想成果。

（二）改革的方针不同

与苏联和东欧国家全盘私有化不同，我国在重塑社会主义市场经济微观基础的过程中，采取的是区别对待的方针。在转换企业经营机制阶段，贯彻"抓大放小"方针，事实上存在一条以大中型企业改革为主线的改革路径和另一条中小型企业的辅助改革路径，即在改组、联合、兼并的同时，采取股份制、股份合作制、租赁承包和出售等形式。从中小型企业改革的最后结果看，基本上是采取非国有化的路线，除少数转变为股份制企业以至公开上市的公众公司以外，多数企业改革为职工持股、主要经营者控股这类不规范的股份制形式，以及由管理层收购或私人购买形成的私有制有限公司。与此同时，在体制外积极发展民营企业和"三资企业"，加上原有改制企业，以至于形成了今日占据半壁江山的局面，与国有和国有控股公司共同撑起中国经济的蓝天。

（三）改革的方式不同

与苏联和东欧国家采取"体克疗法"的激进式改革方式不同，我国采取的是"摸着石头过河"的渐进式改革方式，春雨"润物细无声"，在坚持市场化改革取向的前提下，国有企业改革逐渐由经营方式改革到产权制改革，发展到实现公司制股份制改革。实行渐进式改革，保证了改革与发展齐头并进，没有引起重大社会震荡，从而保证了经济发展、社会稳定、综合国力不断提高。

三、国有企业公司制股份制改革任重道远

公司制是适应社会化大生产需要和市场经济制度要求的现代企业制度的基本形式，在法律地位上，公司是企业法人，公司出资者与公司具有相同的法律责任，公司实行法人治理结构。改革要求把国有企业改造成公司法人——有限责任公司、股份有限公司，国有独资公司或国有控股公司。其中，股份制企业是股东以股份形式出资而设立的企业组织形式，通常指股份有限公司。国有企业公司制股份制改革任重道远。按照党的十八大设定的目标继续深化国有企业改革，需要从企业外部和内部两个方面努力，需要在体制上有新的突破。企业外部环境，主要是市场环境和制度环境；企业内部问题，主要是公司治理结构和预算约束问题。

（一）完善市场经济体系建设

企业能否对市场信号主动做出反应，是企业作为市场经济微观主体的基本条件。市场经济体系的完善，最重要的是市场价格形成机制的形成。改革市场价格形成机制，始终是经济体制转型的关建。我国目前的经济形势，迫使决策者更多地实施了政府价格管制，似有旧体制回归之势。政府价格管制维持了原有的市场秩序，保证了社会稳定，但同时却造成被管制产品的供应短缺，扭曲了市场价格信号，限制了市场在资源配置中的决定性作用，使相应的国有和国有控股企业又回归依赖政府价格补贴的老路。问题集中反映在能源领域。能源处于产业链的最上游，又是人民生活所必需。放开能源价格，将导致企业的重新洗牌，加重社会困难群体的生活更加困难。需要改革的价格形成机制，并不排除在特殊时间、特

殊领域政府实行价格干预政策的必要性。取消政府价格管制，培育市场价格形成机制，是下一步深化经济体制改革的关键。在现有煤炭、电力价格改革的基础上，继续采取渐进方式，由易到难逐步推开。根据现有的企业构成估算，放开价格管制受影响最大的是中小加工企业和部分群众的生活，央企总体上是最大获益者，有利于它们成长为真正的市场主体，有利于加速其公司制股份制改革的步伐。

（二）国有资产管理体制与政企分开

设立专门的国有资产管理机构和为国有资产管理立法，将使我国国有资产管理走上制度化，法制化轨道。国有资产管理成绩斐然，然而，有些问题似乎仍然停留在原点。其中最大的是党的十七届二中全会再次郑重提出的"政企分开，政资分开"问题。各级国资委为什么没有实现其预期目标，其中有部门利益关系问题，也有国资委的准确定位问题。各级国资委作为政府的特设机构但不具行政职能，事实上缺位和越位的事情经常发生，要从更深层次加以解决。国资委应该脱离行政序列（如隶属于立法机关），只管国有资产的保值增值，不能再当对企业经营活动指手画脚的"婆婆"。要总结经验，对企业的"重大事项"加以界定，国资委相关意图应该通过其委派在企业的董事长实现，而不是用大而化之的一般号召指导工作，尤其要避免发布那些以加大企业风险配合中心工作的一般号召。要解决既"立法"又执法的传统，如将重要法规的立法权交予人大常委会。要进一步完善国有及国有控股公司的委托代理关系。

（三）股权结构与公司治理结构

国有企业的股权结构是指其股东的构成，包括股东的类型及各类股东持股所占比例、股票的集中或分散程度，股东的稳定性，以及高层管理者的持股比例关系等。股权结构决定公司的治理结构。我国国有大企业的大部分股份由国家和法人持有，从而形成了我国股份制企业特殊的治理结构。国内外的经验表明，不同股权结构确实对公司治理结构的作用和公司业绩有重大影响。股东的性质（国有、法人还是自然人），业务特征（银行类金融机构还是普通工商企业等）和数量（大小股东各自所占比例）等因素的变化都会改变公司的治理结构，从而改变公司业绩。就一般股份公司而言，要研究如何通过有效的公司治理结构保持公司的活力，其中包括如何保护非控股股东的权益，如何解决"内部人控制"问题，事实上，国有和国有控股企业内部治理结构的不完善，是"政企不分""政资不分"体制向企业内部的延伸，是传统的国有国营企业体制下形成的"国企病"的延续。企业是经济组织而非政治组织，其内部组织架构不应效仿政权机关、"政企分开""政资分开"要以此为起点。加强党的领导，就是要贯彻党的路线方针政策，企业党组织要团结企业党员和广大员工，保证党的路线方针政策的贯彻落实，保证企业经营目标实现，从政治、政策方面监督企业决策者、管理者，保护劳动者的合法权益，反映职工群众的呼声。

（四）硬化预算约束与管理者激励

"软预算约束"是指当一个经济组织遇到财务上的困境时，借助外部组织的救助得以继续生存的经济现象。与之相对应的是"硬预算约束"，即经济组织的一切活动都以自身拥有的资源约束为限，优胜劣汰。我国国有经济存在预算显性软约束是不争的事实。根据目标函数和约束条件的基本对应关系，在国有企业公司制股份制改革中，预算约束的硬化可能改变这些企业管理者的目标函数。剩余索取权是所有权的集中体现。在国有和国有控股企业全面走出低谷，利润大幅度增加的条件下，必须强调作为所有者的剩余索取权，强化对企业的预算约束，建立国有资本经营预算制度，弱化"父爱"，增强企业的经营压力与动力，促进企业管理者的优胜劣汰。

第二节　公司法人治理结构

法律意义上的公司法人治理结构作为经济危机的产物自 20 世纪 30 年代引起人们普遍关注以来，经历了多年的时间雕琢，内容日见丰富，形式日趋多样。实践证明了安全、高效的法人治理结构永远是公司法人的理想追求，高险低效、高险高效、低险低效的法人治理结构均含有内在非此即彼的缺憾，求安与求利是推动公司法人治理结构向前发展的内在动力。

一、公司法人治理结构的由来及内涵

经济学意义上的公司法人治理结构与公司法人并存。正是在求利意识支配下，财产的所有者将自己的财产交给专门的经营者经营，以弥补自己在经营能力上的不足，使有限的资源创造最大限度的利润。这不可避免地产生所有权与经营权分离的现象，埋下了不安全的隐患。如果没有相应的控制机制，隐患就会发展为明患。法律意义上的公司法人治理结构正是作为这种相应的机制在明患时期应"季"而来。公司法人治理结构是指为了实现公司法人的自我约束，相互制衡，拟定治理主体之间体现其现存法人利益的权利与义务所做的预先调控机制。作为一种调整机制，其行为主体有所有者、经营者、监督者，其调整方式是通过在主体之间设立权利义务影响其利益，其客体是隐含于权利义务背后的利益，其内容是所有者的自物所有权、经营者的他物自营权、监督者的受托监督权、社会的公益管理权。完整意义上的公司法人治理结构应包含以下四个方面的含义：

（1）对于所有者而言，它是一种安全机制。所有者通过股东大会设立一整套组织机构，赋予其相应的职权、责任，各负其责，规范监督经营者的经营行为，保证其财产所有权的安全性，即使彻底经营失败，也不至于因失败经营而牵连其非经营个人财产，法人公司为所有者设立了保底条款，实行有限责任制。

（2）对于经营者而言，它是一种经营机制。董事会及经理的权、责、利的范围得到明确的规定，经营者在经营过程中，严格依规定经营，全面履行自己的勤勉、忠实、关注义务，最大限度地实现所有者的利益，自然也会实现其经营利益，依法经营才能得到法律的保护和所有者的肯定。

（3）对于监督者而言，它是一种监督机制。监事会或执行监事依据法人治理结构赋予他的权力行使监督权，监督公司业务的真实准确性、监督董事及经理的行为，列席董事会议等。

（4）对于社会而言，它是一种规范机制。国家履行对社会的企业公共事务管理职能，而作为公司法人的企业则是社会有机组成部分，是社会有机体的"细胞"。企业的稳步经营与依法管理，对于国家、社会的长治久安具有很大的促进作用。企业经营形式长期大范围不稳定，必然带来整个社会政治形势的动荡，是危机到来的先兆。

二、公司法人治理结构的类化

公司法人治理结构是现代企业制度的核心和灵魂。安全高效是公司法人发展的保障。经营者关注安全状态下的高效，所有者关注高效中的安全。当两者利益发生冲突时，所有者更求安而经营者更求利。任何一种公司法人治理结构模式都没有离开两大主体——所有者、经营者，同样也没有回避两大公司法人的发展保障——安全或高效。我们依据不同的标准对现有的法人治理结构进行类化，都会得出相同的结论。

第一类，市场导向型公司法人治理结构与银行导向型公司法人治理结构。前者也称外部被动监督型治理结构，后者又称内部主动监督型治理结构。

第二类，经营集中型公司法人治理结构与分权制衡型公司法人治理结构。

第三类，经营者支配式公司法人治理结构与所有者支配式公司法人治理结构。

第四类，劳治型公司法人治理结构与资治型公司法人治理结构。

第五类，"董事会中心主义"式公司法人治理结构与"股东本位"式公司法人治理结构。

第六类，"管理者导向模式""雇员导向模式""国家导向模式"与"股东导向模式"。

第七类，外部人（Outsiders）模式，内部人（Insiders）模式与家庭（Family）国家（State）模式。

相关的类化尚有许多，它们只能表明公司法人治理结构形式上的多样性，并不能否认其内容上的同一性。外部被动监督型、经营集中型、经营者支配式、劳治型、"董事会中心主义"式、雇员导向模式、管理者导向模式、外部人模式等，属于"求利至上"型法人治理结构；内部主动监督型、分权制衡型、所有者支配式、资治型、"股东本位"式、"股东导向模式""国家导向式"、内部人模式等，属于"求安至上"型法人治理结构。

三、实践中存在的问题

我国企业的公司化改制已走过多年的历程，但总体效果并不理想。正如刘社建、郭晓凌所言："我国不存在完备的公司法人治理结构，不存在股东大会、董事会、监事会对经营者有效的监督机制，而且我国企业内部人控制现象严重，存在行政上的超强控制又存在产权上的超弱控制，使经营者既可以利用产权约束不力损害委托人的利益，又可以利用行政上的控制为自己的行为寻找借口，以逃避责任。"这些公司治理实践中的困惑，归纳起来大致有以下几个方面：

（一）从所有者角度看法人治理结构的安全机制

（1）国有股权分散、旁落，国有财产流失而得不到有效的控制。当国有资本以普通股的形式投入企业，在获取剩余索取权的同时必然获得对企业的控制权，国有资本的剩余索取权归国家所有，但对企业的控制权却掌握在没有剩余索取权的政府官员手中。

（2）由于传统的公有制经济带来的国有企业公司制改造后产生的"一股独

大"现象，根据股权理论，大股有超强控制权，本来不会产生大股权被侵害现象，然而，中国国有公司的所有者是政府，所有权与控制权相分离，政府是行政化的所有权主体，并不对资产损益承担责任。在这种情况下，所有者权益具有先天遭受严重损害的潜在威胁。国有公司或是"一股独大"或是"独一股"，其法人治理结构中的制衡功能丧失，导致内部人畸形控制，同样会导致公司效率低下，财产流失。因为按照委托—代理关系理论，内部人控制公司的一个必然后果是，"经理人"凭借对企业的控制谋求自身利益最大化，甚至侵吞公司财务。

股东与股东之间不能得到公平的对待，小股东及其他非控股股东的权益往往得不到强有力的、及时的保护。

（二）从经营者角度看法人治理结构的经营机制

政企难分导致国有公司没有完全独立的法律人格，这种非完全独立的法律人格表现在人事权、经营权、财物最终处置权及经营利润调处权等。西方国家公司法人治理机制的实践证明，企业生存的市场环境比政府的任免令对于激励经理行为与提高企业效率的作用更为明显。按照公司理论，一个竞争有序的产品市场、资本市场和经理人市场更能有效地对内部人员实施激励与约束。

（三）从监督者角度看法人治理结构的监督机制

（1）监事会不具有完全独立的法律地位，职工监事流于形式。根据我国《公司法》的相关规定，监事会与董事会的地位是平等的，其地位决定了职权。《公司法》规定了监事会拥有的四项职权：①基本监督权，即对公司经营活动、财务会计、董事、经理及相关管理人的业务进行监督，客观上超越了监事会的自身能力，理论上空洞、宽泛不具体；②调查咨询权，只是一种程序上的泛泛规定；③要求纠错权，其实质仅是一种建议权；④代表公司行使诉讼权，实践中能行使此项权利的监事会寥若晨星。

（2）监事会成员知识技能比例不当，内部机构残缺。《公司法》只对监事会的成员人数、产生方式、法律地位、禁业情况等作了规定，而没有对监事的整体知识技能作出保底限制。因为监督者在行使监督权时，最基本的要求是他必须具有能力，如监事监督公司财务会计，查阅公司财务会计报表，要求监事会成员中至少有一位精通财会知识，只有这样才能体现监事会的财务监督能力。监事会内部机构的残缺表现为缺乏对涉及监事会基本监督职能的相关委员会，如审计委员会等，委员会成员应有一定比例的外部专职专业人员，杜绝监事会在行使监督权时走过场、搞形式主义或力不从心的现象发生。

（四）从社会角度看法人治理结构的规范激励机制

董事长"决定权"滥用。传统国企中盛行的经理负责制等首长意识直接并且习惯性地渗透到董事会的集体决策思维方式中，产生董事长首长负责制的偏见。国有公司中的董事长与政治权力往往存在着千丝万缕的或明或暗的联系，更增加了其"长官"地位，助长了其首长制意识，与《公司法》的规定背道而驰。我国《公司法》规定，董事会是常设的、法定的、必要的集体合议机构，它是公司的集体经营决策和领导机构，同时也是公司权力机构的业务执行机构。董事会的职权不能由个人随意行使，只能由董事会集体享有，即经集体合议后，依据《公司法》和章程所赋予的职权作出决议。

四、法律救治

市场经济是法制经济，法律在市场经济发展过程中发挥着不可替代的作用。公司法人治理结构本身就离不开法律的规范，针对公司法人治理实践出现的众多问题，应当进行及时的法律规制。

（一）明确公司法人治理结构的法律规制原则

法律对公司组织机构进行构造和权力配置时，不仅要考虑公司对外经营和对内管理的客观要求，还要兼顾公司各方主体的利益要求以及公司法所固有的属性，因此形成了该机构法律规制的基本原则：制衡与效率结合原则、法定与约定相结合原则。原则一：制衡是从"求安"角度立论，效率是从"求利"角度立论，制衡与效率相结合原则体现了公司法人治理结构中所涉及的多方主体之求安与求利的共同愿望。这是从法制内在精神出发总结法人治理结构原则。原则二：组织法定是从国家意志角度立论，约定是从当事人意志角度立论，法定与约定相结合原则体现了公司法人治理结构的国家意志与当事人意志之综合性。这是从法制外在形式出发总结的法人治理结构原则，两原则在法律规制公司法人治理过程中达到内容与形式的完美统一。

（二）在实体法方面强化权利保护与责任监督

（1）成立专门国有财产代理机构，明确国有公司的企业控制权及剩余求索权，改变国有产权代理人虚位状态，以法律形式严格规定国有财产代理机构的权利、义务和责任，扼制国有资产流失势头。

（2）明确规定我国公司法人治理结构的理论基础，结束我国国有财产"两权分离"状态下的法学理论混沌状态。在统一理论的基础上详细具体地对国家所有权作出规定，使"政企分开"真正达到市场经济正常运作要求的程度。避免政府的双重身份、双重职能及政资合一现象的发生。彻底解决"官场寻租""官场市场化""市场官场化"等败坏社会风气的问题。

（3）关于廉价投票权问题，通过市场而非官场选择"第三者"参与竞争，优选企业经营者，同时根据"相关度与监督力度成正比"这一规律，确定因链接投票权而受害最大的一方主体行使监督权，法律确定其监督地位与监督权力。

（4）关于内部人控制问题，完善企业生存发展的外部治理环境，经理人的行为主要受到外部治理机制的自然约束而非政府人为约束。影响经理人员行为的因素有经理人员报酬构成、产品市场的竞争、经理市场的竞争及资本市场的竞争，从四个方面着手规范经理人的行为。

（5）保护股东权益，平等对待所有股东，规范大股东行为，保护中小股东等非控权股东及相关人员的合法权益。

（6）完善监事会及董事会内部机构，增强其监督能力及董事经营能力。增加外部监事与外部董事的比例，使监事会与董事会的独立性得以加强。同时，完善职工董事与独立董事的权利保障制度。

（7）确立公司的相关治理机制，保护相关主体的治理积极性。一般来说，企业经营处于正常状态，所有者最有积极性控制企业；当企业处于亏损和无法偿债的境地，债权人最有积极性重组企业；当企业面临倒闭时，企业内部人最有积极性挽救企业。法律在相应阶段对最有积极性的主体予以特殊保护。

（8）建立健全社会保障体系。公司在激烈的市场竞争中亏损破产倒闭，法律应当为下岗、失业人员等提供强有力的司法保护。

（三）在程序法方面为受害人提供简便、快捷、及时、有效的诉讼程序

（1）关于破产程序，公司法人治理彻底失败，直接导致破产程序的发生。科学合理的破产程序必须包括两套机制：第一套机制是最大限度地惩罚对公司破产负有直接责任的负责人；第二套机制是最大限度地确保债权人的债权现值最大比。对现行《破产法》做出相应的调整。

（2）关于赔偿诉讼主体问题，建立开放的诉讼主体体系。作为诉讼主体的原告，其法律地位的产生源于其合法权益受到侵害；反过来说，只要其合法权受到侵害，均有获得原告地位并有权获得法院的认可。作为诉讼主体的被告，其法律地位的产生源于其侵害了他人的合法权益；反过来说，只要其侵害了他人的合法权益，他就有义务因被别人起诉而应诉。法院无权剥夺被害人的原告权，同时法院也无权免除侵害人应诉的义务。在公司法人治理结构中，董事、监事、经理执行公司职务时违法侵害了公司及股东的合法权益，应当赔偿损失，如果公司相关机构怠于起诉，股东可以代表公司提起派生诉讼，这样，既有利于保护股东特别是中小股东的合法权益，又能促使董事、监事、经理积极正确地行使公司职务，维护公司法人治理结构正常运转。

第三节　建立领导人员分类分层管理制度

在国企改革中，领导人员的管理与培养是一项至关重要的工作，对于改革的整体推进起到了很重要的作用。建立领导人员分类分层管理制度存在很大难度，但同时也具有很大的必要性与重要价值。

一、建立领导人员分类分层制度的难点分析

（一）传统观念的困扰

传统观念的困扰是每项改革首先遇到而且是最为重要的障碍。在国有企业干部分类分层管理上，它的阻碍作用主要表现为以下三方面：

（1）官本位思想作祟。现在国有企业的主要领导干部多数处于45~50岁年龄段，从原来机关或其他党政干部岗位转来的居多，一直保持国家行政干部的身份。这部分人接受的传统教育较多，往往比较看重干部身份。对于"本人成分""家庭出身"，很多人视其为党和国家对他信任的一种标志，长期以来以此作为精神动力和精神支柱。实行分类管理就意味着要改变他们原来的国家党政机关干部身份，从体制上取消企业干部与职工的本质区别。这样的角色转换在这部分人的心理上是难以接受的。所以，有的原来由局任命的正科级企业干部，在企业转制过程中仍然提出要局里给他解决副处级问题。有的机关干部因工作需要交流到企业，也要求在行政上明确职级。

（2）等级观念影响。由于长期以来国有企业干部也是按照行政级别进行管理，所以许多人以行政级别作为自身价值取向寻求心理上的平衡。如有些老同志，不能担任实职领导了，给他一个虚职，保留相应级别，享受相应待遇，心理上也可取得平衡。有些上级机关安排下去的干部或横向调整的干部由于种种原因

不能按原来职务安排，也会对他进行"高职低配"，往往也是可以接受的。也就是说，传统级别与实际职务相比，许多人更看重行政级别。实行干部分类分层管理后，国有企业干部的行政级别将取消，作为身份象征的等级之分不再存在，所有干部不论资格新老，原来职务高低，都站到了同一起跑线上。这种身份上的落差，对于在传统干部管理体制下成长起来的企业干部是难以接受的。

（3）情感因素困扰。在传统干部管理体制中，情感因素渗透于各个方面，成为许多国有企业领导者处理各方面关系的无形准则。特别是对不在实职甚至已在下层次企业领导岗位，而行政级别比自己高的老同志，级别要保留，待遇要照顾，意见要听取，已经成为许多国有企业领导者的思维定式。建立干部分类分层管理机制，要求依据产权关系，确立干部管理层次，按实际工作岗位和工作实绩确定干部待遇。这种情感因素与市场因素的强烈冲突，使得许多工业企业领导在处理各种关系时无所适从、左右为难。

（二）传统体制的影响

在传统体制下，国有企业是政府的附属物，企业与政府是直接的隶属关系：企业由上级主管部门确定行政级别；企业干部与党政干部实行同一管理模式。虽然我国已进行了较长时期的经济体制改革，但根深蒂固的传统体制的影响远未消除，依然是推进企业各项改革需要重点突破的难点之一。

（1）附属关系仍有存在的根源。随着市场经济的建立，企业与国家行政机关的"血缘关系"逐渐疏远。但由于传统体制的影响，由于我国市场经济发展还不充分，政府职能还未得到根本转变，企业在经营活动中，为了达到诸如获取项目、优惠政策等自身利益，仍然需要一只眼睛盯着市场，另一只眼睛盯着政府。而政府有些部门仍习惯于传统做法，一如既往地用行政手段管理、控制、操纵企业的经营活动和其他事务，从而形成了政府与企业行政隶属关系"藕断丝连"的僵局，而按产权关系建立起来的管理体制则置于"空档"，造成了产权管理层权力和权威的危机，给按产权关系管理干部带来了阻力。

（2）待遇市场化的操作机制尚未形成。实行国有企业干部分类管理很重要的一点，是要突出以企业的资产规模、销售总额、对国民经济的重要程度、法人地位等市场因素为重要依据，实行企业和企业干部有关待遇市场化操作。但到目前为止，它仍然只是一种目标模式，具体如何操作还没有形成市场公认的规范，需要一个较长时间的探索。值得注意的是，我们不能用传统的思维去制定企业待遇市场化操作的方法。企业待遇市场化操作，不是由哪一个部门做出的规定，而是一种经过一定时期发展而形成的市场默认机制。在企业有关待遇市场化操作机制形成前，企业干部分类分级管理也能有限度地推进。

（3）思维定式的积淀形成还需较长的释放过程。表现在政府主管部门还没有完全形成分类分层管理的意识，习惯于传统做法，喜欢一揽子包揽和一竿子到底。有的工作简单化，对遇到的新问题不是积极采取新的解决办法，而是简单搞参照。一方面强调干部分类分层管理，另一方面仍然把机关党政干部与企业干部混在一起。一方面取消企业干部的行政级别，另一方面又自觉不自觉地搞变相的新行政级别，强化了行政级别的无形影响，表现在企业把"血脉关系"看得比资产关系更为重要。这种思维定式与改革要求的强烈反差，是一种严重的心理障碍。

（三）企业内部结构的制约

对国有企业，建立现代企业制度还处于初始阶段，企业内部法人治理结构存在许多先天不足，这给推进干部分类分层管理带来了一些负面效应。

（1）法人治理结构不完善。首先，国有企业董事会、党委会、经理班子领导人员，普遍存在相互不合理兼职、决策层与执行层人员交叉等问题，从而导致职能交叉，不能形成有效的相互制衡机制，有些工作关系比较难处理，特别是决策层对执行层的监督、考核较难实现。其次，由于特殊原因，许多以资产关系新组建的集团企业的主要经营者仍然兼任原所在企业的主要经营者，在处理集团与这些子公司的利益关系上，容易引起其他子公司的非议，造成集团与子公司、子公司与子公司之间的矛盾，从而给集团对下属公司的资产管理、干部管理都增加了难度。

（2）干部管理体制不适应。首先，许多企业为了控制管理人员人数，行政上设立人事部门的，一般不再设具有干部管理职能的党的专门办事机构，这在一定程度上影响了党的干部管理职能的行使。其次，尚未完全形成适应企业特点的干部管理模式，干部部门所有、单位所有的"壁垒"未有效打破，没有形成适应企业发展需要的人才高地和活水源头。最后，经营者择优录取的竞争上岗机制推进比较迟缓。这些因素，对干部分类分层管理起到了一定的制约作用。

（3）内部管理体系尚未理顺。许多国有企业还没有来得及进行有效的资产重组，企业内部的资产需要调整组合，资产纽带关系需进一步明晰。干部分类分层管理基础条件有待进一步完善。

二、深化分类分层管理需要注意的关键问题

开展分层分类管理工作的基本出发点在于，要解决精细化管理需求同管理趋同性、干部成长需求同培养链过长、干部交流的需要同互通性不足等现实矛盾。这些矛盾的化解，需要解决干部管理工作中的几个关键问题。

（一）树导向，依制度

考核评价导向和用人导向是当前干部工作的两个重要指挥棒。干部考核评价体系能发挥导向作用，决定干部工作干事的着力点。因此，建立科学有效的评价体系，是干部工作的前提。在考核上，要注重平时的积累和结果的运用，建立负面清单，综合审计、检查、纪检、巡察、民主测评等多种考察结果。用人导向是干部工作的另一个风向标。在用人导向上，要在依法治国框架下开展干部工作，针对干部的选任、交流等建章立制，确保干部工作的连续性和稳定性。减少干部工作中的人为干预，对于破格（破例）也要有制度支撑，在市、区、县主要领导更换时，组织部门要敢于担当重任，敢于说话，保证干部培养的连续性。

（二）定基调，明主线

为每一类别的干部工作定基调，明晰企业、街道、委办局等类别干部的管理主线。对于企业干部，要结合国资国企改革的要求，按照市场化规则和法人治理结构开展干部管理。市、区、县党委或组织部管董事会，主要管资产的控制权，并保留审议权，经营层则交由国资委和董事会通过市场化方式选择任命。

（三）强基础，重匹配

干部工作的基本理念是做到人与事的最佳匹配。部门不同、岗位不同，对干部专业水平、管理能力等方面的要求也有差别。编制职位或某一类别职位的任职资格说明书，是分层分类管理干部的基础性工作。要根据组织目标和岗位职责确定任职资格，基于岗位特点确定胜任特征。对于关键岗位要分类型构建胜任力模型，在此基础上分析干部同岗位是否匹配，从而有效指导干部的管理、选任和交流等工作。

（四）抓关键，分责任

分层分类管理的工作重点就是依据干部职务层级开展管理，即做好关键岗位的干部管理工作。对于非关键岗位，要处理好收与放的关系。

（五）破壁垒，拓视野

打破干部身份限制，积极探索从体制外选拔优秀人才到党政机关工作的具体

方法，打通党政领导人才、企业经营管理人才和专业技术人才之间的交流渠道。引入政府猎头，打通体制外优秀人才进入体制内担任企业干部的渠道。拓宽政府购买服务的范畴，对于专业技术型领导岗位，通过市场化方式聘用相关专业人员担任。

三、干部分层分类管理的方法措施

干部分层分类管理主要可以采取以下几种方式：

（一）解放思想，政企分开，创造干部分层分类管理的良好运作条件

（1）实行真正意义上的政企分开。建立干部分层分类管理机制，实现真正意义上的政企分开是个先决条件。作为政府要切实转变观念、转变职能，果断地斩断与企业间的"血缘关系"，把企业推向市场，让它们在市场竞争中创造生存空间，增强自我发展能力。政府机构只负责国有企业决策层的国有资产代理人的任免考核管理，改变对企业领导层"一把抓"，决策层、经营层领导"同纸"任命的管理方式。做到突破行政级别，只认企业的规模和重要度；突破上下行政隶属关系，以资产为纽带，让经营者进入市场；突破干部单一组织配置，让党管干部和市场竞争结合起来，做到和谐统一。

（2）建立适应企业特点的干部人事管理体制。企业要按照现代企业制度的要求，深化干部人事制度改革，建立和完善激励同监督制约相结合、干部能上能下、竞争上岗，有利于优秀人才脱颖而出的用人机制，取消企业干部的行政级别，实行干部契约化、法治化管理。企业领导者要进一步解放思想，转变观念，破除"官本位"意识和等级观念，排除感情因素的干扰，为国有企业干部分类分层管理奠定基础条件。

（二）抓住关键，重点突破，构建适应现代企业制度要求的法人治理结构

（1）健全法人治理结构。构建适应现代企业制度要求的法人治理结构，是实施国有企业干部分层分类管理的关键环节。必须按照《公司法》和中央关于建立现代企业体制的要求，积极完善企业现有的法人治理结构，健全董事会、监事会、总经理互相制衡机制。从企业的实际出发，积极探索企业法人治理结构的运行机制，实行产权代表的委任制和主要经营者聘任制，逐步理顺董事长和总经理的职权，重点是依法保证董事长对总经理的提名权和董事会对总经理的聘任权。

（2）健全经营者的管理机制。要切实解决董事会对总经理的管理问题。积极推行经营者任期责任制，明确责、权、利，实行契约管理。要通过经营者个人财

产抵押，建立经营者年薪制，让经营者在企业中持股，增加经营者个人的养老、医疗、人身、财产等各种保险，强化经营者职业信誉等办法，增强经营者的压力与动力，形成经营者与企业的命运共同体。

（3）健全监事会监督职能。建立有效的监管程序和规范，保证监事会工作的正常运行。

（三）积极探索，着眼建设，建立健全适应企业特点的干部考核评价体系

（1）建立科学的考核指标体系。建立健全适应企业特点的干部考核评价体系，是实行分类分层管理的重要方面。从我们的实践看，应该按法人治理结构的不同岗位和职能，制定不同的考核指标体系。对董事长重点考核国有资产增值保值情况，对党委书记重点考核领导班子建设状况和党员队伍建设情况，对总经理重点考核生产经营状况，对监事会主席重点考核对企业监督的有效性。对企业经营者的离任考核或选拔任用要坚持思想素质、业务能力、心理素质、身体素质和工作实绩的全面考核；对任期内的考核，要突出以工作实绩为主的重点考核，提高考核的效率。

（2）探索切实有效的考核方法。逐步建立以干部部门牵头，由国有资产管理部门主管领导、业务主管部门及专家、职工代表一起参加的立体式考核，做到领导与群众相结合、干部部门与主管业务部门相结合。要引进社会化考核机制，加强"三计"（会计、统计、审计）审核，坚持定量与定性结合，形成全方位、多元化的考核监督体系。

（3）建立国有企业领导干部的考核档案制度。对国有企业领导干部的考核材料要归结为专门档案。考核业绩评价报告，应当全面记录年度工作实绩和任期工作实绩，对其素质、能力要做出综合和单项评价，考核结果应与本人见面，由本人签署对考格评价的意见，视需要可将副本交由本人保存，作为进入人才市场交流竞聘的重要依据。

第四节　改革企业薪酬分配制度

随着知识经济时代的到来，人力资本的资源已经逐步取代工业经济时代的经济资源和物质资源，成为企业实现战略目标的最关键因素。企业能否发挥员工的积极性和主动性，并充分调动其潜能，决定企业未来的兴衰与成败。经济的竞争归根结底是人才的竞争，是人力资源综合素质的竞争，全球企业界已对人力资源加以高度的重视，而如何获得人才、留住人才、用好人才，是企业界尤其是国有企业最为关注的问题，其中最为复杂和困难的就是怎样做好人才的激励。薪酬制度无疑是人力资源管理与开发的核心问题，制定科学的薪酬制度成为国有企业的当务之急。

一、国有企业薪酬制度存在的问题

虽然国有企业市场化的步伐在加快，但国有企业激励不足和约束不力的问题相当严重，原因主要是改革不到位，存在三个方面的滞后，即企业用人改革滞后、制度改革滞后、收入分配控制度改革滞后。具体表现在以下几个方面：

（一）工资水平与市场价位脱节

目前，大部分国有企业在工资水平上存在一高一低的现象，即一般岗位的员工工资收入水平高于市场价位，而关键重要岗位员工的工资水平普遍低于市场价位。这种状况对企业吸引人才、留住人才极为不利。工资水平与劳动力市场价位的严重脱节，造成了近年来国有企业人才的大量流失。

（二）工资不能正确反映员工的价值

在国有企业，行政职务大小、学历职称高低、工龄的长短对工资具有决定性的影响。也就是说，只要有职就有钱。而对不同职位价值的重要性认识不足，员工因为级别不同而获取不同的奖金，由于级别评定只与学历职称有关，所以使那些能力强而学历低的核心骨干感到不公平。

（三）缺乏量化的员工绩效考核体系

国有企业的绩效考核仍沿用传统的经验判断为主要的手段，员工个人的收入与贡献大小关系不紧密，从而使企业的激励体系缺乏针对性、公平性、导向性，不能有效地促进员工围绕企业的战略与目标开展工作。

（四）分配方式单一，远期激励不足

国有企业对资本要素参与分配比较重视，而对技术要素、劳动要素参与分配的重视程度不够，且较难兑现。对员工尤其是企业核心骨干的长期激励不足，经营者远期激励方式很不规范，没有建立利益共享机制，很难使员工为企业长远利益着想。

二、国有企业薪酬制度改革的构想

（一）薪酬制度改革的目标

（1）薪酬制度应改造成以战略为导向的薪酬体系。薪酬制度要以公司战略为基础，并支持公司战略的成功，目标是要在公司和员工之间达成高度的统一。要充分调动员工积极性，促进公司目标的实现，不断提高管理水平和经济效益。

（2）要确保企业所有人员为取得可持续的工作业绩贡献聪明才智，并确保他们得到合理回报。让愿意并且能够担当责任的员工通过承担风险发挥才能，创造更多价值，并获取更大的回报。

（3）要通过制定适当的薪酬制度，以保证企业利益，同时使员工得到公平对待。力求企业内部各部门、各岗位、员工之间具有较强的合理性、效率性和公平性，形成积极的动态平衡。

（二）薪酬制度改革的原则

（1）市场认可原则。员工的薪酬要建立全方位的报酬方针，确保在劳动力市场上的竞争优势，确保在外部市场的同类企业或同类职位中有吸引力，保证绩效优秀员工的薪酬水平不低于市场同类人员的平均水平，绩效一般人员的水平不高于市场同类人员的平均水平。

（2）超前掌控原则。薪酬水平与企业的发展阶段及效益相适应，与竞争对手的薪酬水平相比，具有一定的竞争力，能吸引和留住优秀人才，要超前预测，先下手为强。

（3）适时调整原则。企业要密切关注外部市场的变化，及时调整办法，以保障企业薪酬的外部竞争力。

（4）岗位评价原则。通过岗位评价描述不同岗位在正常情况下对企业的贡献水平。

（5）科学定价原则。参考外部薪酬情况，对岗位进行定价，以解决内部合理性问题。

（6）绩效管理原则。要切实开展绩效管理，确定个人工资的晋升与奖金的分配标准，要切实区分员工的贡献水平，拉大绩效优秀员工和普通员工收入的差距，以促进员工积极向上。

（7）效率优先原则。要鼓励提高工作效率，在规定的工作时间内完成工作目标，对产生超常绩效的员工要大奖特奖。

（8）积极引进原则。要充分利用员工的新旧交替实现报酬的差异化，从而体现报酬的灵活性和多样性。

三、国有企业薪酬制度改革的具体措施

（一）企业工资总额调控机制的改革

随着国有企业公司制改造的深入，国有企业放开工资总额控制成为大势所趋，由企业自主决定工资总额及其增长成为必然。在当前，我们还是应该遵循"工资总额增长低于本企业经济效益增长，职工实际平均工资增长幅度低于本企业劳动生产率增长幅度"的原则。国家有关部委颁发的《国有大中型企业建立现代企业制度和加强管理基本规范》中明确提出，现代企业制度较健全的国有企业可以加快放开工资控制；反之，就要稳妥地放开控制。

（二）企业内部薪酬制度的改革

改革企业薪酬分配制度，要从现代企业人力资源开发和管理的要求出发，结合劳动人事制度改革，通过制度创新、机制创新克服相应弊端。

（1）建立量化评价制度：①进行岗位调查，确认本单位各岗位工作任务量是否得当，岗位设置是否合理，并相应调整机构设置、岗位设立和人员安排；②通过确定本单位职位、岗位规范，明晰职位和岗位职责、上岗条件和具体目标任务；③通过职位分析、岗位评价，设定职位、岗位工作差别，为确定员工收入差别提供量化依据。

（2）建立企业内部竞争上岗机制，逐步形成员工能上能下、能进能出的格局。应借助市场导向的就业机制，结合本单位改革各项工作，建立竞争上岗制度，做到岗位能"上"能"下"；与此同时，通过加强劳动合同管理，理顺劳动关系，逐渐实现员工能"进"能"出"。

（3）建立具有可操作性的业绩考核制度，主要是依据职位和岗位规范，对各类员工分别制定考核标准，把考核结果作为培训、使用、升降和支付报酬的依据。

（4）实行以岗位工资为主要内容的基本工资制度。要在职位分析、岗位测评的基础上，认真设计基本工资制度，重点要突出岗位工资。根据本企业实际，可选择实行岗位工资制、岗位薪点工资制或岗位效益工资制等制度。要简化现行过多的工资单元，取消、合并平均发放的工资单元，把工资外收入纳入工资内，并突出关键、重要岗位，与一般岗位的工资拉开差距，适当加大工资中灵活的部分，形成员工收入随个人业绩好坏、企业效益高低上下浮动的机制。

（三）规范经管者激励和约束机制

规范经营者激励对于培育企业成为市场主体，真正形成资产所有者与经营者的委托代理关系具有极为重要的意义。具体办法如下：①明确实施经营者年薪制和股权激励的范围，对提高企业经营管理水平和经济效益发挥了明显促进作用的经营者实施激励。②不断完善经营者收入分配模式，关键是健全经营者业绩考核制度，并严格根据考核结果兑现收入。③正确处理经营者与其他人员的分配关系，总的原则是分开、脱钩，尽量按市场化运作。④逐步规范管理权限，应按产权关系和法人治理结构的要求分别确定管理权限，切实使企业成为分配主体，真正让企业拥有分配权。⑤健全约束机制，包括法律约束、行政约束、市场约束、社会约束等。建立经营者收入分配风险抵押制度，规范经营者职位消费行为。

（四）建立专业技术人员的收入分配激励机制

建立专业技术人员系列岗位工资制，实行按岗定酬、按任务定酬、按业绩定酬的分配制度。可以实行技术专利和科技成果作价入股，由科技发明者和贡献者持有。形成专业技术人员岗位能"上"能"下"，不适应者或转岗或调离的格局。

（五）规范员工收入分配形式

根据企业会计准则，对工资支付的程序、对象、范围进一步规范化。自觉自愿加强工资管理，如实统计和申报工资基数。调整企业员工收入结构，把应纳入工资的项目都纳入工资，减少名目繁多的津贴、补贴，简化工资单元。健全职工收入管理制度。推动企业建立健全工资管理台账，依据有关工资支付法规、政策，制定本单位工资支付具体办法，逐步形成计算机管理体系。

第四章　完善国有资产管理体制

党的十八届三中全会对完善国有资产管理体制作出重大部署，提出完善国有资产体制，以管资本为主加强国有资产监管，改革国有资本授权经营体制，组建若干国有资本运营公司，支持有条件的国有企业改组为国有资本投资公司。这是适应市场化、现代化、国际化发展要求，进一步深化国有资产管理体制改革的客观需要，也是优化国有资产配置、实现国有经济持续健康发展的必然选择，对于深化国有企业改革、加强国有资产监管、优化国有资产布局、发挥国有经济主导作用具有重要意义。

第一节　我国国有资产管理体制历史沿革

我国国有资产管理体制改革始终与国有企业改革相伴而行，适应国有企业改革不同阶段要求，在实践中不断深化，取得了良好效果，也形成了具有中国特色的国有企业国有资产监管模式。同时，面对国有企业改革新形势，需要加快推进以管资本为主加强国有资产监管的改革工作，探索国有资产监管的新形式、新机制、新方法。

一、国有资产管理体制的改革历程

从改革开放到 1998 年，是国有资产管理体制改革的起步阶段，改革的着力点是赋予企业更多的经营自主权。为改变计划经济体制下企业活力不足、效率低下等问题，从党的十一届三中全会开始，党中央逐步明确了"确立国家和国有企业的正确关系"是"整个经济体制改革的本质内容和基本要求"，提出"赋予企业经营自主权"是改革的"要害问题"，进行了实行经营承包制、转换企业经营机制、实行公司制改革等一系列重要探索。同时，为解决分散在各行业主管部门管理的国有企业产权关系不明确和政策不统一问题，1988 年 5 月，国务院批准成立国家国有资产管理局，把国有资产的产权管理职能从政府的行政管理职能中分离出来，统一归口行使国有资产产权管理和基础管理职能。在法律层面，1988 年正式出台《全民所有制工业企业法》，明确了国家将国有资产委托国有企业经营管理，对承包、租赁、股份等多种经营责任制形式以法律形式给予认可。1993 年《中华人民共和国公司法》颁布，为确立并规范国有企业的公司制改革提供了法律依据。

1998~2002 年，是国有资产管理体制改革深化阶段，着力点在于解决政企不分、国有企业由不同行政部门分散管理的问题。经过前一阶段的改革，国有企业的活力有了一定增强，但行业部门以行政方式管理国有企业、"统得过死"的问题没有得到根本解决。同时，行业部门既管整个行业，也直接监管国有企业，政府部门自身"政企不分"、社会公共管理职能与国有资产出资人职能相互交织的问题更为突出。针对上述问题，1998 年国务院撤销了冶金、机械、化工、内贸等 9 个行业主管部门，改组为隶属于国家经贸委的 9 个"国家局"，同时撤销了国有资产管理局。这个阶段形成了国务院相关部门分别管理国有企业的局面，即国家经贸委负责指导国有企业的改革和管理，财政部负责管理国有资本金，劳动和社会保障部负责收入分配的管理，国家计委负责企业的发展和项目审批，党的各级组织部门、中央企业工委等负责重点国有企业负责人的任免。1999 年，党的十五届四中全会专门作出《关于国有企业改革发展若干重大问题的决定》，对国有企业改革方向、目标、途径、措施作出了重大部署。在"三年脱困"中，通过债转股、技改贴息、困难企业关闭破产等一系列综合措施，国有企业逐步走出困境，为下一步深化改革奠定了基础。

2002~2013 年，是建立健全以出资人监管为特征的国有资产管理体制改革阶段，着力点在于解决政资不分问题。前一阶段的探索进一步丰富了国有资产管理体制改革的理论和实践，但国资监管体制上仍然面临一些突出问题，包括：企业收入分配、资金财务、领导人员管理等职责由多个部门分别行使，"九龙治水"现象严重，谁都管，又谁都不负责，国有资产保值增值责任难以真正落实；国家一级企业出资人明显缺位，国有企业内部人控制和国有资产流失现象严重；有关政府部门既当"运动员"又当"裁判员"，不利于政府职能转变，难以使企业成为真正的市场主体。为解决这些问题，2002 年党的十六大在总结国有资产管理体制实践经验的基础上，做出了深化国有资产管理体制改革的重大决策，明确提出："建立中央政府和地方政府分别代表国家履行出资人职责，享有所有者权益，权利、义务和责任相统一，管资产和管人、管事相结合的国有资产管理机制"，"中央政府和省、市（地）两级地方政府设立国有资产管理机构"。2003年3月，国务院正式成立国有资产监督管理委员会，根据国务院的授权，专门承担国有资产监管职责，明确将国家经贸委指导国有企业改革和管理的职能，中央企业工委的职能，以及财政部有关国有资产管理的部分职能等整合起来。此后，各省份和绝大部分地市人民政府也相继设立了国有资产监督管理机构，新的国有资产管理体制初步建立。2003年5月，《企业国有资产监督管理暂行条例》出台，为国资委依法履行出资人职责提供了法律依据。2008年10月，全国人大常委会通过《企业国有资产法》，在法律层面确认了这一国有资产管理体制。对于现行国有资产管理体制取得的成绩，党的十七大、十八大都给予了充分肯定，并提出了继续完善国有资产管理体制的要求。

二、国有资产管理体制改革取得的基本认识

总的来看，我国国有资产管理体制改革的目标，始终是适应社会主义市场经济体制的要求，着力于将国有企业打造成为合格的市场主体，不断理顺政府和国有企业的关系。经过30多年的努力，改革取得了重大成就，逐步探索形成了符合中国特色社会主义市场经济发展要求的国有资产管理体制。梳理国有资产管理体制改革历程，可以形象概括为"一分一合"的基本脉络。所谓"分"，主要指在国有企业经营层面，通过不断推进政府公共管理职能、国有资产监管职能与企业自主经营权三者的分离，逐步实现经营权放归企业；所谓"合"，主要是指政府对企业国有资产管理层面，通过组建国有资产管理局、撤并专业经济部门和设立国资委等改革措施，逐步推动企业国有资产监管职能的集中。实践证明，30多年国有资产管理体制改革，特别是党的十六大以来确立的国有资产管理体制是行之有效的，改革推进的过程中也形成了一些基本认识。

一是政府以出资方式管理国有企业。政府以出资关系为基础管理国有企业，既可以依法明确政府对国有企业管理的边界，又确保政府对国有企业依法承担有限责任。这种出资监管模式是对之前行政管理方式的根本性改变，为国有企业成为真正的市场主体奠定了体制基础。同时，从组织架构上将政府社会公共管理职能与国有资产出资人职能分离，为政府职能转变、营造不同所有制经济公平竞争

的市场环境，创造了重要条件。

二是明确国有一级企业的出资人代表。出资人代表到位，是以出资为基础层层落实监管要求的关键。长期以来，国有一级母公司没有明确的出资人代表，企业"内部人控制"问题严重，经营好坏缺乏外部股东的考核评价。国资委的成立有效解决了国有一级母公司的出资人代表缺位问题，保证了国资监管链条的完整性。

三是建立国有资产专业化监管模式。建立专业化的国资监管工作队伍和科学的国资监管工作闭环是有效开展国有资产监管的重要保障。经过多年的探索和实践，国资委系统已基本建立一整套从业绩考核、薪酬管理、领导人员选聘到统计评价、产权管理、监事会监督的国资监管闭环工作体系，实现了国有资产的专业化监管，有利于国有资源优化配置。

四是切实落实国有资产保值增值责任。我国国有资产属于全体人民，缺乏天然的责任主体，容易形成"无权无责"的监管局面并导致资产流失。现行体制在较大程度上改变了过去国有企业"九龙治水"的局面，与多头监管下"谁都管、谁都没有明确的最终责任"相比，由国资监管机构统一行使出资人职责可以更加有效地落实国资监管责任。

当然，也必须清醒地认识到，面对市场经济体制改革和国有企业改革发展的新形势，目前国有资产管理在体制、机制和监管方式上仍然存在一些突出矛盾和问题，迫切需要改革和完善国有资产管理体制。

2013年，党的十八届三中全会审议通过了《党中央关于全面深化改革若干重大问题的决定》，明确提出要完善国有资产管理体制，以"管资本"为主，加强国有资产监管。从以管企业为主向以管资本为主转变，从实物形态的管理向价值形态的管理转变，国资管理体制改革进入了一个新阶段。

第二节　以管资本为主推进国有资产监管机构职能转变

国有企业监督管理体制的建设是关系国有企业改革和经营成败的关键问题。党的十八届三中全会明确提出要"以管资本为主"加强国有资产监管，强调了以资本为纽带，以资本保值增值为出发点，对企业重大事项进行适度干预。2015年8月和10月，中央又分别颁布了《关于深化国有企业改革的指导意见》和《关于改革和完善国有资产管理体制的若干意见》，进一步提出以"增强国有企业活力，提高国有资本效率"为中心，完善和推进国有资产监管体制的新要求和新部署。

一、实现以管企业为主向管资本为主的转变

资本是指能够带来剩余价值的价值。在社会主义市场经济条件下，从产权意义上来看，资本是一种所有权的归属，体现企业生产经营活动所占用资产的资金来源。资本作为一种价值形态，管资本就是进行资本的保值增值。而资产，指的是企业进行生产经营活动以获取经济利益的经济资源，管资产就是采用有效的手段和方法，权衡风险和收益之间的关系，实现企业经济资源的高效利用和最优化配置。

在过去，国有资产和国有资本的概念并没有得到严格的区别。国有资产，是国家所有财产和财产权利的总称。广义上，也就是国有财产，即属于国家所有的各种财产、物资、债权和其他权益等，而狭义的国有资产，指的是在法律上确定为国家所有，并能为国家提供未来经济效益的经济资源总和。在国营企业和全民所有制的体制下，国有资产直接体现为企业资产，基本不存在国有资本的概念。但随着国有企业改革的推进，特别是企业股份制改革之后，国有资产以出资人入股的方式投资企业，体现为持有一定份额的国有股权，这种形态的财产也就形成了国有资本。由此，我们可以看出国有资产和国有资本的概念各有侧重。国有资产管理侧重于管企业，从事业务经营的实物管理，直接管理企业组织结构，以保证国有资产的有效使用。而国有资本侧重于管资本，从事资本运营，促进资本不断增值。

经过多年的改革发展，公司制股份制逐渐成为企业的重要组织形式。资本的所有者将资本交给企业经营者管理，从而形成了所有权和经营权分离的委托代理关系，进而形成了现代企业制度。现代企业作为包含资产，物质资本和人力资本等诸多要素的契约型经济组织，根本的使命是通过优化资产配置、提高运营效率，以实现资本的保值增值。由于资产的所有权在企业，资本的所有权在出资人，监管对象从企业的国有资产转变为企业的国有资本，直接管理企业的方式不再适应当前我国国有企业组织形式的变革，客观上要求国有监管机构的监管行为

随之改变。

对于国有企业，"以管资本为主"的根本意义在于简政放权和市场化。国有企业从"以管企业为主"转变为"以管资本为主"，国有资产监管机构也通过行使出资人权利，转变为"管股权"的资本运营管理模式。遵循简政放权的原则，国有资产监管机构不再干预企业组织的具体经营管理活动，保障了国有企业作为独立的市场主体，依法自主经营、自负盈亏、自担风险、自我约束、自我发展，在市场经济中成为市场竞争的中坚力量。

二、以管资本为主依法履行监管职责

以管资本为主依法履行监管职责，意味着国有资产监管机构对监管企业依法履行出资人职责，专司国有资产监管，不承担社会公共管理的职能。以管资本为主依法履行监管职责，要科学界定出资人监管的边界，建立监管权力清单和责任清单，强化问责机制，依法履行监管职责。该管的要科学管理、决不缺位，明确界定国有资本经营责任，依法落实企业法人财产权和经营自主权，加强和改进企业领导人员管理，重点管好国有资本布局、规范资本运作、提高资本回报、维护资本安全。不该管的要依法放权、决不越位。除履行出资人职责以外，不干预企业生产经营活动，依法将由企业自主经营决策的事项归位于企业，将延伸到子企业的管理事项原则上归位于一级企业，将配合承担的公共管理职能归位于相关政府部门和单位。国有资产监督机构，在法律的框架内和法治的轨道上行使权力、履行义务和承担责任，才能切实保证国有企业依法享有法人财产权和经营自主权，从根本上提高出资人履行职责的效率和水平，保障出资人的合法权益，同时依法依规形成政府对企业的合理约束。

以管资本为主依法履行监管职责，重点要管好资本布局。强调围绕服务国家战略，落实国家产业政策和重点产业布局调整的总体要求，建立完善的国有资本形态转换和合理流动机制。在社会主义市场经济中，国有资本担负落实政府宏观调控、促进经济增长的职责，因此，在注重国有资本保值增值的基础上，要重点贯彻落实国家的重大发展战略。在国有资本的投资运营过程中，依据国有经济发展战略进行合理规划，积极响应国家的宏观调控政策，优化国有资本的布局结构，提升国有资本在国家安全领域的保障能力，增强国有资本对关乎国民经济命脉和国计民生的重要行业的控制力，提高在新能源、新材料、新技术领域的影响力，突出对高科技、高智能等前瞻性产业的带动力，在社会主义市场经济中实现资源的优化配置和资本的高效利用。

以管资本为主依法履行监管职责，重点要规范资本运作。一方面，建立健全国有企业财务预算审议、运营状况监测分析和财务决算审核基础管理制度，加强对国有企业清产核资、资产评估、产权流转和上市公司国有股权管理等事项的管理；另一方面，加强国有资本投资运营平台建设，探索投资融资、股权运作、资本整合、价值管理的市场化运作机制。与此同时，国资监管机构应建立完善的国有资本投资运营平台的信息控制机制，建立数据库对企业的数据进行实时收集、处理和分析，以便监管国有资本的投资运营情况，打造透明、高效、公平的国有资本监管体系。

以管资本为主依法履行监管职责，重点要提高资本回报。建立健全国有资本经营目标考核评价体系，完善激励约束机制，落实国有资本保值增值责任。获取收益是国有资本投资运营的内在要求。国有资产监管机构，承担监督国有资本保值增值的责任，需要建立国有企业常态化的资本注入机制，健全国有资本投资制度，完善国有资本收益管理模式。高效的资本回报管理模式，要求合理确定国有企业的年度、季度、月度绩效指标，依据国有企业收益的分配等政策，借助财务分析等方法，正确评估企业的资产管理效率指标。

以管资本为主依法履行监管职责，重点要维护资本安全。按照以管资本为主的要求，建立健全监督工作制度，沿着国有资本投资、运营、管理的全链条，突出监督工作的重点，加快形成全面覆盖、分工明确、协同配合、制约有力的国有资本监督体系。建设国有资本监督体系，关键在于强化企业内控机制、加强经济责任的审计、开展资产损失的责任追究制度、规范企业经营信息的信息披露制度。综合运用各种监督手段，整合监管力量和资源，才能增强监管工作的针对性、时效性、可操作性。在监管过程中，重点关注影响国有资本安全和效益的重大风险问题，从体制、机制上查找威胁国有资本安全的根本性因素，有针对地提出具体有效措施，加快制度的建设和机制的转化，才能切实保障国有资本安全，提高资本的效益。

三、创新以管资本为主的监管方式和手段

创新以管资本为主的监管方式和手段，要求更多运用法治化、市场化的监管方式，改变行政化的管理方式，改进考核体系和办法。

(一) 改变行政化的管理方式

改变行政化的管理方式，要正确处理好政府和市场的关系。以管资本为主加强国有资产监管，以提高国有资本的集中度和配置效率为核心，以激发企业活力和提升竞争力为着力点，坚持市场化的改革方向，处理好市场和政府的关系，进一步推进政企分开、政资分开、所有权与经营权相分离，完善国资监管体制，全面深化国有企业的市场化改革。

一方面，建立新型国资监管组织架构。组建或改组若干不同资本类别的国有资本运营和投资公司，实行"国资监管部门—国资运营和投资公司—国资企业"的"3+3"国资监管架构。国资部门和财政部门是国有资产监管机构和国有资本运营和投资公司的出资人代表，国有资本运营和投资公司是国有股权的实际出资人和持股人，国资企业则负责具体生产经营活动。

另一方面，完善现代企业制度。注重公司治理，履行出资人职责，建立监管的权力清单和责任清单，加大信息化手段的使用力度，优化监管流程，提高监管效率，加强监管协同工作的落实。加强公司章程管理，规范董事会运作，严格选派和管理股东代表和董事、监事，以推进产权结构多元化、公司治理规范化、国有资产证券化、选人用人市场化。依据"一企一策"的原则制定公司章程，针对企业的不同功能进行定位，在战略规划制定、资本运行模式、人员选用机制、经营业绩考核等方面，实施更加精准有效的分类监管。大力推进依法监管，坚持权利以出资为限、监管以法定为据，以运用法治化、市场化的监管代替行政化监管，注重事前规范制度、事中加强监控、事后强化问责。构建国有资产监管信息公开制度，设立统一的信息公开网络平台，依法依规、及时准确披露国有资本整体运营和监管信息。

(二) 改进考核体系和办法

完善监督考核体系，关键在于设计两层监督考核体系：①财政部门和国资部门对所组建和投资的国有资本运营主体的考核；②国有资本运营主体对所投资企业经济绩效的考核。明确国资监管部门对国资运营主体、国资运营主体对所投资企业的监督考核原则、考核导向、监督方式和考核内容，按照国有资本的不同性质，确立分类监督考核的途径和方式，提高国资监管的有效性。

在新的国资监管体系下（见图 4-1），国资部门或财政部门只对各类国资运营主体直接监督考核，不对处于第三层次企业的经营决策进行直接干预。财政部门对公益类国有资本运营主体的考核，以社会效益最大化为原则，主要评价和考核国有资本运营主体董事会机构的规范性和有效性，重点监管公益性项目计划的实施进度、资金使用情况等。国资部门的监管要从直接监管企业转向重点监管国有资本的布局、结构调整和资本回报率。在具体的考核内容上，应按照国有资本的性质制定有针对性的考核重点。对于竞争类国有资本使用的考核，应以国有资产的保值增值为原则，追求国有资本高回报率，按照市场化原则对资本运营情况进行评价。对于功能类国有资本运营的考核，短期内不以高资本回报率为唯一的评估标准，更多从功能目标评估；长期来看，仍要以能否实现资产保值增值为核心指标。

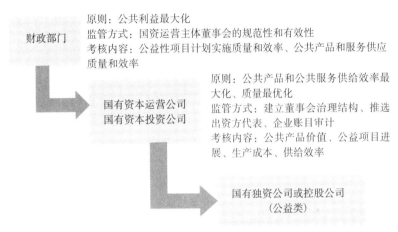

图 4-1 公益类国资监督考核体系

国有资本运营主体对所投资企业的监督考核，建立在国有企业分类的基础上。对公益类企业的监督考核，主要通过建立以董事会为核心的治理结构，国有资本运营公司推选人选作为出资方代表进入公司决策和监督机构，监管方式由直接转为间接，由公司外部转为治理结构内部，以提高监管的有效性。国有资本运营主体对于公益类国有企业监管，重点在于科学评估社会公共产品的价值，引导国有企业更多地为社会提供服务和产品，降低成本，提高供给效率。公益型国有企业的账目应该定期向社会公开披露。对竞争类和功能类企业的监督考核，则遵循市场经济微观主体商业化运行的普遍规律，选择国有资本的代理人依法进入公司的董事会，行使战略决策和日常监督职责。依据股东权利对董事会和监事会的工作作出评价，对委派的代理人进行管理。主要的量化考核指标是国有企业的净资产收益率、资本回报率、税后净利润、EVA 等。监督国有企业实现国有资本收益最大化，发挥资本逐利活力和提高企业市场竞争力。对功能类企业考核与竞争类企业的基本模式是一致的。但从考核的核心目标来看，短期内不以资本收益最大化为指标，而要以功能类目标实现和企业的长期成长能力为优先；但长期来看，仍要考察实现盈利的能力。

第三节　以管资本为主改革国有资本授权经营体制

国有资本授权经营体制是规范国有企业和政府之间关系的一种制度安排。政府通过授权构建国有资本的运营主体——国有资本投资、运营公司，将出资人的三大职权授予国有资本投资、运营公司，国有资本投资、运营公司与授权范围内的企业建立以产权为纽带的关系。负责监管、经营授权范围内企业国有资产的运营情况。经过这样的授权，国有资本运营机构具有相对完整的国有资本的出资权和经营决策的自主权，成为一个独立的法人主体。作为三个管理层次的中间层，国有资本投资、运营公司对上承接政府的授权，是授权范围内国有资产的经营主体，独立承担其所占用的国有资产的保值增值责任；对下管理控股或参股的企业，享有出资者或股东的权利。国有资本运营机构授权经营要坚持国家所有、分级管理、分工监督的基本原则，做到产权清晰、权责明确、政企分开、科学管理，实现国有资本的合理高效运营，如图4-2所示。

一、依法履行出资人职责，明晰授权经营范围

科学界定国有资本的所有权、经营权的边界，国有资产监管机构依法对国有资本投资，运营公司和其他直接监管的企业履行出资人职责，形成国资监管机构、国有资本运营投资公司、国有企业的三级架构模式，有助于国有企业摆脱与政府部门之间的捆绑关系，从而使监管者、出资人代表和实体企业之间的职责分工更加明确。

在三级架构模式下：

第一层次的国资部门和财政部门成为国资运营主体的出资人代表和不同类别国有资本的监管主体。国资部门作为功能类和竞争类国资运营主体出资人代表，专司功能类和竞争类国有资本监管职能，对其所投资组建的国有资本运营主体以

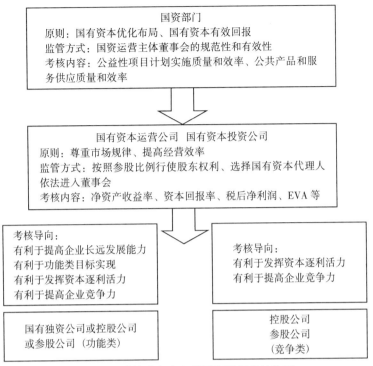

图 4-2　功能类和竞争类国资监督考核体系

资本为纽带，以产权为基础，按照国家整体经济的战略布局，优化国有资本的投资方向，发挥好对国有资本运营主体的窗口指导作用。财政部门在新型国资监管框架下的定位为公益类国资运营公司的出资人代表，专司公益类国有资本的监管职能，坚持强化国有资本的公益性，组建并监管公益类国有资本运营主体，明确资本运营公司企业经营责任和目标，保证公益类项目的进度或公共产品的提供。

第二层次的国有资本投资运营公司，作为专业的出资人代表，以资本和产权关系为纽带，实现国有资产监管和运营职能的分离，确保国有资本的优化配置和经营绩效考核。功能类和竞争类国有资本运营主体，负责功能类和竞争类国有资本投资运作及产权经营，在国资委的目标导向、政策指导下，独立制定自身的经营战略，对国有资产拥有相对独立的占有、使用、收益和处置权。控股、参股公司按照参股比例承担股东责任，审定所属全资和控股企业的合并、分立、产权交易、收购、抵押、担保等事项。通过规范的公司治理机制管理下属企业，进而促进国有企业加快建立现代企业制度、完善法人治理结构，依法制定和完善公司章程、设定董事会和监事会，优化董事会和监事会结构，但不介入所属国有企业的日常经营管理。而公益类国有资本运营主体，在坚持公益性的前提下，对所投资企业的管理，主要集中于提高各类公共产品的供给效率和供给质量。在财政部门的指导下，制定自身的经营战略，全面履行对所属国有企业的出资人职能，对控股、参股公司承担股东责任，推选出资方代表进入所投资公司的董事会，进行决策干预和监督管理，同时对所属企业以社会效益最大化为目标，设计科学的考核指标体系进行考核，监督企业财务预算。

第三层次是各类国资投资企业，市场经济的生产经营主体，应按照"产权明晰、责权明确、政企分开、管理科学"的原则，建立现代企业制度和法人治理结构，成为独立的市场主体，实现出资者所有权和企业法人财产权的分离，确保国有资产经营的效率。公益类国有企业以公共产品和公共项目供给效率最大化和供给质量最优化为经营目标，功能类国有企业以发挥企业对产业的引导作用、长期实现盈利为经营目标，竞争类企业以实现国有资产保值增值为经营目标。国有资本运营主体与所属国有企业之间是企业法人与出资人的关系，不存在行政上的隶属关系。处于第一层次的国资部门和财政部门与第三层次的企业主体不产生直接关系。

二、探索运营模式，优化国有资本布局结构

优化国有资本布局结构，是提升国有经济整体运行质量的重要途径，也是发挥国有经济主导作用、放大国有资本功能的必然要求。

多年来，我国国有经济布局和结构不断优化，取得了很大成效。但部分国有资本仍存在职能定位不清、结构布局不合理的问题，亟待得到根本解决，特别是国有资本分布领域过宽、战线过长等突出问题，严重制约国有资本功能作用的发挥。某些国有资本的市场化程度不高，资源配置效率较低，国有资本在产业结构升级和资源优化配置的导向作用没有充分发挥，运行效率有待提高。当前我国经济发展进入新常态，国有企业以往依靠要素投入的快速增长模式不可持续，依靠高强度大规模拉动投资的模式不可持续，依靠低水平竞争的粗放式增长模式也不可持续，迫切需要坚持以市场为导向、以企业为主体，有退有进、有所为有所不为，优化国有企业布局结构，推进国有企业转型升级，增强国有企业的活力、控制力、影响力、抗风险能力，为发展壮大国有经济提供强有力的支撑。

优化国有资本的布局结构，一是要明确国有资本集中的重要方向。以管资本为主改组国有资本投资、运营公司，探索有效的运营模式，服务于国家战略目

标，落实国家产业政策和重点产业布局调整总体要求，优化国有资本重点投资领域和方向。优化资本结构，实现"三个集中"，更多地将资本集中于关系国家安全、国民经济命脉的重要行业和关键领域、重点基础设施，集中于前瞻性产业，集中于具有核心竞争力的优势企业，开展投资融资、产业培育、资本整合，推动产业集聚和转型升级。二是以市场化手段推动国有资本的结构性优化。国有资本是一种价值形态，流动性好，交易性强。优化国有资本布局结构，要强调以管资本为主，对国有资本职能和投向进行有效监管，按照市场运行机制进行产权交易，加快企业战略重组，不仅要调整投资结构，实现增量资产结构的优化，而且要大力调整存量结构，实现存量资产的优化，最大限度地减少破坏和浪费。

三、依法开展资本运作，承担保值增值责任

长期以来，政府集社会管理职能和国有资产管理双重职能于一身，各级政府作为本级政府管理的国有资产的出资人代表，负有明确的资产管理责任，以确保国有资本的安全和增值。但是，让每一级政府直接作为出资人，对数以百计的企业行使出资者权利，远远超过了进行有效管理的管控范围，尤其在出资者职能多头行使的情况下，管理难度就会更大。如果出资者不能有效行使管理职能，必然带来诸如内部人控制、国有资产流失等一系列问题，而这些正是当前普遍存在并亟待解决的问题。

国有资本投资、运营公司是国有资本市场化运作的专业平台，政府授权经营的特殊企业法人，依法自主开展国有资本运作，对所出资企业行使股东职责，按照责权对应原则切实承担国有资产保值增值责任。经过政府授权，建立国有资本投资、运营公司，相对于政府其定位是经营者，相对于企业其定位是出资人代表，既维护了所有者权益，又解决了政企不分、政府直接干预企业经营活动的问题，保障了企业的法人财产权。通过实行严格的责任制，使得国有资产管理从无人负责转变为专人负责。在明确国有资产保值增值的责任主体的同时，使国有资产保值增值有了机制上的保证，提高了政府资本管理和资本运作的有效性和高效性；通过股权运作、价值管理、有序进退，充分发挥国有资本投资、运营公司的作用，建立健全国有资本形态转换机制，以市场化的方式促进国有资本合理流动，支持企业依法合规通过资本市场进行证券交易、产权交易等，从少有收益、没有收益，到实现效益最大化，确保国有资本的保值增值。开展政府直接授权国有资本投资、运营公司履行出资人职责的试点。分批次形成国有资本投资、运营

公司，可以更好地发挥国有资本的带动作用，促进企业技术创新、管理创新、商业模式创新，优化企业运营架构和行业结构，提高资源配置效率，以点带面，促进混合所有制企业发展壮大。

第四节　以管资本为主推动国有资本合理流动优化配置

党的十八届三中全会后，中国进入全面深化改革的新时期。新时期全面深化国有经济改革的基本目标是，在市场资源配置起决定性作用的条件下，实现国有经济与市场经济体制的全面融合。实现改革目标，需要与时俱进地以市场为导向，依据国家使命调整国有企业的布局结构和全球化战略定位，增强国有经济的整体功能和效率，构建国有经济高效运行的微观治理机制。

一、坚持以市场为导向，增强国有经济整体功能和效率

随着国企改革进程的推进，国资和国企的管理体制也在不断完善，激发了国有企业的发展活力，增强了国有企业的市场意识，在资产规模、利润水平、竞争能力等方面取得了很大的进步，在关系国计民生以及经济命脉领域起到了主导性作用。但在改革的过程中，也暴露出国有企业的运营效率偏低的问题。创新动力不足，过于依赖国家政策以及自身影响力，重复性建设严重。在科技高速进步的技术环境下，不能有效进行技术创新、管理创新、商业模式创新，导致国有企业的运营效率明显低于市场部分中小企业；国有企业对成本的控制力不足，导致铺张浪费现象明显，容易滋生贪腐行为，影响国有企业的经营状况；部分国有企业的资产负债率偏高，容易造成高经营的风险，导致企业的资金链现金流压力过大；在现行体制机制下，由于出资机构和企业之间、国有大型企业集团母子公司之间，在组织结构方面存在严重的权责不对称和行政化管理倾向，考核缺乏市场竞争和资本价值等方面的价值评判标准，严重影响国有资产运营效率。以上种种问题，都亟待改革的进一步实施。

（1）坚持市场为导向、以企业为主体，有进有退、有所为有所不为。通过资本配置、优化重组等方式将资源向战略行业倾斜，优化国有资本布局结构，增强

国有经济整体功能和效率，真正发挥国有企业的战略功能。随着国有资本向战略领域倾斜，国有企业之间的股权变更和兼并重组也会更加频繁，有利于国有资本跨企业、跨行业流动，使国有资本投资于新科技、新技术等效率更高、综合效益更好的行业领域，提高国有企业整体的创新能力，有助于国有企业竞争力的提升。

（2）发挥国有资本投资、运营公司的作用，清理退出一批、重组整合一批、创新发展一批国有企业。建立健全优胜劣汰市场化退出机制，充分发挥失业救济和再就业培训等的作用，解决好职工安置问题，切实保障退出企业依法实现关闭或破产，加快处置低效无效资产，淘汰落后产能。

（3）推动国有企业加快管理创新、商业模式创新，合理限定法人层级，有效压缩管理层级。由于管理层级过多，信息不对称现象也越发明显，控股公司需要承担更大风险。对管理层进行逐步压缩，在提高下级公司运行效率的同时，可以降低控股公司承担的投资风险，有效改善国有企业的经营情况。伴随国企的"压缩层级"，剥离非主营业务也是对国企进行"瘦身健体"，是提高国有企业经营效率的一种重要手段。支持企业依法合规通过证券交易、产权交易等资本市场，以市场公允价格处置企业资产，实现国有资本形态转换，变现的国有资本用于更需要的领域和行业。对于一个企业而言，主业决定了企业的发展方向，是企业的重心。做大做强国有企业，不是单纯地只将国有企业的规模做大，而是要将国有企业的主营业务做大做强，服务于国家战略。将非主营业务剥离，以市场公允价格处置企业资产，集中投资于主业，优化投资结构，提高资本回报，才能真正做优做大做强国有企业。

二、紧紧围绕服务国家战略，优化重点投资方向和领域

布局结构调整是深化国有企业改革的一项重要内容。紧紧围绕服务国家战略，落实国家产业政策和重点产业布局调整的总体要求，优化国有资本的重点投资方向和领域，按照"三个集中"的基本原则，推动国有资本向关系国家安全、国民经济命脉和国计民生的重要行业和关键领域、重点基础设施集中，向前瞻性战略性产业集中，向具有核心竞争力的优势企业集中。坚持遵循问题导向、市场化决定的原则，围绕激发市场主体新活力、增强创新发展新动力、构建现代产业新体系、培育经济发展新优势等方面，在国有资本布局结构的调整上做好顶层设计，分类推进改革，做大做优做强国有企业、国有经济，为转变经济发展方式提

供有力支撑。

（1）立足国有企业特点和产业结构现状，以加快传统产业转型为重点，实施公司大集团战略。按照做大行业、做优产业、做强主业的发展思路，着力优化整合资源，充分发挥大公司大集团的优势，发挥国有企业在市场经济中的引领、支撑和骨干作用，推动国有资本更多投向主要行业和关键领域，实现资源合理利用，促进企业加快做强做优。与此同时，支持国有企业实施国际化经营战略，承接相关产业的海外对接项目，开展海外经营业务和全球优化资源配置模式，建立接轨国际化经营的组织架构、境外投资决策和风险管控机制，积极"走出去"，扩展海外市场。

（2）推动国有企业转型升级，以科技创新为核心。着力实施管理创新和质量品牌战略，强化企业商业模式创新，提升企业核心竞争力，构建高端化、高质化、高新化的产业结构，推动产业向中高端迈进。创新是企业立足之本、发展之基。以项目创新为动力，着力引导国有资本投向战略性新兴产业的关键领域和核心技术，培育新兴支柱产业，促进企业转型升级、发展壮大。严格落实国有企业科技投入政策要求，积极构建以企业为主导、产学研合作的产业技术创新战略联盟，主动与国家重大科技专项对接，组织实施一批事关企业长远发展的产业关键技术、装备和标准的研发攻关项目。充分利用国家支持科技创新和技术改造的财税优惠政策，实施一批挖潜改造和技术升级项目。

（3）发挥国有企业在实施创新驱动发展战略和制造强国战略中的骨干和表率作用，强化企业技术创新的主体地位，重视培养科研人才和高技能人才。积极完善企业创新激励制度，探索通过股权、期权、分红等激励方式，对在项目创新中作出重要贡献的技术人员给予奖励，调动科研人员创新积极性。

三、支持国际化经营战略，培育世界一流的跨国公司

推动国有企业实现国际化经营是我国政府确立的重大政策目标。国有企业走出国门，主动积极参与国际产业分工，有效整合国内和国外两个资源、两个市场，是在经济全球化中实现共同发展的重要举措，也是国企自身发展壮大的一个主要途径。

以国有企业为主导的国际化经营战略，需要鼓励国有企业之间以及与其他所有制企业以资本为纽带，强强联合、优势互补，加快培育一批具有世界一流水平的跨国公司。跨国公司企业的特定优势，除了经济和市场的垄断优势以外，技术

的垄断优势也是很重要的一项内容，而这个垄断优势恰恰是我国国有企业国际化经营战略的软肋。在这方面，我国国有企业应该学习借鉴国外投资研发和管理创新的成功经验，加快国有企业原创导向型和市场应用导向型的内部研发机构建设，并逐步加大研发投资力度。倡导"产、学、研"并举的技术创新战略，即倡导大型国有企业与国内院校、科研机构合作，在企业设立博士后流动站，在院校设立以市场为导向的原创技术型的科研机构，同时鼓励具备条件的跨国公司在海外设立原创型科研机构，把国内科研优势与国外科研优势结合起来，充分利用境内、外的科研资源，加速产品制造和更新换代的技术创新，加强跨国公司的核心竞争力。

战略联盟，也是我国国有企业在国际化经营成长阶段的有效战略举措。战略联盟，是指两个或两个以上拥有着共同战略利益和对等经营实力的企业为达到共同拥有市场、共同使用资源的战略目标，通过协议、契约而结成的优势互补、风险共担的松散式合作模式。这是一种非股权式的联合，强调"以共同利益为中心，以协调一致为基础"的合作关系。我国国有企业在走向世界、接轨国际的初始阶段，仍会存在资产规模、技术实力、管理经验等方面的欠缺，不具备与成熟的世界级跨国公司竞争的实力。战略联盟则是由弱势企业走向强势发展的成长战略。产业链联盟，可以以较低的风险实现较大范围的上下游优势资源整合，互相协作，在领域内形成较大的合力和影响力。在企业专注于自身核心业务开拓的同时，还可以开发新的市场、新的客户，获取新的信息，实现企业的快速发展；行业产销联盟，以国有大型制造企业的跨国公司为龙头，集合国内外零售商开展生产、贸易、销售的战略联盟，将国内和海外设厂的跨国公司与庞大的营销网络结合，不断扩大全球的市场份额；金融业联盟，是实现实体经济和虚拟经济相辅相成、相互支持的重要途径。

政府作为国有企业的出资人，应明确国际化经营的战略，以全球化的经营意识制定和实施战略部署。目前，我国政府还没有系统制定促进跨国经营的法律法规体系，在顶层设计上缺乏统一规划和合理布局。政府有关部门应尽快制定相关战略和指导方针，对跨国经营企业给予宏观指导。与此同时，政府要协调和促进有关部门各司其职、分工合作，简化环节、规范管理，综合运用政治、经济、外交等手段，完善税收、信贷、保险和人才培养等支持性政策，发挥整体性竞争优势。政府需要对国有企业的国际化经营和海外投资的跨国公司提供法律服务和市场宏观调控保障，并依据我国国有企业国际化进程和发展阶段，营造有利于国有企业国际化经营的外部环境。政府拥有的外交商务信息资源，可以为国有企业的国际化经营提供投资区位决策的商务参考。

第五节　以管资本为主推进经营性国有资产集中统一监管

以管资本为主推进经营性国有资产集中统一监管是提升国有企业运行效率的重要突破口。以管资本为主推进经营性国有资产集中统一监管，最终目的是实现党政机关与所办企业及其管理的经营性国有资产脱钩，禁止政府部门直接经营管理企业。逐步实现经营性国有资产集中统一管理，要积极探索经营性国有资产集中统一监管的模式，着力构建统一监管体系，制定国有资产基础管理条例，建立国有资本经营预算管理制度。

一、构建经营性国有资产集中统一监管体系

推进经营性国有资产集中统一监管，要稳步将党政机关、事业单位所属企业的国有资本纳入经营性国有资产集中统一监管体系，具备条件的进入国有资本投资、运营公司，有效整合监管资源，提高监管有效性，深入构建国资监管的大格局，以实现更大范围、更高层次、更广领域的国有资本优化配置和统筹发展。

建立经营性国有资产监管全覆盖体系，加快党政机关、事业单位所属企业的国有资本纳入经营性国有资产集中统一监管体系的进程，需要"规范操作、分类指导、优化配置"。

（1）规范操作是推进经营性国有资产集中统一监管的制度保障。在推进经营性国有资产集中统一监管过程中，涉及错综复杂的利益关系调整，必须凝聚共识，自上而下规范推动。中央、地方政府需要出台一系列的政策文件和纪要，详细阐述指导思想、基本原则、目标范围、改革形势、实施步骤、组织领导等相关要求，规范制定职工安置、资产负债处置、重组整合的相关程序和相应标准，切实维护好国家、企业和职工等多方的合法利益。推进经营性国有资产集中统一监管的过程中，同样要规范工作流程，稳中求进、精益求精，先易后难、分步实施，做到分工明确、执行有力、监管到位，确保动员部署、清查核实、重组整

合、检查验收等每个阶段的工作都落到实处，确保企业推进经营性国有资产集中统一监管工作健康有序推进。

（2）分类指导是国有企业推进经营性国有资产集中统一监管的有效途径。坚持因企制宜、分类指导的原则，不搞"一刀切"政策，根据企业的资产状况和行业性质合理确定对策，实现的总目标是，统一纳入、分类指导、逐步过渡，在调动主管部门积极性的基础上，保持企业经营的连续性和稳定性，将企业国有资产统一纳入监管范围，推进经营性国有资产集中统一监管的进程。

（3）优化配置，推进经营性国有资产集中统一监管。在推进经营性国有资产集中统一监管的过程中，要始终抓住"整合资源、优化配置"的主线，从出资人角度，大力推进国有企业的调整重组，积极引进战略投资者，集中整合有效资源，使国企焕发新活力，由小变大，由弱变强。通过整合资源，不仅可以提高国有资本的配置效率，促进国有经济的发展壮大，还建立了现代企业制度，实现"政企分开，政资分开"，促进社会效益与经济效益统一。

推进经营性国有资产集中统一监管，充分发挥国有资本投资、运营公司专业化监管的优势，统一制度规范、统一工作体系、统一资产统计、统一考核评价，实现经营性国有资产基础管理工作规范化，建立授权明确、分类管理、权责一致的经营性国有资产监管全覆盖体系。在国有企业数量逐年下降的情况下，要进一步加强中央、省、市、县监管机构的沟通和协调，理顺各级政府部门的职责，厘清出资人、政府、企业和市场之间的关系，做到"不缺位、不越位、不错位"，着力推动本地区国有资产的集中优化配置，着力深化区域合作、中央与地方合作，着力创造有利于国有企业改革发展的良好环境，分期分层坚定不移地推进经营性国有资产集中统一监管。

二、制定企业国有资产基础管理条例

国有资产的基础管理是国有资产的基础性工作，是保证国有资产管理有效进行的基础环节。以管资本为主的国有企业国有资产管理，需要加强国有资产基础管理，按照统一制度规范、统一工作体系的原则，抓紧制定企业国有资产基础管理条例。

强化国有资产基础管理工作，统一制度规范、统一工作体系，协调各部门之间的分工合作，进一步做好国有资产产权登记与分析、国有资产统计与分析、国有资产产权界定与产权纠纷调处、国有资产产权交易市场监督和国有资产产权划转等相关工作的部署。建立国有资产保值增值指标体系和资产统计报告制度，在统一的平台上进行信息交流，为国有企业稳步地向现代企业制度转变和建立国有资产管理新体制创造条件。

三、建立国有资本经营预算管理制度

根据党的十八届三中全会提出的完善国有资本经营预算制度的要求，加强和规范中央国有资本经营预算管理，优化国有资本配置，需要建立覆盖全部国有企业、分级管理的国有资本经营预算管理制度，提高国有资本收益上缴公共财政比例，到 2020 年提高至 30%，更多用于保障和改善民生。划转部分国有资本充实社会保障基金。

在以管资本为主的新型国资监管框架下，财政部门和国资部门分别代表了不同类别国有资本的监管者，二者应单独编制所代表的国资预算体系，由全国人民代表大会及各级人大部门批准，并由国资改革综合统筹部门、审计部门进行监督。特别是对于国资部门来说，目前国资预算的编制权归财政部，成为公共预算之下的一个子预算。在新国资监管框架下，国资监管部门应建立国资经营预算处，独立于公共预算的国资预算，负责编制和管理国资经营预算。目前国家尚未建立复式预算制度，首先，可在政府预算中增设"国有资本经营预算收支科目"，单独编制，列收列支，不与一般预算一起搞综合平衡；其次，设立国库专户，对一部分国有企业试行按固定比例收缴红利；最后，明确预算编制内容，应包括国有资本经营收入预算草案报告、国有资本经营收入预算报表和企业财务预算报表三部分，再分别编制下级科目。

国有资本经营预算的主要收入来源有两类：一类为国有企业所分配的利润和国有股分红；另一类为国有产权和股权转让收入（扣除改制重组成本后）。按照政策要求，要逐步合理上调国有资本经营收益上缴比例，到 2020 年要提高至 30%。对滞留于一般产业或竞争领域的国有资本，划转比例可进一步提高，最后过渡到收支两条线制度，即国有资本形成的利润全部上缴国有资本预算，而企业需要的国有资本投资，再由国有资本预算根据国家实现战略目标的要求进行投入。改善经营预算支出结构，以进一步体现国有资本经营收益的全民共享和倾向民生。国家可考虑将滞留于一般产业国有资本收益的 30%~50% 划转到社保和公益性基金，如养老基金、医疗保障基金、住房保障基金、扶贫基金、教育基金、科研开发基金等，补充这些领域的投入不足。

经过多年改革，国有资本经营预算管理机制逐步规范化、制度化，已经初步建立相对独立的预算工作体系，基本形成了自身的制度框架，确立了工作机制，预算实施范围也不断扩大。在国有资本收益收取、预算支出安排、预算编制程序、支出绩效评价以及收支科目等方面，政府部门均已发布了相关政策制度，各个部门的权责得到初步划分，明确了管理重点和要求，提供了制度保障和政策依据。在市场经济环境的背景下，以管资本为主推进经营性国有资产集中统一监管，实现了从利润上缴"政企不分、税利不分"到"政企分开、政资分开"的彻底转变，国家的公共管理者权力与出资人权利分别通过国家税收和国有资本收益收取的形式得到了落实，实现了政企分配关系的法治化、规范化。国有企业向出资人上缴国有资本收益的理念，对于规范国有企业改革发展、调整收入分配等方面具有重要实践意义。一方面，有效推动了国有企业间兼并重组和企业内部产业重组整合进程，集中于涉及国家安全和国民经济命脉的关键领域，国有经济布局得到有序调整和结构优化；另一方面，有效帮助国有企业培育可持续发展能力。国有资本经营预算使相当比例的资金用于支持国有企业产业升级，提高自主创新能力，提升节能环保水平，促进国际化经营战略的实施，为国有企业未来的可持续发展创造了发展空间和有利条件。此外，国有资本经营预算机制保障了国有企业对金融危机的有效应对。在国有资本经营预算资金的注资支持下，国有企业可以缓解资金压力，实现扭亏为盈。

第五章　强化国有资产监督

我国企业国有资产是全体人民的共同财富，加强国有资产监督，保障国有资产安全，防止国有资产流失，是全面建成小康社会、实现全体人民共同富裕的必然要求，是深化国有企业改革、确保取得应有成效的重要保障。必须以国有资产保值增值、防止流失为目标，坚持问题导向，立足体制机制创新，切实强化监督，严格责任追究，加快形成全面覆盖、分工明确、协同配合、制约有力的国有资产监督体系，充分体现监督的严肃性、权威性和时效性，促进国有企业持续健康发展。

第一节　企业国有资产监督的基本要素

企业国有资产是国有资产中最重要、最活跃的部分，是国有资产收益不断增长的源泉，是国有资产增量不断扩大的基础。加强企业国有资产监督，需要全面把握监督的对象、内容、原则和方式等方面要求。

一、监督对象与内容

国有资产概念有广义和狭义两种不同理解。广义的国有资产，是指国有财产。《中华人民共和国企业国有资产法》中所定义的国有资产，"是指国家以各种形式投资及其受益、拨款、接受馈赠、凭借国家权力取得或者依据法律认定的各种类型的财产和财产权利"。广义的国有资产包括：国家以各种形式形成的对企业投资及其收益等经营性资产；国家向行政事业单位拨款形成的非经营性资产；国家依法拥有的土地、森林、河流、矿藏等经营性资产。狭义的国有资产是指经营性国有资产，是指国家作为出资者在企业中依法拥有的资产及其权益。经营性资产包括三部分：企业国有资产；行政事业单位占用、使用的非经营性资产通过各种形式为获取利润而转作经营的资产；国有资源中投入生产经营过程的部分。

企业国有资产监督的对象，即企业国有资产监督的客体，包括组织和公民个人的行为。接受监督的组织主要是依法经营和使用国有资产的企业，就目前我国国有资产监督管理体制改革的现状看，其主要类型为国有独资企业、国有控股企业及国有参股企业；接受监督的公民个人主要是独资企业、国有控股企业及国有参股企业；接受监督的公民个人主要是组织行为的当事人，同时也包括参与国有资产经营的具有法人代表资格的公民个人。

二、监督原则

（一）有效监督

监督制度的建设要在监督收益和减负成本之间权衡，过度监督会加大监督成本，而监督不足也会导致监督收益下降。监督制度建设既要运行有效、容易操作，又要符合现实情况。

（二）依法监督

对国有企业的监督要依法监督，立法先行，做到有法可依，要明确各监督主体的权责范围，防止过度监督，损害企业合法利益。《国务院办公厅关于加强和改进企业国有资产监督防止国有资产流失的意见》提出：要建立健全企业国有资产监督法律法规体系，依法依规开展监督工作，完善责任追究制度，对违法违规造成国有资产损失以及监督工作中失职渎职的责任主体，严格追究其责任。

（三）保障权益

对国企的监督不是目的，是为了保障国企的高效运营，保障国有资产保值增值，监督过程要注意保护企业的合法权益，不损害企业的自主经营决策，不干预企业的正常生产经营。《国务院办公厅关于加强和改进企业国有资产监督防止国有资产流失的意见》提出：要正确处理好依法加强监督和增强企业活力的关系，改进监督方式，创新监督方法，尊重和维护企业经营自主权，增强监督的针对性和有效性。

三、监督方式

（一）事前监督、事中监督与事后监督

对国有企业的监督主要采取事前监督、事中监督和事后监督三位一体的监

督方式。

事前监督是指在国企改革中对国有资产运营之前所实施的监督。即指国有资产监督管理机构有权审查和批准国有资产基础管理部门制定的国有资产绩效评价指标；有权要求国有企业提供国有资产运营计划、国有资产的预计使用或支配情况，从中检查国有企业是否按照出资者的要求进行国有资产的运营和管理，并及时予以纠正。

事中监督是指日常监督，即对国有资产运营的过程进行经常性的监督。国有资产监督管理机构有权检查资产运营机构是否按照计划或预算使用国有资产，国有资产监督管理机构有权监督国有资产运营过程中有无违法违纪行为等。

事后监督是指对国有资产运营成果所进行的监督。国有资产监督管理机构需要检查政府有关部门、资产运营机构国有资产法律法规实施情况、资产的保值与增值效益是否达到预期目标等。根据检查情况，执法机构及其人员提出处理问题的建议和办法。对于违反法律法规的行为，情节轻微的，国有资产监督机构有权给予行政处罚，具体包括警告、责令限期改正、罚款、没收非法所得等。对于情节严重的，可以移交司法机关依法给予刑事制裁。

（二）直接监督、授权监督与委托监督

国有资产直接监督方式是指全国人大对国有资产监督管理机构、国有资产监督管理机构对国有资产投资营运机构实施的直接监督和国有资产投资营运机构对国有企业实施的直接监督。国有资产授权监督方式是指由国有资产监督管理机构受国务院授权行使对企业的国有资产监督权。国有资产委托监督方式是指国有资产监督管理机构委托社会中介监督机构等对国有企业实施国有资产的社会监督。

（三）外部监督与内部监督

同一事物一般是受其内因和外因共同作用的，其中内因起主导作用，也是解决问题的关键。在社会主义市场经济条件下，企业监督约束机制按照与国有企业产权关系可分为外部监督约束机制和内部监督约束机制。

外部监督约束机制包含专门机构监督、人大监督、财政监督、税务监督、国家审计监督、纪委监督、社会中介机构监督、新闻舆论监督等监督约束形式；内部监督约束机制包含股东会、董事会、监事会、财务总监制度、内部审计、工会监督等形式。

第二节 完善企业内部监督体系

一、我国企业现行内部监督体系的构建

我国现行的企业内部监督体系规范主要体现在《公司法》《上市公司治理准则》和《企业内部控制基本规范》三个法律文件中，通过这三个法律文件中的有关规定可以发现，我国企业内部监督体系是由监事会、审计委员会和内部审计共同组成的。

（一）监事会的监督职能

我国《公司法》《上市公司治理准则》和《企业内部控制基本规范》对监事会的监督职能均有明确规定，足见监事会在我国企业内部监督体系中的重要性。

2005年，《公司法》第五十二条规定："公司设监事会，其成员不得少于三人。"第五十四条规定，监事会有权"对董事、高级管理人员执行公司职务的行为进行监督；当董事、高级管理人员的行为损害公司的利益时，要求董事、高级管理人员予以纠正"。监事会有权"对董事、高级管理人员提起诉讼"。"监事可以列席董事会会议，并对董事会决议事项提出质询或者建议"。"监事会发现公司经营情况异常，可以进行调查；必要时，可以聘请会计师事务所等协助其工作，费用由公司承担"。

2002年，《上市公司治理准则》根据上市公司的特殊性，对《公司法》中有关监事会的条款进行了细化和补充。《上市公司治理准则》第五十九条明确规定："上市公司监事会应向全体股东负责，对公司财务以及公司董事、经理和其他高级管理人员履行职责的合法合规性进行监督。"第六十三条规定："监事会发现董事、经理和其他高级管理人员存在违反法律、法规或公司章程的行为，可以向董事会、股东大会反映，也可以直接向证券监管机构及其他有关部门报告。"

我国《企业内部控制基本规范》从内部控制的角度，在第十二条中对《公司法》中有关监事会的职能做了补充规定："监事会对董事会建立与实施内部控制进行监督。"

（二）审计委员会的监督职能

我国《上市公司治理准则》《企业内部控制基本规范》及《企业内部控制应用指引》确立了审计委员会在企业内部监督体系中的重要地位。

《上市公司治理准则》第五十四条规定："审计委员会的主要职责是：①提议聘请或更换外部审计机构；②监督公司的内部审计制度及其实施；③负责内部审计与外部审计之间的沟通；④审核公司的财务信息及其披露；⑤审查公司的内控制度。"

《企业内部控制基本规范》第十三条规定："审计委员会负责审查企业内部控制，监督内部控制的有效实施和内部控制自我评价情况，协调内部控制审计及其他相关事宜等。"第二十八条规定："审计委员会在企业内部控制建立和实施中承担的职责一般包括：审核企业内部控制及其实施情况，并向董事会作出报告；指导企业内部审计机构的工作，监督检查企业的内部审计制度及其实施情况；处理有关投诉与举报，督促企业建立畅通的投诉与举报途径；审核企业的财务报告及有关信息披露内容；负责内部审计与外部审计之间的沟通协调。"

（三）内部审计机构的监督职能

内部审计是指企业内部的一种独立客观的监督、评价和咨询活动，通过对经营活动及内部控制的适当性、合法性和有效性进行审查、评价和建议，促进企业改善运行的效率和效果、实施企业发展目标。

《企业内部控制基本规范》第四十四条规定："企业应当明确内部审计机构（或经授权的其他监督机构）和其他内部机构在内部监督中的职责权限，规范内部监督的程序、方法和要求。"第二十九条规定，企业应当"保证内部审计机构具有相应的独立性，并配备与履行内部审计职能相适应的人员和工作条件。内部审计机构不得置于财会机构的领导之下或者与财会机构合署办公"。"内部审计机构依照法律规定和企业授权开展审计监督"。"内部审计机构对审计过程中发现的重大问题，视具体情况，可以直接向审计委员会或者董事会报告"。

《企业内部控制应用指引——内部审计》（草案）第五条规定："企业应设置独立的内部审计机构或职能。"第六条规定："内部审计机构应当在董事会及审计委员会领导下，定期向董事会及审计委员会、监事会和高级管理层递交工作报告。"

二、当前我国企业内部监督体系存在的主要问题

(一) 宏观方面

1. 政府监督措施不到位

政府有关部门对会计控制失灵，导致会计监督弱化，法制建设滞后，实际执法不严。近年来，国家在法制建设上迈出了较大的步伐，一系列的法律、法规相继出台。然而，在市场经济逐步形成的今天，立法工作还相对滞后，不少经济活动没有相应的制度规范。在法律责任中，也往往缺少对违法行为定性定罚的明确界限，执法机关因缺少具体标准而难以操作。

2. 社会监督不深入

会计监督除会计机构、会计人员外，财政及审计等部门的监督也是一个重要的方面。但在实际工作中，国家职能部门的会计监督机制松弛，财政部门和审计部门往往侧重于对企业财务会计结果的监督，对会计行为的过程缺乏有效制约。

3. 监督部门监督办法过于简单

社会不断发展，各种违法违纪等不良行为隐蔽性越来越强、手段越来越高明，而目前监督部门装备相对滞后，监督办法过于简单和程序化，尤其是对较多问题暴露后才进行跟踪处理，监督尚未起到实质上的预防作用。

4. 执法不严、违法不究现象依存

政府执法机关对会计法律法规执行不力、对查出的违法违纪者打击不力或追究不严，也导致了会计监督的弱化。

(二) 微观方面

1. 监督意识薄弱，不能正确把握会计监督的定位

单位领导认为会计监督是监督领导的行为，有抵触情绪，而会计人员、审计人员、纪检人员认为会计监督自己的领导和自己的企业，有畏难情绪。

2. 管理体制不健全，内部制度失调

我国有些企业内部管理和控制制度很不健全，有些企业虽建立了相应的制度，但这些制度形同虚设，管理松懈或脱节，没有有效执行，更没有得到有效的监督，以致会计秩序混乱，会计核算处于无序状态，导致徇私舞弊现象经常发生。

3. 会计监督中重核算轻监督，监督职责履行不到位

会计的基本职能是核算和监督，而企业会计人员只重视核算，对会计监督职能往往只是被动地通过会计核算职能实现，没有主动实施。同时，企业内部审

计、纪检部门对内部监督的种种信息来源与开展工作的重要线索掌握不多，未能真正发挥监督职能。

4. 企业内部管理机制混乱，易造成监督的空档

很多企业只注重生产效益，在内部管理上各自为政，企业各部门之间沟通少、资源整合不够，各部门之间缺少必要的沟通、交流和配合，工作注重程序化、表面化，导致内部监督体系整体效能难以正常发挥。

5. 监督体系缺乏内在的动力机制，内部监督效果不明显

由于企业内部监督者与被监督者同属于一个利益共同体，监督机构的设立，监督人员的任免都由被监督者决定，这样会使内部监督机构影响执行监督的公正性、公平性乃至合法性，进而影响监督质量的提高。

6. 内部监督人员专业水平低，业务素质有待提高

企业监督部门人员的配置相对于其他部门有较高的要求，但企业在实际中对监督部门需要的专业人才配备并不十分重视，致使监督人员业务知识和业务素质都不高。同时，由于监督部门地位不高、不受重视，监督部门人员缺乏一定的稳定性，造成监督部门人员业务素质难以提高。

7. 会计人员的职业道德下滑，缺乏会计诚信

随着市场经济大潮的冲击，一些人的价值观受到很大影响，利益诱惑导致部分职业道德低下的会计人员不惧以身试法，不严格遵守《会计法》等财经法规，提供虚假财务信息等，这些都会使内部会计监督形同虚设。

三、完善企业内部监督体系的对策建议

强化内部监督体系，可从以下几方面入手：①大力宣传内部监督体系的作用。使企业领导、政府部门、中介机构、实业界、理论界都认识到其重要性，并对它的思想、方法和相关知识进行普及。②进行科学全面的制度建设。按照内部控制的原则，培养内部控制制度发挥作用的机制，这是一种在运作过程中环环相扣、监督制衡的动态控制，只有内部控制机制有效运作，其监督作用才能发挥。③加强会计基础工作，如规范会计机构的设置和会计人员的任职资格，规范会计核算。因为会计基础工作是会计工作的基本环节，一个单位的会计基础工作做得好，就为会计监督创造了良好的条件，反之，如果会计基础工作做得不好，最起码的监督也无从谈起。

第三节　建立健全高效协同的外部监督机制

　　企业的有效治理是世界各国均面临的重大问题，而对于国有企业占国民经济支柱地位的现实国情来说，我国国有企业的公司治理显得更加重要。国有企业的公司治理应是最广泛的利益相关者参与的"共同治理"。相比于内部治理，国有企业的外部治理面临的问题更加严峻，而参与外部治理的利益相关者，最重要的是政府、社会公众与媒体。相比于政府可以通过行政指令的方式获取信息进而对国有企业实施监督，社会公众与媒体却由于没有对知情权的制度保障而处于信息劣势，无法或很难对国有企业实施真正的治理，无法发挥其应有的监督作用，因而诸如国有资产流失、腐败等问题难以得到及时有效遏制。不断提高透明度，贯穿于公司治理的全过程，是公司治理构建的重点与关键，完善的公司治理结构能够为信息披露良好实践提供基础和条件。

一、当前国有企业外部监督机制的构成

　　改革开放 40 年来，探索和确立中国特色社会主义道路的伟大进程中，经济体制改革尤其是国企改革始终是中心内容。我国国有资产监督管理体制，从"政企不分"，到"政企分开"，再到"政资分开"，走过了不平凡的改革历程。国有企业的监督制度也逐渐成熟，特别是成立国资委、建立外派监事会制度以来，形成了符合中国国情、更为有效的国有企业监督模式。

　　根据委托代理关系，我国逐步建立全国人民代表大会—国务院和地方政府—国有资产监管机构—国有企业三个层次的国有资产监管体系，并按照"国家所有，分级管理"的原则，实行国务院、省、市的三级国有资产监管体系。三层次委托代理关系形成了三种监督与被监督的关系：①全国人民代表人会及其常委会作为权力机构，是最高委托人，对国务院和各级地方政府履行出资人职责的情况进行监督。②对国资委的外部监督。国资委一方面应向国务院报告企业国有资产监督管理工作情况、国有资产保值增值情况和其他重大事项；另一方面还应接受国家公共管理部门按照各自职能进行的监督，如审计署、发改委、财政等部门的监督。③国资委对国有企业的监督，通过派出监事会、派出董事会、选派所出资

企业负责人等方式对国有企业进行控制和监管，检查考核国有资产的保值增值情况。《企业国有资产法》规定了人大监督、行政监督、审计监督和社会监督四种监督形式，这些都属于国资委的外部监督，对应的是各级委托代理关系的监督。人大监督对应的是人大对政府的委托授权，行政监督、审计监督对应的是政府对国资委的委托授权，社会监督（包括公众监督和舆论监督）对应的是全体人民对人大的委托授权。社会监督应属最高层次，并且监督层次越高，独立性越强。此外，法律监督、党内监督也是国企监督的重要力量。各个不同的监督主体、各种不同的监督形式，在各自优势领域发挥不同的作用，各有侧重又协同配合，初步构建了全方位、全覆盖、多层次的国有企业外部监督体系。

二、构建企业外部监督体制的关键

根据主要的外部治理方对国有企业信息利用目的与治理目标不同，可以将其分为三类：社会公众、政府与媒体。三方外部治理主体都对国有企业经营管理层（以下简称"管理层"）及其行为绩效最为关注，而作为国有企业经营管理的实施者与主要负责人，控制了信息的传播。由于没有公开的信息披露，也就没有治理的基础和对权力的监督。一方面，国有企业可以维持现在这种仅向政府报送信息的做法，无须公开信息而招致更多的监督和舆论压力；另一方面，也可以利用仅向政府汇总报告而导致的信息不对称进行信息操纵，进而引发"内部人控制"问题。

社会公众、政府与媒体对外部治理的重点集中体现在对国有企业信息的争夺上：社会公众为了维护公众利益需要以信息为依据对国有企业是否履行了经济社会责任进行评价，同时还需借助媒体与政府的力量惩治国有企业垄断市场、贪污腐败等行为；政府既需要作为出资人代表履行股东的职能，又需要以市场管理者的身份对企业的行为进行监管；媒体则主要通过对事实的报道与公正的评价，引导社会舆论的方向，为社会公众谋福利，为政府行政出谋划策，成为国有企业外部治理的重要组成部分。

第四节 实施信息公开加强社会监督

党的十八届三中全会强调要"探索推进国有企业财务预算等重大信息公开"，习近平同志在对三中全会决议所做的说明中着重指出，"为在全面深化改革上取得新突破，就必须要进一步解放思想"，要"以积极主动精神研究和提出改革举措"。国有企业的责任之一就是完成社会责任。在向国民交好账的同时，取得更大的经济效益。所以，就存在国有企业面向公众交好账这样一个问题。国有企业信息公开实际上是一种倒逼机制，对于推动国资国企改革发展具有非常积极的作用。但是，就国有企业、社会公众和相关部门来说，适应这种常态还需要一个过程，甚至是一个痛苦的过程。尤其是在当前经济总体下行的形势下，还存在财务状况和树立信心的关系问题，企业的理解、认识和观念的转变与提高，也需要一个过程。

一、信息公开已成为大势所趋

与非上市国企相比，上市国企的财务信息做到了较好的全面公开。信息公开的理论依据，笔者认为主要有以下几个方面：①国企所有权属性。国企属于全体人民所有，全民所有的本质属性决定了社会公众有掌握信息的知情权和利用信息进行控制的监督权。②公共资源的内涵。国企属于公共资源，公共资源决定了公众有通过共同协商确定行动的决策权和对决策执行的监督权。③委托代理管理。我国国企从最终委托人（社会公众）到最后代理人（一线员工）的委托代理关系大体有十六七个层次，过长的代理链条带来严重的信息不对称，信息公开是成功破解信息不对称带来弊端的主要举措。④自然垄断经营。垄断决定了信息公开不会对国企发展造成伤害。⑤国内外的成功范例。我国上市国企的示范、国外国企的经验为过期信息公开提供了可供借鉴的范例。⑥阳光是最好的防腐剂，只有充分公开财务信息，才能有力遏制腐败，为国企发展营造长期、稳定的发展环境。

实现信息公开具有重大意义。首先，信息公开是制度自信的表现。公有制的主体地位、国企的主导作用和公共服务的本质属性，决定了国企来自公众、服务公众，决定了社会公众有权了解国企的财务信息。财务公开对国企经营和竞争构不成大的影响，相反会遏制腐败，调动各方面的积极性，促进国企健康持久稳定地发展。国企财务信息公开是对公有制的优越性充满自信、自豪所决定的。其次，信息公开也是管理理论的创新。自 20 世纪初大企业出现 100 多年来，诺贝尔经济学奖得主、西方著名管理学家对企业的研究都集中在信息不对称下如何通过贝叶斯纳什均衡、精练贝叶斯（纳什）均衡实现委托人价值最大化，尚无人研究信息对称。党的十八届三中全会提出的"财务预算等重大信息公开"是在我国国企生产总值占 GDP 45% 的背景下公开的，是对西方经济理论和管理理论的重大突破，公开的结果必将实现委托代理间的信息对称，从而重写管理理论的新篇章。最后，信息公开还是社会监督的引入。在信息不对称下尽管监督常在，但其实是十分滞后的、效果有限的，特别是社会监督。真正实现信息公开，对于引入社会力量对国有企业进行全天候、无死角的监督具有重大意义。

二、加快国有企业信息公开的对策

（一）加快制度建设，推进国有企业财务和经营等重大信息公开

国有企业信息公开的基础是建立健全强制性的制度规范，以突破其治理体制缺陷造成的披露动机缺乏与披露对象、渠道单一等问题。

国有企业信息公开制度的范畴既包括以方针政策、法律法规、实施细则等为代表的强制性正式制度，也包括以诚信理念、责任意识、价值判断、舆论监督为主要内容的非正式制度，并且要求运行机制的配合，共同完成对国有企业实施监督与共同治理的目标。虽然《2014 政府信息公开工作要点》对中央企业"主要财务指标、整体运行情况、业绩考核结果"等内容提出了细化要求，但仍需要出台《国有企业信息公开法》等法律作为保障。

在顶层推动下信息公开以制度的形式，从指导原则到具体操作都有据可依，再加上媒体监督与社会参与，达到克服治理体制缺陷、明确管理层责任的目标，实现利益相关者"共同治理"的目的。信息公开这一制度的推行应与拟逐步推行的薪酬改革、分类监管以及混合所有制等国有企业改革措施结合，同步实施。

（二）强化国有企业管理者的社会责任意识，增强向社会公开信息的主动性

国有企业的存在不仅是为了企业本身，更重要的是为了社会集体的利益。因此，国有企业管理者承担的不仅是企业经营管理的受托经济责任，更要以履行社会责任为工作职责，在做好一名"管理者"的同时，更要做好一名"服务者"，将完整、真实的经济与社会责任履行结果及时地向社会公众公开，积极主动地回

应社会关切。国有企业管理层承担的受托责任意味着其应对全体股东及其出资人代表负有同等的信息披露义务，所以应以法律制度明确国有企业管理层信息公开的责任。

（三）明确信息披露内容，制定有效的信息公开保障措施

国有企业信息公开的内容应是企业运行情况与管理层履职情况的全面反映，主要分为以下几个方面：①国有企业概况、企业高层管理人员情况、企业员工情况、企业受托责任与目标；②国有企业受托经济与社会责任目标实现机制，主要包括公司治理、经营管理与内部控制；③国有企业受托经济与社会责任目标实现情况，主要包括经济责任履行情况与社会责任履行情况；④其他重大事项，凡是对国有企业经营发展产生重大影响，与内外部利益相关者有重大利害关系的信息均应单独予以披露，包括但不限于国有企业经营领域国家政策的巨大变化，有碍市场竞争与社会公平的行为，自然灾害、社会重大事故，对外界各种声音的回应等。

（四）信息公开要注意区分公开主体与公开对象

信息公开要划分公开主体，国企信息公开应分企业主体、集团（或行业）主体和所有权实体（各级国资委）三个层次，还要分清公开对象。公开对象包括直接委托人（国资委、财税、各级人大、开户银行）、间接委托人（重要供销商、社区代表）、终极委托人（社会公众）和直接利益相关者（即公司员工，他们既是终极委托人又是末端代理人，是公司利益直接受益人）。

第五节　严格责任追究制度

国有企业负责人重大经营责任追究机制的形成和强化是改革深化的必然逻辑和现实要求。传统体制和转轨过程中，国有资产领域的最大弊端是国有资产的管理职责和权益不能真正落实，实际生活中没有人格化的职责行使者和责任追究者。出现低效、浪费、流失等问题，实际上无人承担责任，使国有资产的产权"悬空"和"虚置"。决策失误问责制度的缺乏，导致的是决策轻率，失误频频发生；投资不讲效益，浪费严重；形成巨额债务，包袱扔给后人。建立中央、地方分别行使出资人职责、权责明确的专门管理机构，并制定企业改制的规章制度是

国有资产管理在法制化发展中迈出的重大步伐。以此为基础，就要制定、落实与规则配套的追究机制。国有企业负责人要依法照章规范操作，如有违犯，就应当追究负责人和当事人的责任，并予以必要的处分。只有建立这种追究机制并随改革探索的深化、规则的健全而相应强化，才能有效克服以往国有资产管理领域中的弊病，使国有企业改制得到有效规范、健康发展。

一、权责统一是必然规律

（一）权力与责任的内涵

权力和责任内部是分层次的，不同层次的权力和责任的强度是不同的。权力包括剩余控制权、合同控制权和生产权。合同控制权又称自然控制权，是合同中写明的、企业日常经营管理的权力。根据分工的原则，这一权力掌握在经营者手中，是不可在各企业参与者间流转的。剩余控制权是合同中未写明的、除自然控制权外的对企业的控制权。它分为对战略性重大经营决策的决定权、选择任命经营者的权力等。剩余控制权是一种状态依存权，可以依企业经营状态的不同在各企业参与者间流转。生产权是生产者根据分工进行生产劳动的权力。

剩余控制权的强度高于合同控制权。因为剩余控制权可以通过罢免经营者否定合同控制权，也可以在战略性重大经营决策上直接替代合同控制权，而合同控制权的强度又是高于生产权的，因为合同控制权可以监督生产者，也可以通过解雇生产者否定生产权。

责任可以分额外风险和一般风险两大类。额外风险是指失去投入企业要素本身的风险。由于人力资本与其所有者的不可分性和物质资本与其所有者的可分性，只有对企业投入物质资本的债权人和股东承担额外风险。额外风险纯粹是一种风险，没有任何收益的可能性。一般风险是指失去投入企业要素报酬的可能性。即投入企业的要素（不管是人力资本还是物质资本）报酬有多有少，甚至没有任何报酬。所以，一般风险既意味着风险，又意味着收益。所有企业参与者都承担一般风险。

对一般风险而言，收益和风险是要素报酬的两个方面。收益与报酬成正比，风险与报酬成反比，即要素报酬多则意味着收益大而风险小，要素报酬少则意味着收益少而风险大。但一般风险具有非负性的特点，即一般风险的边界是报酬为零（投入企业的要素未得到任何报酬），而不会有净损失。额外风险则意味着净损失，完全是一种风险，没有任何收益的可能性。从这个意义上讲，作为责任，额外风险的强度要大于一般风险。一般风险内部也分为不同的层次,具有不同的强度。它可以分为剩余收入和合同收入。剩余收入即扣除合同收入后的所有收入,与利润之间存在相关度很强的正比关系。合同收入又可分为不固定的合同收入(奖金)和固定的合同收入(工资),其中奖金与利润之间存在相关度较低的正比关系。而工资则与利润无关。作为风险和收益的统一,一般风险中强度最大的首先是剩余收入,其次是不固定的合同收入,最后是固定的合同收入。

(二)权责一致原则的内容

(1)权力一定要有责任相对应,责任也一定要有权力相对应,即不能有权无责或有责无权,否则会导致权力主体的行为偏差。如果行使股东权力的人不承担企业的任何责任,那么他就可能滥用剩余控制权,不但会产生偷懒行为,而且可能发生损害企业利益的道德风险。如果拥有责任的人没有权力,这部分责任的激励作用就被浪费了,不但不会对企业有利,而且会因为减少了对拥有权力的主体的责任而导致对其激励不足,不利于规范企业参与者的行为。

(2)相对应的权力和责任的强度一定要对等,即不能大权对小责或小权对大责,否则也会导致权力的滥用和权力主体自利行为偏离企业利益最大化的目标。如果拥有合同控制权的经营者只拥有合同收入而不拥有剩余收入,企业业绩的好坏与其个人利益并无多大关系时,个人就不会有足够的激励用好手中的合同控制权实现企业利益最大化,同时达到个人利益的最大化,相反,可能会通过转移资产、增加在职消费等损害企业利益的办法实现个人利益。同样,拥有剩余收入的经营者不能拥有剩余控制权,否则他就可能无所约束地通过侵害企业利益达到个人利益的最大化。

(三)权责一致原则的体现

(1)剩余控制权首先应当与额外风险相对应,在此基础上与剩余收入相对应。这表现为债权人和股东在不同的状态下分享剩余控制权。企业破产后,债权人的额外风险成为现实,而股东的额外风险此时为零,所以企业破产后,剩余控制权完全由债权人掌握,这时剩余控制权与额外风险相对应。在其他情况下债权人一般不拥有剩余控制权,这是因为通常情况下企业破产的概率很小,债权人额外风险发生的概率很小。但如果企业的经营使得破产的概率较大时,例如,破产往往是由投资不当造成的,此时,债权人不可能不关心企业的经营,他也会要求一部分剩余控制权保护自己的利益。债务合同中通常附加的有关企业投资方向的限制条款以及债权人对重大资产变动有发言权的条款的原因就在于此。另外,在企业的融资结构中，如果资产负债比例特别高时，企业的破产概率上升，债权人承受额外风险的概率增加，这时他也会要求更多的剩余控制权保护自身利益。日本主银行制度下主银行拥有对企业较大剩余控制权的原因就在于此。因此，对债权人而言，他所拥有的剩余控制权完全是与额外风险相对应的。对于股东而言，他在企业破产以前拥有剩余控制权，从企业亏损到企业破产这一阶段，股东的剩余收入为零，额外风险成为现实，这时他的剩余控制权是与额外风险相对应用来减少额外风险的。在企业亏损以前，股东的额外风险未成为现实，但亏损是正常经营下的企业随时会遇到的风险，企业在通常情况下破产的概率很大，股东额外风险发生的概率很大。企业的剩余控制权除了在额外风险发生时起补救作用外，更重要的是发挥预防作用，从这个意义上讲，此时股东的剩余控制权是和额外风险相对应的。但同时，股东此时还拥有剩余收入，而剩余收入作为一种风险和收益是和企业业绩密切相关的，股东除了预防风险外，还会努力工作增加收益，从这个意义上说，股东也有激励行使好剩余控制权。所以，在企业破产以前，股东拥有剩余控制权是与额外风险和剩余收入相对应的。

（2）合同控制权应与剩余收入相对应。根据分工原则，经营者自然拥有合同控制权，为了体现权责一致的原则，应当让其除了在合同收入外，拥有一部分剩余收入。因为剩余收入是除了额外风险外强度最高的责任，只有这种责任才能与合同控制权的强度相对应。如果经营者只拥有合同收入，其个人收入与企业利润相关度极小时，他就没有足够的激励用好这种权力增加企业的利润，反而可能出现乱投资等滥用权力的行为或者通过关联交易等有损企业利益的办法达到个人利益的最大化。这种错误激励的原因在于大权和小责的不对应。所以为了防止这一问题的发生，在权力和责任制度的设计上，应让经营者拥有一部分剩余收入，使其个人收益与企业利润存在较强的正相关关系。这样，经营者为了个人利益的最大化也会用好合同控制权实现企业利益的最大化。这样的权责设计能起到规范经营者行为的作用。应当指出，经营者拥有的剩余收入的比例越大，他就越有激励用好合同控制权实现企业利益的最大化，而且这种蛋糕效应往往要比分配效应大得多，从而实现帕累托改进。这也是规范的公司治理结构中经营者拥有较大比例剩余收入的原因。

（3）生产权应与不固定合同收入相对应。根据分工原则，生产者自然拥有生产权。如果生产者只拥有固定合同收入这种强度最低的责任，他的行为会产生偏差。因为此时无论干与不干，干好干坏，他的收入都是固定的。此时他的最优选择是采取消极怠工的偷懒行为。出现这种现象的原因就在于大权和小责的不对应。所以为了解决这一问题应当让生产者拥有不固定合同收入，其多少取决于企业业绩和其生产努力程度。在这种权力和责任制度下，生产者为了实现个人收入最大化必然会用好生产权努力工作，实现企业利润的最大化。当然，如果生产者的生产权很大时，例如高科技企业中科研人员的创造力和积极性对企业利润影响很大时，就要有强度更大的责任——剩余收入与之对应，否则不足以激励他们用好手中的生产权努力工作。

二、建立以权责一致为核心的企业治理结构

（一）培育行为规范、负责任的股东

（1）对国有企业进行债权化管理。国家以价格为主要标准通过公开、公正、公平的招标方式从社会上选择合格的自然人或法人作为租赁人运营国有企业，国家与其订立契约，规定每年国家获取的收益，并且这些自然人或法人必须以自己的财产作为担保，一旦到期不能支付规定的收益，这些租赁人就会失去自己用来担保的财产。这些租赁人的身份类似于股东，他以自己用来担保的财产承担额外风险，获取扣除支付给国家合同收益后的剩余收入，并拥有挑选经营者的权力。但由于其用于担保的财产比企业的国有资产要少得多，不足以承担国有资产严重受损的责任，所以为了防止这些租赁人发生道德风险，通过侵吞国有资产获取收益，侵害国家的利益或者由于其所承担的额外风险要远小于国家作为股东的额外风险而不负责任的行为，国家应保留对企业重大经营事项的否决权，防止出现明显可能危害国家利益的恶意行为。同时，应当保持对企业充分的监督权，一旦发现企业亏损超过租赁人用于担保的财产时，立即终止这些租赁人的所有权力与责任，并且没收其用于担保的财产。这样，国家可以获取稳定的收益并且几乎不承担额外的风险，租赁人承担额外风险和剩余索取权，并且只要其行为不越轨，就可拥有充分的剩余控制权，解决了权责不一致的问题，企业也有了负责任的，以企业利益最大化为目标、行为规范的准股东。

（2）对国有企业进行民营化改造。对于中小企业和只要不是涉及国家安全和自然垄断行业的企业，都可以采取民营化的办法，让非国有企业经济部门（包括外资）通过收购、兼并、合资、参股等形式达到改造国有企业的目的。这可以从根本上解决国有企业行使股东权力的政府官员权责不一致、行为失范的问题。这一过程要在公开、公正、公平的原则下进行，以保证选拔最佳的候选人和使国有

资产获得尽可能多的回收，防止暗箱操作、权钱交易等有损国家利益的行为。同时，股权的适度集中有助于产生负责任的投资者。

（3）发展中介机构筹集民间资本投资于国有企业。由于中国的私有财产过于分散，个人很难越过投资企业的资本门槛，而且资本来源的过度分散不利于培养负责任的股东。发起投资基金筹集分散的民间资本投资于国有企业有助于解决这一问题。投资基金具有规模效应带来的信息优势和专家理财的优势。借助于规范的资本市场和充分信息披露机制，投资者对这类中介机构的监督也比较容易，资本市场上资本流动性以及投资基金间的竞争使得基金管理人有足够的压力和动力努力工作。对于私募成立的投资基金，由于投资者十分集中，监督问题和经营者的激励问题更容易得到解决。

（二）规范国有企业各参与者的行为

（1）规范股东的行为。即使国有企业的股东权力仍由主管企业的政府官员行使，也要注意使他们用好手中的剩余控制权。首先，经营者的选择要引入竞争机制，通过市场公开、平等的选择，打破经营者队伍的垄断，一方面，可以挑选到更加优秀的经营者；另一方面，一个竞争激烈的经营者市场给在职经营者带来的失业压力对其是一种强度很高的激励，非常有利于其行为的规范。其次，对于破产、重组等企业重大经营活动要依法办事，按经济规律办事，把企业职能和政府职能区分开来。企业的目标就应当是经济利益的最大化，公正和稳定是政府的目标，国家不能让企业承担政府的职能，如果非要让企业承担双重职能，最终的结果必然是两个职能都不可能完成好。因为这两者是相互冲突的，国家和企业在这两方面各有所长，漠视这种天然的分工只能适得其反。

（2）规范经营者的行为。可以通过股权和股票期权安排等办法让经营者拥有一部分剩余索取权，增强激励，使其权责尽量一致。同时国家应改善对经营者的监督机制。可以实行国有企业会计委派制度，国有企业的会计人员由政府设立的会计中心直接委派，其报酬由会计中心统一发放，与所在企业无关。一旦发现会计提供的经济信息失真，必须给予严惩，严重者可以取消其从业资格直至追究其刑事责任。在政府职能部门审计的基础上，委派社会中介机构进行不定期的审计，其报酬要符合激励相容原则，可以从查出的不实金额中提取一定比例予以奖励，对于查出有问题的会计人员和政府职能部门相关人员则要给予严惩。

（3）规范生产者的行为。要承认并体现不同的生产者的差别。在对企业贡献不同的生产者之间可利用奖金等不固定合同收入拉开报酬差距。要承认科学技术的作用与价值，可以让对企业有重大贡献的科研人员拥有一部分剩余索取权以激发其工作的热情和创造力。同时要增强劳动力市场的竞争性，通过增加其失业的风险增强对其激励。

（4）规范债权人的行为。国有银行作为国有企业也要进行企业治理结构的改革，推进其商业化的进程，使其行为更加规范。

（三）政府要创造一个充分竞争的市场环境

市场竞争的压力是企业改善治理结构，提高效率的动力。创造一个充分竞争、公平有序的市场环境，会使改善企业治理结构成为企业自发的行为。长期充分竞争的结果必然会使中国企业（特别是国有企业）的企业治理结构得到有效的改善和提高。

（1）产品市场上，要消除企业的进入退出壁垒，打破地区分割。首先，除涉及国家安全和自然垄断的行业都应当向所有企业放开；其次，对于低效亏损的国有企业应当让其及时退出，否则会不利于资源的优化配置和整个国民经济效率的提高；最后，应当破除地方保护和地区限制，建立统一的全国大市场。

（2）要素市场上，要消除垄断和限制，取消歧视性待遇。在劳动力市场上，经营者和生产者都要由市场挑选，真正做到公开、公平、公正。在资本市场上，要取消对非公有制经济的歧视性待遇，消除特权和垄断，以效率为标准，按经济规律办事，建立一个信息充分和真实，能准确反映企业经营绩效的投资而不是投机的股票市场，这同时也会大大降低经济运行的信息成本。

第六章　发展混合所有制经济

改革开放以来，以公有制为主体、多种所有制经济共同发展的经济制度，已逐步成为我国社会主义市场经济体制的根基。国有企业在经济中肩负稳增长、调结构、促改革、惠民生的重要责任，是我国经济转型升级的核心力量。按照国有企业改革的基本思路和要求，发展混合所有制经济，要坚持和完善基本经济制度，毫不动摇地鼓励和发展公有制经济，毫不动摇地鼓励、支持、引导非公有制经济发展，有针对性地稳步推进国有资本与集体资本、非公有资本融合发展，推进各类所有制优势互补、共同发展，实现国有资本保值增值，提高国有企业的市场竞争力。

第一节　发展混合所有制经济有关理论分析

从微观层面来看，混合所有制经济是通过产权结构的调整，不同所有制性质的产权主体多元投资、交叉渗透、互相融合而形成的企业。从宏观层面来看，混合所有制经济是一个国家在特定社会经济制度下，各种不同所有制经济之间的有机结合，体现了所有制结构的开放性和多元性，其中占主体地位的所有制形式，决定了整体所有制结构的性质。微观混合所有制经济是宏观混合所有制经济的基础，同时又受到宏观混合所有制经济的影响和制约。

一、混合所有制经济相关概念界定

（一）混合所有制经济的主要特征

混合所有制经济的特征，集中表现在产权主体的开放多元化和公、私经济的深度融合两个方面。

一方面，产权主体开放多元化是指混合所有制经济在符合基本制度的前提下，可以吸收来自不同所有制性质、不同领域的市场参与主体，使得产权主体由单一形式转变为多元化形式。同时，产权主体的具体参与方式也呈多元化，可以通过资本、技术、劳动等有形或无形资产参与合作。由于混合所有制经济具有产权主体开放多元化的特征，国家可以充分调动更为广泛的资源实现发展目标，有利于调动各方面投资的积极性，有利于提升市场的活力和效力。

另一方面，混合所有制经济基本特征还体现为公、私经济的深度融合。市场经济有高度竞争性，既表现在市场主体间的激烈竞争，又表现在制度安排间的斗争。混合所有制经济在制度安排的竞争中具有独特优势，拥有生命力。这一优势就体现在它具有"公"和"私"两种经济成分的混合优势。混合所有制经济下的公、私经济混合，不是简单的资本合作，而是在产权融合的基础上，实现体制机制层面上的有机结合。混合所有制经济通过公、私经济在体制机制上的深度融合，将倾向于政府调控的国有经济与倾向于市场吸引力的私有经济相结合，可以实现公私两方面积极性的有机整合，既可以保证国家经济政策的基本方向和国有资本的市场影响力，又可以提升社会资本的市场参与度，提升总体经济绩效，从而比单一经济成分的所有制形式具有更强的竞争力。

（二）混合所有制经济的基本形式

混合所有制经济大体可以划分为国有企业与民营企业或外资企业合作、国有企业与企业外部的国内外自然人合作、国有企业内部员工持股等类别。在具体的表现形式中，股份制成为当前混合所有制经济最主要的表现形式。

1. 股份制

股份制是指通过入股方式把分散的、属于不同所有者的生产要素集中起来，共同使用、自主经营、自负盈亏、按股分红的一种经济形式，是现代企业的一种资本组织形式。股份制有两个以上的利益主体，并且各利益主体的权利和义务与其各自提供的生产要素份额相对应。股份制以法人产权制度为基础，是现代企业制度的基础。股份制能够把分散的私人资本转化为集中的社会资本，把不同地区、不同行业、不同所有制结构的经济活动融为一体，促进经济活动和企业经营管理的高度专业化。因此，股份制一经产生就得到迅速发展，其高效性和有效性已经得到证明。

从混合所有制经济与股份制之间的关系看，二者既有联系，也有区别。首先，股份制已经成为我国混合所有制的主要表现形式，公有制经济与私有制经济通过交叉入股、深化合作推动了我国混合所有制经济的发展。其次，股份制和混合所有制之间也存在区别。股份制企业不仅包括公有制和私有制之间的合作，还包括公有制内部之间，私有制内部之间等多种合作类别，而我国的混合所有制经济则强调的是公、私经济之间的混合。因此，不能简单地将二者同等看待。

2. 非股份制的其他形式

在混合所有制经济的发展过程中，除股份制外，还包括有限责任公司制、合伙制、合作联营、股份合作制等形式。

有限责任公司，简称有限公司，是指根据《中华人民共和国公司登记管理条例》规定登记注册，由50个以下的股东出资设立，每个股东以其所认缴的出资额对公司承担有限责任。公司法人以其全部资产对公司债务承担全部责任的经济组织形式。有限责任公司包括国有独资公司以及其他有限责任公司。有限责任公司是企业实行公司制的一种重要组织形式，其优势在于设立程序简便、组织结构简单、资本要求低、便于控制等方面。但是，由于不能公开发行股票，筹集资金范围和规模相对较小，一般适合于中小企业。与其他公司形式相比，有限责任公司具有以下基本特征：有限责任公司的各股东对公司承担有限责任，仅以其认缴的出资额为限，对公司债权人不负直接责任；有限责任公司的资本不必划分为均等的股份，只需计算出出资比例；有限责任公司具有封闭性，即公司被禁止向公众发行股票以筹集资金，股东转让出资受到来自法律或章程的程序性或实体性限制；有限责任公司的设立程序简便，组织机构简单灵活，可设董事会、监事会，也可以只设1名或2名执行董事，执行监事行使董事会、监事会的职权；有限责任公司既是一种资本的联合，又是一种人的集合，具有资合与人合的统一性等特征。与股份公司一样，有限责任公司同样是发展混合所有制经济的重要形式，并能够弥补股份制形式的不足，完善混合所有制经济体制机制建设。

合伙制是由两个或两个以上合伙人通过签订合伙协议，共同出资、合伙经营、共负盈亏、共担风险组成的非公司制企业，但并不具备法人资格。合伙制企业包括自然人、法人和其他组织依法设立的普通合伙企业和有限合伙企业。其中，普通合伙企业由普通合伙人组成，合伙人对合伙企业的债务承担无限连带责任；有限合伙企业由普通合伙人和有限合伙人组成，普通合伙人对合伙企业债务承担无限连带责任，有限合伙人以其认缴的出资额为限对合伙企业债务承担责任。此外，根据《中华人民共和国合伙企业法》，我国的普通合伙人中还包括特殊的普通合伙企业，有效地解决了专业服务机构合伙人因其他合伙人故意或重大过失产生的债务而承担无限连带责任的不合理现象。同时，法律规定国有独资公司、国有企业、上市公司以及公益性的事业单位、社会团体不得成为普通合伙人。合伙制治理机制灵活，能更好地适应变化迅捷的外部竞争环境，并能对重大经营决策、利润分配、日常经营管理等方面形成较为完整的控制，是一种理想的组织形式。与公司制企业相比，合伙企业一般规模较小，层级结构相对简单，对资金要求不高，企业费用较低，入伙与退伙也较为自由。正是由于合伙制企业设立程序简便快捷、出资形式灵活多样、经营管理直接便利等优势，我国的合伙制企业从 20 世纪 80 年代开始快速发展，不仅在工商业、建筑交通业、饮食服务业等行业较为普遍，而且在会计、律师、保险代理等专业性行业也具有重要意义。

合作联营是指生产要素的所有者在明确划分各自财产所有权的基础上，自愿按照一定的原则结合起来，使用共同占有的生产资料、共同劳动的一种经济形式。合作联营本身没有固定的所有制模式，在多种所有制基础上，都可以按照合作方式经管，是混合所有制经济发展初期的一种常见形式。合作联营制的主要特征包括两个方面：首先，合作联营是将共有权、合有权和法人所有权统一起来的一种产权组织形式；其次，合作联营实现了分散的生产资料所有权与生产资料共同占有、共同使用的有机统一。合作联营制生产资料的所有权是分散的，分属于合作经济的各个成员，但合作联营制这种组织形式把分散的资产集中起来，以合作企业为代表形成了一个独立的资产，适应了生产社会化发展对财产社会化使用的要求，从而保证了生产资料的使用效率。此外，合作经济的分配实行按劳分配与按股分配相结合，即合作经济的纯收入由其成员分享，一方面按投入生产资料的份额来分配，即按资分配；另一方面按其所付劳动来分配，即按劳分配。同时，合作经济成员共担风险、共担损失。这一形式也成为我国在 20 世纪 80 年代普遍采用的组织形式，对我国改革开放和市场经济的发展起到了重要的推动作用，形成了我国混合所有制的雏形。

股份合作制是指以合作制为基础，结合股份制方式，以劳动者的劳动联合和资本联合相结合的组织形式。在股份构成上，以企业职工股份为主，并兼而吸收有其他股份，如法人股、国家股等股份。基于合作制与股份制的有机结合，股份合作制兼具二者的特点，但没有股份制规范严格，非常适合中小企业。股份合作制的基本特征为：一是全员入股、合资合劳。由全体职工成为企业的股东，职工既是劳动者又是所有者，共同出资、共同劳动、共担风险，从而实现了资本和劳动的直接结合。二是企业实行民主管理，职工拥有参与决策和管理的权利。最高权力机构是职工股东会，采取一人一票的民主决策机制，保证职工股东享有平等的表决权。三是企业内部实行按劳分配与按资分配相结合的分配制度，由全体职工共同分享劳动成果，共享税后利润。在我国，股份合作制从 20 世纪 90 年代初迅速发展成为我国农村和城镇经济发展中的重要形式。

二、有关理论分析

（一）混合所有制经济的客观必然性

混合所有制经济的产生是社会经济发展到一定阶段的客观产物，有其客观必然性。马克思主义政治经济学认为，社会的基本矛盾表现为生产力与生产关系、经济基础与上层建筑之间的矛盾；社会发展的原动力是生产力的进步，当生产力与生产关系发生矛盾、生产关系严重束缚生产力发展时，经济基础和上层建筑就或快或慢地发生变化，制度变迁就不可避免，结合现实看，单一的公有制或私有制均难以在日益复杂的经济系统内实现最优的效果，越来越多的领域需要二者的有机融合，客观上提出了对混合所有制经济的需求。公有制和私有制的共存和融合符合经济社会发展的客观规律，混合所有制企业的产生也具有其内在必然性。

混合所有制经济能够综合公有制和私有制的不同优势。无论是从纯粹的市场经济向混合经济转变，还是从计划经济向混合经济转变，其最终均是将市场与政府有机结合，将二者的优点保留在混合所有制企业内，弥补各自的劣势、实现经济安排的再优化。从其预期效果看，就是通过市场机制保持企业运行活力和张力，通过政府调节保证政策方向和弥补市场缺陷，以熨平经济波动，实现经济的长期稳定增长。换言之，为实现平稳增长目标，混合所有制经济，一方面，针对市场失灵和政府失灵的双重后果，将"看得见的手"与"看不见的手"的综合优势有机结合于企业内部；另一方面，混合所有制经济淡化了公有制与私有制之间的对立，将政府目标与市场绩效相结合，扩充了企业的投资主体，充分体现了其在经济安排上的优势性。

（二）混合所有制经济的核心问题是产权管理

产权问题是混合所有制经济相关理论中的核心问题。产权形式可以划分为共有产权、国有产权和私有产权。共有产权指在共同体内的每一个成员都能享有这些权利，但排除了外部成员对共同体内权利的分享。由于每个成员都能分享共同权利，且相关监督乏力，因而共有产权内的"搭便车"现象难以避免。国有产权指国家拥有的权利，然后按可接受的政治程序来决定可以使用这些权利的群体。

因此，国家必须选择代理人来行使权利。作为权利的行使者，代理人对资源的使用与转让以及最后成果的分配，都不具有充分的权能，因而对经济绩效和对其他成员的监管都经常激励不足。同时，国家对代理人进行充分监察的费用极其昂贵，再加上国家在选择代理人时具有从政治利益而非经济利益考虑的倾向，因而国有产权下的外部性也相对较大，产权实体往往为了追求其政治利益而偏离利润最大化动机。私有产权是把资源的使用与转让以及收入的享用权都界定给了一个待定的个人。私有产权所有者在进行任何一项行动决策时，都会反复和慎重考虑现期成本与未来收益之间的关系，选择能带来最大收益的方案，进而决定使用资源的安排。共有产权和国有产权下不可使用的诸多外部性，在私有产权下被加以内化，因而产生了对更高效率追求的激励，但也会因过度逐利导致社会福利的损失。因此，现代西方产权理论认为，如何在混合所有制经济中进行产权管理，就成为重要问题。

其中，对国有产权的管理及其效果也是研究的重点。相关理论研究对国有产权形成了两种观点，即"掠夺之手"和"帮助之手"。"掠夺之手"认为国有产权对于公司治理结构以及公司业绩都有消极影响。这是由于，一方面，作为国有股东的政府，既要考虑经济目标，又要权衡政治目标，因而国有产权会产生较强的政府行政干预，扭曲资源的利润最优化配置，降低公司效率；另一方面，根据不完全合约理论，某一缔约方权力越大，其承诺可信度就越低，导致政府和企业之间出现信任困境，损害公司管理层和普通职工的工作积极性。"帮助之手"则认为，国有股权可以帮助企业经营发展。这是由于，一方面，混合所有制公司中的政府作为税收征集者，发挥着大股东的作用，可以监督公司管理人员，防止内部人控制现象产生，同时，研究强调国有股权带来的政府监督，是在公司治理结构不完善、对管理人员缺乏有效外部监管机制情况下的次优选择；另一方面，国有股东的引入可以保护公司免遭政府的恶意侵害，转型经济中的法律法规健全程度相对不高，公司的政府股东会防止一些不合理的法律纠纷，减少公司的资产损失。我们认为，国有产权的作用并不是绝对的好或坏，而要根据经济发展的具体情况，通过建立归属清晰、权责明确、保护严格、流转顺畅的现代产权制度，不断调整国有产权的比重和对经济的控制强度，优化各种所有制经济之间的产权设计安排，以实现国有产权在提升绩效、推动经济发展方面的积极作用。

（三）发展混合所有制经济的环境条件

多种所有制经济的并存和发展是混合所有制经济发展的基本条件。在单一所有制经济下，公有制和私有制截然对立、保持封闭，不存在合作与交流，只能存在唯一合法的所有制形式，难以形成混合所有制经济。因此，混合所有制经济的发展必须建立在多种所有制并存的基础之上。多种所有制的并存，使得经济活动中本已存在的积极因素获得认同，激发了潜在的经济活力。同时，多种所有制之间的地位和关系也决定了混合所有制经济的发展程度。在混合所有制经济中，占据主导地位的所有制形式决定总体经济性质，影响着社会资源的组织和分配原则和方式；而处于次要地位的所有制形式被给予的地位和认可程度，也决定了其参与混合所有制经济的深入程度，以及对整个经济发展的贡献程度。

市场经济的发展是混合所有制经济发展的重要条件。市场作为各种经济成分充分发挥作用的舞台和平等竞争的场所，对于混合所有制经济具有重要作用。一方面，混合所有制经济的形成和发展有赖于市场中的私有制经济发展和深入参与；另一方面，只有通过健全的市场经济，生产要素才能实观自由流动和重新组合，发挥混合所有制的优势。因此，形成平等、开放、竞争、有序的市场环境，有利于不同所有制经济之间实现相互投资、相互渗透和相互融合，加速混合所有制经济的形成和发展，并不断地创新混合所有制经济的实现形式。

混合所有制经济的发展既具有共性，也因具体的发展阶段和时代背景而带有个性，只有明确具体发展特征，才能抓住混合所有制经济的发展机遇。例如，美国在 20 世纪 30 年代曾将国家经济与私人经济相混合，发展混合经济。但由于发展阶段和时代背景的差异，其与我国的混合所有制经济存在明显差异。首先，提出背景不同。美国的"混合经济"是为应对经济危机、强化政府对市场经济的干预而提出的经济政策，是国家垄断资本主义时期的重要经济思想；我国的混合所有制经济是针对传统单一国有制结构的弊端和经济转轨中存在的问题，适应建立完善的社会主义市场经济体制而提出的经济政策。其次，研究角度不同。"混合经济"侧重的是国家和市场功能的结合，强调的是指令成分和市场成分的双重混合；我国的混合所有制经济则侧重于所有制结构的多元化，并强调公有经济和私有经济的有机融合。再次，演进机制不同。"混合经济"是从私有经济的基础出发，引入国有经济成分，提高国家对市场经济的干预能力，进而形成市场与计划相配合、公私相混合的经济结构；我国混合所有制经济是以公有制经济为基础，逐步提高非公经济比重，提高市场对经济的决定性作用，形成以公有制为基础的混合所有制经济结构。最后，经济特征不同。在"混合经济"中，私有经济占据主体地位，公有经济只是为了弥补市场失灵，处于辅助性地位；在我国混合所有制经济中，公有制经济是主体，在关键行业和领域占据支配地位。

第二节　我国经济体制变迁中混合所有制经济的表现形式

中华人民共和国成立以来，我国国有企业改革发展历经了不同发展阶段，对此可以有不同的划分标准。本节以混合所有制经济为维度，将国有企业改革角度分成四个阶段，不同阶段混合所有制经济的占比、表现形式均有所不同。

一、第一阶段

第一阶段是从 1949 年中华人民共和国成立至 1978 年党的十一届三中全会召开前。从多种经济成分（包括混合所有制）逐步走向单一公有制经济，这一过程中混合所有制（尤指国家和私人合作的国家资本主义经济）是股份形式的资本混合和经营层面的偏国营，属于过渡形式，也逐渐走向了消亡。

1949~1952 年的国民经济恢复时期，我国实施"公私兼顾、劳资两利、城乡互助、内外交流"的基本经济政策，国营成分逐渐上升。这一时期，多种经济成分共存，混合所有制经济主要表现为国家和私人合作的经济，目的是恢复国民经济并把资本主义工商业改造成社会主义经济成分。

根据 1952 年底的过渡时期总路线也就是"一化三改"，即在一个相当长的时间内，逐步实现国家的社会主义工业化，并逐步实现国家对农业、手工业和资本主义工商业的社会主义改造，截至 1956 年，"三大改造"基本完成，社会主义革命以和平方式进行，对工业化产生积极作用，极大地支持了工业发展。之后，经过"大跃进"、人民公社化运动和"文化大革命"，公有制经济进一步增强。截至1978 年，在全国工业总产值中，全民所有制企业占 77.6%，集体经济占 22.4%，个体私营经济几乎不存在，生产资料所有制结构已成为单一的公有制。在计划经济体制中，所有的经济活动几乎全由政府进行计划和安排，经济缺乏活力、效率低下，国家经济几乎到了崩溃的边缘。

二、第二阶段

第二阶段是从 1978 年党的十一届三中全会至 1997 年党的十五大召开前。

党的十一届三中全会以来，在认真总结以往所有制问题的经验教训的基础上，确立了以公有制为主体、多种经济成分共同发展的方针，逐步消除所有制结构不合理对生产力的羁绊。在保持公有制主体地位的同时，个体、私营、外资等非公有制经济从无到有，从允许存在到定位为"有益补充"和"重要组成部分"，非公有制经济得到发展，多种经济成分并存。但由于对非公企业的发展处于摸索阶段，且非公经济力量不大，没有大范围地发展混合所有制，公有制企业和非公有制企业之间并没有太多交叉。

1981 年，党的十一届四中全会《关于建国以来党的若干历史问题的决议》提出，社会主义生产关系的变革和完善必须适应于生产力的发展状况，有利于生产的发展；国营经济和集体经济是我国基本的经济形式，一定范围的劳动者个体经济是公有制经济的必要补充。1984 年，党的十二届三中全会《党中央关于经济体制改革的决定》指出，要积极发展多种经济形式，进一步扩大对外的和国内的经济技术交流。随着对所有制形式认识的深化、实践的探索，非公经济通过市场（商品经济）得到极大发展，经济活力不断上升，所有制结构从 1978 年以前的单一公有制逐步形成以公有制为主体、多种所有制成分共同发展的局面。1992 年，党的十四大确定了建立社会主义市场经济体制，在所有制结构上，以公有制包括全民所有制和集体所有制经济为主体，个体经济、私营经济、外资经济为补充，多种经济成分长期共同发展，国有企业、集体企业和其他企业通过市场平等竞争。1993 年，党的十四届三中全会《党中央关于建立社会主义市场经济体制若干问题的决定》指出，坚持以公有制为主体、多种经济成分共同发展的方针，在积极促进国有经济和集体经济发展的同时，鼓励个体、私营、外资经济发展，并依法加强管理。随着产权的流动和重组，财产混合所有的经济单位越来越多，将形成新的财产所有权结构。

经过 20 年对非公有制经济的探索，不仅理论更加成熟，而且非公经济不断发展壮大，此时混合所有制的发展有了理论基础和实践基础，以股份制为代表的混合所有制成为重要表现形式。

三、第三阶段

第三阶段是从党的十五大到党的十八届三中全会召开前。公有制和非公有制经济开始实施大范围的混合，混合所有制形式开始快速增长。

党的十五大报告确立了以公有制为主体、多种所有制经济共同发展的社会主义初级阶段的基本经济制度，提出混合所有制经济概念，指出公有经济不仅包括国有经济和集体经济，还包括混合所有制经济中的国有成分和集体成分。公有制的主体地位主要体现在：公有资产在社会总资产中占优势；国有经济控制国民经济命脉，对经济发展起主导作用。公有制实现形式可以而且应当多样化。

党的十五届四中全会进一步提出，国有大中型企业尤其是优势企业，宜实行股份制，要通过规范上市、中外合资和企业互相参股等形式，改为股份制企业，发展混合所有制经济，重要的企业由国家控股。党的十六大明确提出，除极少数必须由国家独资经营的企业外，其他企业积极推行股份制，发展混合所有制经济。党的十六届三中全会要求进一步增强公有制经济的活力，大力发展国有资本、集体资本和非公有资本等参股的混合所有制经济，实现投资主体多元化，使股份制成为公有制的主要实现形式。党的十七大提出，以现代产权制度为基础，发展混合所有制经济。

公有制和非公有制开始实行深度混合，一些混合所有制企业在资本混合下从偏国营逐渐转向混合经营，非公有成分的地位在不断上升。

四、第四阶段

第四阶段是从2013年党的十八届三中全会召开至今，为深化混合所有制改革阶段。

党的十八届三中全会指出，公有制经济和非公有制经济都是社会主义市场经济的重要组成部分，都是我国经济社会发展的重要基础。国有资本、集体资本、非公有资本等交叉持股、相互融合的混合所有制经济，是基本经济制度的重要实现形式，有利于国有资本放大功能、保值增值、提高竞争力，有利于各种所有制资本取长补短、相互促进、共同发展。允许更多国有经济和其他所有制经济发展成为混合所有制经济。国有资本投资项目允许非国有资本参股。允许混合所有制企业实行企业员工持股，形成资本所有者和劳动者利益共同体。贯彻落实中央精神，国务院及有关部委先后印发了《关于国有企业发展混合所有制经济的意见》

《关于鼓励和规范国有企业投资项目引入非国有资本的指导意见》《关于国有控股混合所有制企业开展员工持股试点的意见》等，积极稳妥地推进国有企业混合所有制改革，发展混合所有制经济。

在实践中，发展混合所有制经济坚持因地施策、因业施策、因企施策，宜独则独、宜控则控、宜参则参，不搞"拉郎配"，不搞全覆盖，不设时间表，成熟一个推进一个，规范操作程序。健全国有资产交易规则，完善资产交易程序、机制和流程，切实做到规则公开、过程公开。发展混合所有制经济，已经成为国有企业转换经营机制的重要途径，正在有力有序、积极稳妥推进。

第三节　积极稳妥发展混合所有制经济

一、推进国有企业混合所有制改革

混合所有制经济，从企业的产权结构角度，强调除了由国家所有或者集体所有的成分外，还有其他的非公有制成分，在企业层面形成国有资本、集体资本和非公有资本交叉持股、相互融合的状况。从中国改革开放的实践情况看，混合所有制经济对国有企业改革的深化、资源配置效率的提高、企业竞争力的增强等，起到了重要作用。稳妥推动国有企业发展混合所有制经济，有助于促进国有企业转换经营机制，放大国有资本功能，提高国有资本配置和运行效率，实现各种所有制资本取长补短、相互促进、共同发展。

（一）完善现代企业制度，提高资本配置和运行效率

在世界市场中，随着全球经济一体化的进程，世界经济对我国的影响逐渐深入，我国企业在国际市场中的竞争压力加剧。在国内市场中，我国面临"增速减缓、结构转型"的经济发展新形势，进入全面深化改革的发展新阶段。在双重市场压力下，为实现市场经济的可持续健康发展，只有加快经济发展方式的转变。面对新形势和新任务，国有企业改革肩负重要使命。国有企业属于全民所有，是推进国家现代化、保障人民共同利益的重要力量，也是经济改革的关键环节。经过多年改革探索和实践，国有企业的经营机制、管理体系、企业文化都发生了根本性的转变。全国大多数国有企业完成了公司股份制改革，建立了股东、董事

会、经理层和监事会等机构，部分国企实现了股权多元化，形成了混合所有制股份有限公司，激励约束机制逐步建立，公司治理结构逐渐规范化，现代企业制度建设成效显著。部分国有企业同市场经济相互融合，在市场竞争中成长迅速，以创新为驱动力，企业活力和市场竞争实力显著提高，经营管理效率明显提升，在经济社会发展中发挥重要作用。进一步深化国有企业改革，必须适应市场化、国际化的新形势，对已经通过股份制、上市等途径实行混合所有制的国有企业，要着力在完善现代企业制度、提高资本运行效率上下功夫；对于适宜继续推进混合所有制改革的国有企业，要充分发挥市场机制作用，坚持因地施策、因业施策、因企施策，宜独则独、宜控则控、宜参则参，不搞"拉郎配"，不搞全覆盖，不设时间表，成熟一个推进一个。准确界定，分类推进，增强国有企业活力和竞争力，这是提高国有经济发展质量的有效途径和必然选择，对完善以公有制为主体、多种所有制经济共同发展的基本经济制度和社会主义市场经济体制具有重要的实践意义。

国企改革成效显著，但矛盾也依然突出：①企业规模盲目扩张。部分国有企业盲目决策，片面理解做"大"国企的意义，过度追求企业规模的扩张，造成企业资产负债率过高等问题突出。②企业治理结构、监管机制有待完善。规范的董事会建设还处于探索之中，内部制衡机制尚未有效形成，企业治理结构仍不完善，国资监管机构、董事会和经营管理层之间的关系需要进一步理顺。政企不分、政资不分问题仍然不同程度存在，应由企业自主决策的事项由政府审批的仍然过多，国资分类监管和考核的机制有待进一步完善。与此同时，国有企业内部也缺少职业经理人制度，行政任命管理人员过多，企业经营者缺乏市场化的退出通道，市场化选人用人和激励约束机制没有真正形成，运营效率有待进一步提高。③尚未形成有效竞争的市场环境。垄断行业普遍存在服务缺乏、产品价格高、收入水平过高等问题，然而垄断行业准入门槛过高，其他企业公平进入的准入机制尚不健全，无法形成有效的竞争环境。

随着国有企业经济实力不断提升，国有企业承担更多社会责任的期待也不断提高。健全和完善现代企业制度，既要从以往在改革的成功经验中汲取营养，不断巩固已有成果，更要强化问题意识，坚持问题导向，明确主攻方向，重点击破制约国企健康发展的固有"顽疾"。按照加快完善社会主义市场经济体制、坚持和完善基本经济制度的要求，需要把握使市场在资源配置中起决定性作用这条主线，以完善公司法人制度为基础，以产权明晰、权责明确、政企分开、管理科学为基本要求，以规范经营决策、健全法人治理结构、建立现代人力资源管理体系、发挥市场机制作用、承担社会责任为重点。

规范经营决策。规范经营要建立在产权明晰的基础之上。在推进公司制股份改革的进程中，既要"多元发展"，积极引入各类投资者实现股权多元化，还要"清晰边界"，遵循所有权和经营权分离的原则，理顺出资人、决策人和经营管理人的关系。建立长效激励约束机制，强化国有企业经营投资责任追究，探索推进国有企业财务预算等重大信息公开。加快行政审批制度改革，最大幅度地减少涉及企业的行政审批事项。建立并完善以管资本为主的国有资产监督管理体系，按照政企分开、政资分开、政事分开的要求，处理好政府与企业的关系，减少政府干预企业经营决策的行为，加快完善国有企业分类考核和监管方式，提高监管的科学性和有效性。

健全法人治理结构，健全协调运转、有效制衡的公司法人治理结构，是进一步提高国有企业科学决策和经营发展水平的关键。推动具备条件的国有大型企业实现整体改制上市或主营业务上市，不具备整体上市条件的加快股权多元化改革，有必要保持国家独资经营的国有企业也要加快公司制改革。规范董事会建设，完善外部董事选聘、培训、评价机制，严格董事履职责任，健全董事会运作机制，形成股东会、董事会、监事会、经理层各负其责、运转协调、有效制衡的机制，建立更加科学的考核分配和激励约束机制，切实转换企业经营机制，深化企业内部劳动、人事、分配制度改革。

建立现代人力资源管理体系。国有企业作为市场经济的主体，必须推进企业制度创新和管理创新，按照市场经济的内在要求加快建立现代人力资源管理体系，促进企业管理实现制度化、规范化和信息化，实现企业运营的高质量、高效率。第一，建立职业经理人制度，减少行政任命管理人员，合理增加市场化选聘比例，更好地发挥企业家作用，建立健全有别于行政干部的企业经营管理者选聘、考核、奖惩和退出机制。第二，进一步完善国有企业经营管理者的薪酬机制。合理确定并严格规范国有企业管理人员薪酬水平、职务待遇、职务消费和业务消费。完善职工收入分配调控方式，逐步实现薪酬分配制度与市场接轨。第三，加强内部监督约束机制。加强内部财务审计和纪检监察。大力推进企业内部民主管理，最大限度地防止和纠正内部人控制。

发挥市场机制作用。遵循市场规律，让国有企业真正成为自主经营、自负盈亏、自担风险、自我约束的市场经济主体。林毅夫、蔡昉和李周认为，"公司治理结构中最基本的成分是通过竞争的市场所实现的间接控制或外部治理"，也就是说，竞争的市场环境是实现公司有效治理的基础和前提。国有企业在发展混合所有制的过程中，不仅要对股权结构、治理结构和治理机制进行调整，同时要营造一个公平竞争的市场环境，使国有资本和非公有资本在市场监管、信贷政策和产业政策等方面享有平等的权利和机会，在保护国有资本不流失的同时，公正公平对待非公有资本，使非公有资本的产权得到同样的保护。对已实行政企分开、政资分开的垄断行业，进一步放宽市场准入、进一步破除各种形式的行政垄断，保证各种所有制经济依法平等使用生产要素公开、公平、公正地参与市场竞争、同等受到法律保护，防止国有垄断企业滥用市场地位妨害公平竞争，加快形成有效竞争的市场格局。实际上，混合所有制并不能完全解决国有企业存在的诸多弊端，但让国有企业以控股或参股方式进入竞争市场，通过市场的监督和约束，可使混合所有制企业的公司治理得以发展和完善，进一步提高其效率，实现经济社会和谐发展与多赢。

承担社会责任。国有企业的公有制性质和在国民经济中的特殊地位，对其承担社会责任提出了更高的要求。坚持履行社会责任与促进企业改革发展相结合，把履行社会责任作为建立现代企业制度的重要内容。鼓励引导企业不断提高持续盈利能力，加强企业内部制度建设，保障职工职业健康，维护职工合法权益，妥善解决国企改革的历史遗留问题。引导国有企业在主营业务优势和广泛的社会问题之间找到结合点，把社会责任融入企业的战略、决策、运营和管理中。加强资源节约和环境保护，落实节能减排责任，提高产品服务质量，保障安全生产，保障消费者权益。参与社会公益事业，在重大自然灾害和突发事件情况下积极提供支持援助。

（二）杜绝国有资产流失，切实保护出资人产权权益

国有企业的混合所有制改革，盘活了企业国有资产，调整了国有资产的结构与布局，为国有企业注入了新的活力。在壮大国有经济的同时，也为非公有制经济的发展提供了空间，在市场经济环境下，公有制经济与非公有制经济都得到了极大的发展。但在国有企业混合所有制改革的过程中，如何防止国有资产流失是一个亟须重视的问题。国有资产流失是指国有企业改革、重组过程中，由于不同的原因，以严重低估国有资产的价格出售资产所造成的国有资产的损失。国有资产价格严重低估，一方面，可能源于腐败，有意低估企业的国有资产；另一方面，由于信息不对称或有关部门为了减轻"负担"，而对国有资产进行低价"处理"。当然，在企业混合所有制改革过程中，国有企业股权严重偏离合理价格是不恰当的。国有企业以严重偏离合理的价格购买非公有制企业股权，也是不恰当的。因此，推进国有企业混合所有制改革的过程中，要依法依规、严格程序、公开公正、强化监管，切实保护混合所有制企业各类出资人的产权权益，杜绝国有资产流失。

杜绝国有资产流失，需要厘清国有资产流失的主要渠道，从源头上加强监管，彻底杜绝。

（1）新旧体制转换和产权变革中造成的国有资产流失。随着国有企业改革的深入，国有企业组建股份公司势在必行。在组建股份公司及国有企业清产时，提供虚假情报和资料，故意涂改账册，谎报损耗，甚至与评估人员串通，对国有资产低估。同时，国有产权转让没有完全进入市场，难以发现国有产权的市场价格，很难判断产权转让过程中国有资产是保值增值还是贬值流失，这为乘机暗箱操作、收受贿赂，低估贱卖国有资产提供了可乘之机。

（2）信息不对称。国有资产的部分购买者是原企业的法定代表人，对出售企业的资产、资金、债权、债务情况非常清楚。由于信息不对称，熟知情况的购买者往往可以用最少的资金，将企业购买到自己名下。

（3）国有企业中大量闲置资产的存在，也是一种国有资产流失。设备更新速度加快，被淘汰的资产设备不少是未达到规定的资产折旧年限而成为闲置资产。同样，国有企业停产、改制或重组新的公司，部分资产在新组建的公司没有使用途径，形成闲置资产，给国有企业带来了严重的危害。

针对以上国有资产流失渠道，需要强化监督，将工作重点集中于完善监督体系、实行资产评估准入机制、坚持市场化交易原则、盘活闲置资产。

完善监督体系。加强和改进党对国有企业的领导，切实落实反腐倡廉"两个责任"。完善企业内部监督体系，强化对权力集中、资金密集、资源富集、资产聚集部门和岗位的监督。坚持出资人管理与监督的有机统一，建立监督工作会商机制，整合出资人监管、外派监事会监督和审计、纪检监察、巡视等监督力量。建立健全国有企业重大决策失职、渎职责任追究和倒查机制，严厉查处侵吞、贪污、输送、挥霍国有资产等违法违纪行为。建立健全企业国有资产监督问责机制，对企业重大违法违纪问题敷衍不追、隐匿不报、查处不力的，严格追究有关人员失职渎职责任。

实行资产评估准入机制。加强国有资产管理，避免故意低评和故意漏评，规范围国有资产的评估，保证国有资产公开、公正、公平交易，防止国有资产流失。对国有资产评估机构实行资格准入制，由政府进行考核，对符合资格的国有资产评估机构予以准入资格，专门负责国有资产评估。若国有资产评估机构在评估过程中作弊或者玩忽职守，致使资产评估结果失实，国有资产监督管理委员有权力宣布其资产评估结果无效，并根据情节轻重，对该资产评估机构给予相应的处罚或吊销其国有资产评估资格证书。同时，建立资产评估结果分析反馈制度。对国有资产评估机构出具的评估报告与实际交易或市场情况进行对照，对于确属国有资产评估机构原因造成的差异，责令评估机构查明原因，并进行整改和重评。对于由资产评估师在资产评估过程中的违法违规行为造成的评估重大差异，除责令评估机构进行整改或重评外，还应建议有关部门对资产评估师不予注册或给予相应的处罚直至吊销资产评估师资格，并对其所在的资产评估机构给予相应的处理。

坚持市场化交易原则。国有企业进行资产处置、产权转让，必须由专门的资产评估机构进行资产评估，并经同级国有资产管理部门核准或备案后进入指定的产权交易市场，坚持公开、透明的"阳光"交易。国有中小企业的出让，管理层可以收购，但企业管理层应与所有购买人在同一条件下，在产权交易市场进行平等竞争，而不能由企业管理层与国有资产管理部门或政府单独谈判。只有这样才能体现产权市场的价值，即为国有资产的保值增值提供保证，为企业在转让过程中降低成本创造条件。如果不是市场化交易，不是公开化竞购，而是单独谈判，不但耗时长，更容易产生腐败行为。

盘活闲置资产。对可利用的闲置资产进行技术论证，必要情况下进行技术改造，花较少的资金，改造原有的闲置设备，使其增加新的功能，满足生产的需要，以少量的增量激活大量的存量。同时，可以采用集中管理、有偿租赁的经营形式，提高闲置资产的利用率。对企业闲置的资产可以在政策允许的范围内，对外发布招租信息，签订租赁合同，特别是一些季节性使用、分散性强，工期集中、利用率低的闲置资产。制定和完善盘活闲置资产的奖励机制。为了激励各单位、各部门搞好闲置资产的盘活工作，应制定出一套完整的奖励政策，充分调动人员的主动性和积极性。

二、引入非国有资产参与国有企业改革

国有资本、集体资本、非公有资本等交叉持股、相互融合的混合所有制经

济，是基本经济制度的重要实现形式，有利于我国资本市场的繁荣，有利于各类资本之间的良性互动。在社会主义市场经济环境中，国有资本与非国有资本各有长处。在企业层面上相互融合，可以实现优势互补。国有资本，在包括公用事业、基础设施、垄断型行业以及国家战略性新兴产业在内的一部分竞争性领域，具有经营规模大、技术实力强、员工素质高、发展比较早等多方面的相对优势；而非国有资本，则具有经营灵活、市场适应度高、竞争力强、投资者人格化程度高等多方面的相对优势。通过出资入股、收购股权、认购可转债、股权置换等多种方式，实行同股同权，参与国有企业改制重组或国有控股上市公司增资扩股以及企业经营管理。非公有资本投资主体可以货币出资，或以实物、股权、土地使用权等法律法规允许的方式出资。企业国有产权或国有股权转让时，除国家另有规定外，一般不在受让人资质条件中对民间投资主体单独设置附加条件。

（一）鼓励非国有资本参与改革，实行同股同权

受多种因素限制，与国有资本相比，非国有资本面临市场主体权益、机会、规则、生产要素等关键资源的获得与使用、市场准入、融资贷款、财产安全保障等诸多方面的不平等限制。鼓励非国有资本投资主体，发展混合所有制经济，一方面，可以深化国有企业开放性市场化重组，以管理创新带动国企改革发展，可以增强国有经济的活力、控制力、影响力、抗风险能力；另一方面，可以为非公有制经济发展拓展投资渠道，为非国有资本进入一些原来不能进入或难以进入的领域提供微观组织条件，为非国有资本的发展提供新的空间。在某些竞争性领域，国有资本竞争优势不强，也完全没有必要绝对控股或相对控股，可以由非国有资本控股，国有资本参股或者退出。由于在国有资本绝对或者相对控股的混合所有制企业中，非公有资本的实力相对较弱，需要建立规范透明、公平公开公正的公司治理结构，保障非公有投资者在混合所有制企业中的话语权，提高非国有资本在部分领域的控制力、功能与力量。非国有资本投资主体的加入，将繁荣我国的资本市场，加快国有资本证券化的进程，优化股权结构，减少企业内部的关联交易，扩大上市公司的规模，完善国有企业的管理，提高企业的市场竞争力，并使得国有企业的大股东和小股东之间的利益趋于一致，切实维护各类股东合法权益。

鼓励非国有资本参与国有企业改革，明确限定了由国有资本绝对控股、相对控股和一般性参股或可以完全退出的领域，也就相应地明确了非国有资本可以进入的范围与领域以及进入的程度。在改革中，石油、天然气、电力、铁路、电

信、资源开发、公用事业等领域，国有企业可以向非国有资本推出符合产业政策、有利于转型升级的项目。在推进水、石油、天然气、电力、交通、电信等领域价格改革，放开竞争性环节价格的同时，积极推进这些竞争性环节的非国有资本公平准入，为非国有资本提供进一步发展的条件。在一些大型、特大型国有企业和国有独资公司，难以直接进行混合所有制改革的情况下，可以通过业务拆分、环节拆分等方式，在一些具体的业务与环节上放开非国有资本的准入。即使是一些提供公共产品的公用事业领域，也可以通过特许经营的方式，允许非国有资本进入。自然垄断的行业不一定非要国有资本独家经营，这些领域的一些竞争环节可以放开，允许非国有资本进入。即使是垄断性环节也只是指业务的垄断，不是资本的垄断，非国有资本可以适当地进入。比如，在公开市场上购买已上市垄断性公司的股票。要保证产业安全，对于外资的放宽准入要区分不同的行业制定标准，包括能否允许进入、进入的比重等。

鼓励非国有资本参与国有企业改革，要求建立明确的进入和退出机制。建立明确的进入和退出机制，实质是要建立混合所有制企业产权流动的市场机制，使公有资本投资者与非公有资本投资者的产权都能够按投资收益的预期或者投资者的经营战略安排进行流动，能够在规则之下自由地进入与退出，而不是进得来、出不去。只有建立制度化的、能够切实保障投资人权益的退出机制，才能解决潜在投资者的后顾之忧。而这种机制的建立，不仅需要资本市场和外部监管制度改革的相互配合，还需要混合所有制公司治理结构中对各方权益分配及其实现进行微观制度安排。

（二）开展资本合作试点，逐步推广资本合作模式

开展多类型政府和社会资本合作试点，逐步推广政府和社会资本合作（PPP）模式。在公共服务领域，鼓励私营企业、民营资本与政府合作，政府采取竞争性方式选择具有投资、运营管理能力的社会资本，双方按照平等协商的原则订立合同，由社会资本提供公共服务，政府则依据公共服务的绩效评价结果向社会资本支付对价。PPP模式作为一种以项目为主体的新型项目融资模式，主要根据项目的预期收益、资产状况以及政府的扶持力度安排融资活动。项目经营的直接收益和政府补贴等是偿还贷款的资金来源，项目公司的资产和政府给予的有限承诺是贷款的安全保障。

政府和社会资本合作模式，可以使社会资本更多地参与项目，以提高效率，降低风险。政府的公共部门与民营企业以特许权协议为基础进行全程的合作，双

方共同对项目运行的整个周期负责。PPP 模式的操作规则使民营企业参与公共领域建设的前期工作，不但降低了民营企业的投资风险，而且能将民营企业在投资建设中更有效率的管理方法与技术引入项目，有效地实现对项目建设与运行的控制，从而有利于降低项目建设投资的风险，较好地保障国家与社会资本各方的利益。与此同时，建立综合信息服务平台，加强信息公开和项目储备，保证信息及时有效地传递，增加社会资本与政府的合作机会，有效提高 PPP 模式在经济领域的效用。

政府和社会资本合作模式，鼓励社会资本投资或参股基础设施、公用事业、公共服务等领域的项目，使投资者在平等竞争中获取合理收益。在一定程度上保证民营资本"有利可图"。社会资本是否对项目进行投资，需要权衡风险和收益，既要考虑项目的现金流收益是否能够保证按期还贷，重点还要考虑项目是否可以带来一定的投资回报，在保证资本安全的情况下实现收益最大化。因此，周期长、收益回报慢的基础设施项目，通常很难吸引社会资本的投入。而采取 PPP 模式，政府可以给予社会资本投资者相应的政策扶持作为补偿，如通过投资补助、基金注资、担保补贴、贷款贴息、税收优惠等方式，提高社会资本投资参与项目的积极性。在项目结束时，以项目运营绩效评价结果为依据，适时对价格和补贴进行调整。

政府和社会资本合作模式，有效减轻政府初期建设投资的负担和风险。在 PPP 模式下，公共部门和民营企业共同参与公共基础设施的建设和运营，由民营企业负责项目融资，有可能增加项目的资本金数量，进而降低较高的资产负债率，不但能节省政府的投资，还可以将项目的一部分风险转移给民营企业，从而减轻政府的风险。同时，双方可以形成互惠互利的长期目标，更好地为社会和公众提供服务。

（三）依照相关审查规定，完善外资安全审查工作机制

随着市场化改革的不断深入，我国多层次的资本市场结构逐步建立并日益完善。国内多地陆续建立了较为健全的产权交易市场，专业资产评估机构和中介机构发展良好，社会监督力量越来越强大，大大降低了国有资产大面积流失的风险。同时，"十三五"规划中提出，我国要坚持对外开放的发展理念，扩大金融业的双向开放。快速稳定的经济增长、巨大的消费市场、廉价的成本、宽松的政策以及日益完善的法律体系，会吸引更多外资进入我国的资本市场，提高我国在世界金融市场上的地位和在全球治理中的话语权。与此同时，全面深化改革的战略部署也逐步实施，强化国有资本运营和监管，放开市场准入，实现公平竞争是大势所趋。这些都为发展混合所有制经济，有序吸收外资参与国有企业混合所有制改革，充分利用国际市场、技术、人才等资源和要素，深度参与国际竞争和全球产业分工，提高资源全球化配置能力，奠定了良好的资本市场环境和社会舆论氛围。在中国引进外商投资的过程中，一直存在"重引进轻管理、重优惠轻规制"的倾向，对可能影响国家安全的外资项目，对涉及敏感的投资主体、并购对象、行业、技术、地域的外商投资，在进行安全审查和监管等方面还不到位。因此，依照外商投资产业指导目录和相关安全审查规定，完善外资安全审查工作机制，是建设开放性强国的必要保障。

（1）完善外资安全审查工作机制。建立国家层面的外资安全审查机制，从法律的高度对相关内容和程序作出详细规定，并由外资安全审查机构予以负责和落实。按照扩大开放与加强监管同步的要求，在具体安全审查的清单当中，依照外商投资产业指导目录和相关安全审查规定，着重考虑关涉军事等基础设施的核心因素，切实加强风险防范。同样，需要从我国发展中国家的基本国情出发，将保护弱势行业纳入考虑范围。

（2）在外资准入后，建立跟踪、监测、实施与报告机制。外资安全审查是一个持续的过程，相关部门还需要持续开展追踪、检测、评估工作，比如当外资企业实施对国内企业的兼并收购之后，还需进一步跟踪相关的协议和条款，避免其影响中国国家安全或区域经济安全。

（3）在加强外资安全审查的同时，进一步深化投资领域的改革，特别是在外商投资的市场准入方面顺应市场经济体制改革的需求，推进实施"准入前国民待遇"和制定"负面清单"。同时，应明确安全审查各环节的期限限制，保证各个环节均有明确的法律依据，保证外资安全审查活动能够有理有据、合情合理，可以为管制对象所接受。

三、鼓励国有资本以多种方式入股非国有企业

20世纪90年代以来，我国各地方政府逐步开始探索构建国有资产经营公司。国有资产投资、运营公司是国资委授权的国有资本经营机构，是代表国家对部分经营性国有资产直接行使资产收益、重大决策、选择管理者等出资人权利的特殊企业法人。国有资产投资、运营公司，以国家出资人的身份对所投资企业进行产权管理和监督，而不直接干预企业的生产经营，与实体企业之间不再是行政

管理关系，而是以资本为纽带的投资与被投资的关系，经营实体企业也不是国有企业的简单合并，而是引入民营资本、外资后，按混合所有制经济进行规范治理的市场竞争主体。改革的实践经验表明，鼓励国有资本通过投资入股、联合投资、重组等多种方式，与非国有企业进行股权融合、战略合作、资源整合，要充分发挥国有资本投资、运营公司的资本运作平台作用，实行规范化、市场化运作，才能取得预期的目标。

国有资本投资、运营公司要依据不同的功能分类组建，做到定位明确、职能专一。政府授权国有资本投资、运营公司以一定的出资人职责，依据公司的类别、性质、功能进行划分，打造成具备专业投资方向的资本平台公司，使平台公司的持股管理更具专业性、前瞻性、战略性。各个平台应各有侧重、各司其职，对所投资企业可以采取绝对控股、相对控股或参股等不同的出资方式。非平台公司可以通过划拨、资产注入、股权置换等方式，加入不同的平台公司。对于不同营利性质的平台，要加强平台间资本流动性，打造垄断性资产、战略性新兴资产、非经营性处置资产等不同平台，并通过资本战略性流动实现优化布局和结构调整。

国有资本投资、运营公司要以市场化、规范化的方式经营运作。作为国有资本投资、运营公司，不应该以短期利益为目标，应加强满足市场、出资人的需要，以中长期资本回报最大化为导向，以市场化方式对发展潜力大、成长性强的非国有企业进行股权投资。国有资本具有良好的资源渠道和科研人才优势，通过平台公司，以公共服务、高新技术、生态环保、战略性产业为重点领域，既可以在市场封闭性较强、关注度较低、盈利困难的产业和领域挖掘市场潜在价值，获取经济效益，还可以加大对民生保障、新兴科技、城镇化建设、国家安全等领域的投入，不断凸显国有资本的社会价值，平衡经济效益和社会效益。规范化国有资本投资、运营公司，需要建立健全公司法人治理结构，实现所有权和经营权分离，遵循市场自我发展、自我完善的规律，加强董事会对公司战略目标、重大投资、重要事项建议和管理的权力。配备专业的职业经理人和团队，最大限度地发挥外部董事在公司决策、治理中的作用。

国有资本投资、运营公司要根据授权范围制定灵活的投资经营策略。资本流动性是国有资本投资、运营公司运营的核心。建立市场化的资本流动体系，达到"可进可退，可增可减"的资本流动状态，要以国有资本保值和增值为目标，盘活公司股权，实现公司间对持有股权、资产、债券的无间隙、无障碍划转。国有资本在市场化的资本流动体系中，可以通过调整重组，在多层次资本市场上以市场公允价格处置企业资产，退出落后的产业或者面临淘汰劣势企业，也可以通过出售市场估值较高的企业，以获取流动资金，投入其他产业或企业，实现投资组合和资本形态的及时优化。在制定实施灵活的投资策略时，要利用信息化技术平台，加强公司的内部控制，提高对决策风险、投资风险和运营风险的管控能力，提高工作效率，防范资产流失。

四、探索实行混合所有制企业员工持股

员工持股制度是建设混合所有制经济的重要环节，也是逐步实现共同富裕的重要选择。员工持股指企业把股票作为福利无偿分配给员工，或者企业给予员工一定数量的现金作为购买本企业股票专用。这种激励方式跟随企业的股票走势而增减，企业不提供保障性的收益份额，把激励收益交给股市，根据股市的走势决定员工的收益，作为一种激励模式增加员工的收入。国有企业在推进混合所有制改革的过程中引入员工持股制度，一方面，有利于国有企业混合所有制改革，完善公司的治理；另一方面，有利于建立长期的员工激励机制，使工与企业形成利益共同体，发挥增加经济激励与改善社会治理的双重效应。

（一）员工持股主要方式——增资扩股、出资新设

推进员工持股计划，主要采取增资扩股、出资新设的方式，同股同权，以货币出资，入股价格不得低于经核准或备案的每股净资产评估值。

增资扩股、出资新设的方式可以明晰产权，完善企业法人治理结构，推进国有企业的混合所有制改革。通过增资扩股、出资新设实现企业改制，也是一个产权明晰的过程。在维持国有资本控股的情况下，调整股东结构和持股比例，克服国有资本独大的缺陷，建立健全企业与员工之间的激励约束机制、股东之间的制约制衡机制，实现多方利益的共赢。

增资扩股、出资新设的方式可以有效防止国有资产流失，杜绝变相协议转让现象的发生。在推进员工持股计划的过程中，遵循增量分享原则，通过货币出资，可以对原有的股权进行合理量化，防止变相低价转让和低价稀释股权的现象发生，避免出让方与受让方之间暗箱操作，稳固维持国有资本的控股地位。

（二）坚持试点先行，建立激励约束长效机制

国有企业在推进混合所有制改革的过程中引入员工持股制度，有利于建立激励约束的长效机制，使员工和企业形成利益共同体。但是，员工持股制度是否发

挥增加经济激励与改善公司治理的双重效应，关键取决于员工持股制度实践层面的具体方案设计。

坚持试点先行，优先支持人才资本和技术要素贡献占比较高的转制科研院所、高新技术企业、科技服务型企业开展员工持股试点工作。人才资本和技术要素贡献占比较高的转制科研院所、高新技术企业、科技服务型企业推行员工持股计划更有成效。首先，科研院所、高新技术企业和科技服务企业更依赖于员工的创造性劳动，而创造性劳动离不开员工主体。也就是说，如何激励员工的创新性劳动成为影响企业未来发展的重要因素。员工持股制度的推行，可以充分调动员工的工作积极性，在创造企业财富的过程中，员工也实现了自我价值，实现了公司和员工的双赢。其次，科研院所、高新技术企业、科技服务型企业的产品附加值很高，企业发展壮大的速度较快，员工对企业未来收益有良好的预期。推行员工持股制度，可以形成国有企业与员工间的增量分享机制，既可以避免国有资产存量分享造成的国有资产流失，又可以激励员工实现超额收益，做大做强国有资产总量。最后，高新技术企业和科技服务型企业大多属于新兴行业的新型企业，员工对企业有强烈的归属感。推行员工持股制度，支持对企业经营业绩和持续发展由直接或较大影响的科研人员、经营管理人员和业务骨干等持股，可以构建企业稳定的人才体系，提高企业的核心竞争力。

建立激励约束长效机制。在大力发展混合所有制的背景下，实行员工持股制度，应以长期导向为原则，建立激励约束的长效机制。在制度设计中，不仅要对持股员工的工作年限提出要求，还要规定员工的持股时间，并尽可能延长员工的持股时间。建立激励约束的长效机制，将员工的个人利益与企业的长期业绩发展进行捆绑，可以有效避免投机行为，克服道德风险。根据有关政策规定，员工持股计划、持股期限不得低于 12 个月；以非公开发行方式实行员工持股的，其持股期限不低于 36 个月。

（三）完善相关政策，建立健全股权流转和退出机制

混合所有制改革的国有企业，在着重解决历史遗留问题、促进激励机制转型和维护员工持股基本价值的考量模式下，应通过制度设计，制定详尽可操作的方案，保障员工持股机制的顺畅运行。如果没有完善相关政策、建立好的退出机制，随着企业员工和管理层的变动交替，将不可避免产生新的矛盾和摩擦。

完善相关政策，健全审核程序是员工持股制度的制度保障。做好顶层设计，在效率和公平之间找到平衡点，通过完善相关政策，健全审核程序，规范员工持股操作与管理，进一步推进员工持股计划，有助于形成利益共同体，增强企业活力。完善相关政策，需要强化制度的法律地位和法律效力。通过立法统筹谋划、系统设计员工持股适用范围、股票来源、资金来源、入股价格、员工持股比例安排、分红权、退出机制和员工持股主体等一系列制度，真正构建适应市场经济运行要求的系统完备、科学规范、运行有效的制度体系。与此同时，应制定配套的政策法规，如税收政策、信贷政策、资金政策等，激励员工持有股份，促使企业加快股权多元化的进程，鼓励银行等信贷机构以优惠的利率发放贷款、专款专用。员工持股制度配套措施逐一制定，才能保证持股制度顺利推行，才能实现混合所有制改革有效推进。

建立健全股权流转和退出机制是员工持股制度的关键环节。合理确定退出价格是建立健全股权流转和退出机制的核心内容。股权的流转和退出机制是对持股员工的一种重要保护机制，其目的是使员工所持股份能以公平的价格得以兑现，防止持股成为特定一批人的固化利益。在员工持股计划设计中，应该明确员工持股的退股、转让、兑换条件，并且规定这些处置方法，避免在无约定或约定不明的情况下，公司、持股会或董事、控股股东等利用其话语权的绝对优势，对小份额的持股员工实施价格歧视。对于员工持股，我国现行行政规章主要基于协商确定的实际出资取得股权的情况，同时参照公司上年度每股净资产值和二级市场的市场价格确定回购价格，这既符合国情，又是对公司和员工的双向保护。严格的信息披露制度是推行员工持股制度的重要手段。为了防止国有企业在实施过程中出现暗箱操作现象，导致国有资产流失，有必要制定市场化、规范化的严格信息披露制度，避免不公开、不透明的股权转让行为，防止利益输送，以免造成企业管理层、资本市场的混乱，有效保障国家、企业、员工的三方利益不受损害。

第七章　加强国有企业党的建设

坚持党的领导、加强党的建设是国有企业的"根"和"魂"，是我国国有企业的光荣传统和独特优势。中国特色现代国有企业制度，"特"就特在把党的领导融入公司治理各环节，把企业党组织内嵌到公司治理结构之中，明确和落实党组织在公司法人治理结构中的法定地位。党对国有企业的领导是政治领导、思想领导、组织领导的有机统一。国有企业党组织发挥领导作用，归结到一点，就是把方向、管大局、保落实。

第一节　国有企业党的建设理论综述

坚持党的领导，是中国特色社会主义的最本质特征，也是国有企业的独特优势。在协调推进"四个全面"战略布局的伟大进程中，必须毫不动摇坚持党对国有企业的领导，毫不动摇加强国有企业党的建设。

一、深刻认识加强国有企业党的建设的重要意义

办好中国的事情，关键在党。中国特色社会主义最本质的特征是中国共产党领导，中国特色社会主义制度的最大优势是中国共产党领导。坚持党的领导，是做好党和国家各项工作的根本保证，绝对不能有丝毫动摇。国有企业是党领导的国家治理体系的重要组成部分，理所应当要坚持党的领导。坚持党的领导、加强党的建设，是我国国有企业的光荣传统。国有企业发展史，就是一部坚持党的领导、加强党的建设的历史。把国有企业做强做优做大靠什么？最重要的是要有一种为国家为人民真诚奉献的精神、一个坚强有力的领导班子、一支勇于攻坚克难的高素质干部队伍、一支充分组织起来的职工队伍。这一切都要坚持党的领导。

必须深刻认识加强国有企业党的建设的重大意义。

（一）落实全面从严治党要求，是国有企业加强党的建设、巩固党的执政基础的必然选择

国有企业肩负着保障国家经济安全和民生福祉的重要使命，作为特殊的市场主体需要参与更高层次和更广领域的激烈竞争，它所承担的经济、政治和社会责任，以及党的建设在其中的地位作用，一般意义上的企业是无法比拟的。随着国有企业在国民经济中的布局不断变化，全面深化改革步伐不断加快，新的组织形态和组织形式层出不穷，要适应企业改革发展的新情况、新任务，就必须以改革创新精神不断加强党的建设，巩固党的执政组织基础。

（二）落实全面从严治党要求，是国有企业落实党建工作责任制、提高管党治党能力的客观需要

受西方管理思想和社会负面思潮的影响，一些企业、一些领导人员不能摆正党建与经济管理的关系，在"党要管党"上经常流于形式，把"从严治党"仅仅挂在口头，不少国有企业存在"只抓业务不抓党风、只管发展不治腐败"现象，贯彻执行党的方针政策不坚决、不全面、不到位，管党治党不担当。归结起来，就是不同程度存在党的领导、党的建设弱化、淡化、虚化、边缘化问题。新常态下，国有企业必须牢固树立抓好党建是最大政绩的理念，落实管党治党责任，着力解决存在的突出矛盾和问题，确保国有企业始终成为党和国家最可信赖的依靠力量。

（三）落实全面从严治党要求，是国有企业建立现代企业制度、推进科学发展的重要举措

实践表明，国有企业改革发展进程中的每一个关键环节和重要阶段，都离不开加强党的建设；国有企业改革发展的每一次突破，都凝聚着各级党组织和广大共产党员的智慧和力量。国有企业的改革方向是建立中国特色现代国有企业制度，其核心就在于党组织是企业法人治理结构的重要组成部分，就在于充分发挥党建工作和公司治理两个优势。新时期，更要坚守党组织在现代企业治理结构中的法定地位，完善党组织发挥领导作用的体制机制，加强党的建设工作创新，并以党的建设工作成效推动企业改革发展，为国有企业持续健康发展提供根本政治保证。

二、国有企业党的建设有关制度规定

在党的建设中，制度建设发挥着保障性作用，具有根本性、全局性、稳定性和长期性。改革开放以来，我们党高度重视制度建设，出台了一系列加强党的各方面建设的制度。其中，也涵盖了关于国有企业党的建设的相关制度规定。

1989 年 8 月，《中共中央关于加强党的建设的通知》提出，"党在企业的基层组织处于政治核心的地位"，"企业党委要参与讨论企业的重大问题并提出意见和建议"。1992 年，党的十四大对党章进行了修改，规定"全民所有制企业中党的基层组织，发挥政治核心作用"。

1999 年 9 月，《中共中央关于国有企业改革和发展若干重大问题的决定》提出，加强和改善党的领导是加快国有企业改革和发展的根本保证。要搞好国有企业，必须建立符合市场经济规律和我国国情的国有企业领导体制与组织管理制度，加强企业领导班子建设，发挥企业党组织的政治核心作用，坚持全心全意依靠工人阶级的方针。要把发挥党的政治优势同运用市场机制结合起来，调动各方面的积极性，形成合力，确保国有企业改革和发展任务的顺利完成。

2004 年 9 月，《中共中央关于加强党的执政能力建设的决定》提出，要根据基层党组织建设面临的新情况新问题，调整组织设置、改进工作方式、创新活动内容，扩大覆盖面，增强凝聚力，使基层党组织紧密联系群众、充分发挥作用。同年，中共中央组织部、国务院国资委党委《关于加强和改进中央企业党建工作的意见》出台，明确国有企业要充分发挥党组织政治核心作用，建立和完善公司法人治理结构，全心全意依靠工人阶级。

2009 年，《中共中央关于加强和改进新形势下党的建设若干重大问题的决定》指出，要全面推进各领域党的基层组织建设，实现党组织和党的工作全社会覆盖，做到哪里有群众哪里就有党的工作、哪里有党员哪里就有党组织、哪里有党组织哪里就有健全的组织生活和党组织作用的充分发挥。

2010 年，《中共中央关于加强和改进新形势下国有及国有控股企业思想政治工作的意见》第十一条规定，进一步强化企业党委（党组）在做好思想政治工作中的领导职责。国有企业党委（党组）对思想政治工作负总责，党委（党组）书记是国有企业思想政治工作的第一责任人。要按照精简、高效、协调、务实的原则，科学设置思想政治工作机构，大型企业应设立专门的思想政治工作机构，中小型企业根据实际情况设立精干健全的党群综合工作部门，履行思想政治工作职责。第十五条规定，要根据企业实际需要确定专职政工干部的数量，原则上应不低于正式职工总数的 1%。

2013 年 2 月，《中共中央关于中央企业党委在现代企业制度下充分发挥政治核心作用的意见》，对加强和改进国有企业尤其是中央企业党建工作提出了明确要求，使得中央企业党委政治核心作用的内涵得到了完整而详细的阐释。在探索建立完善公司法人治理结构与发挥中央企业党委政治核心作用相结合的工作机制方面，迈出了关键性的一步。

2015 年，《关于在深化国有企业改革中坚持党的领导加强党的建设的若干意见》，强调坚持党的领导是我国国有企业的独特优势，进一步明确三个方面：一要坚持党的建设与国有企业改革同步规划、党的组织及工作机构同步设置，实现体制对接、机制对接、制度对接、工作对接，确保党的领导、党的建设在国有企业改革中得到体现和加强；二要坚持党管干部原则，建立适应现代企业制度要求和市场竞争需要的选人用人机制；三要把加强党的领导和完善公司治理统一起来，明确国有企业党组织在公司法人治理结构中的法定地位。同时，还专门强调国有企业党组织要承担好从严管党治党责任。

2015 年 8 月 24 日，《中共中央、国务院关于深化国有企业改革的指导意见》提出要加强和改进党对国有企业的领导，重点强调了三个方面的工作：一是充分发挥国有企业党组织政治核心作用，把加强党的领导和完善公司治理统一起来，将党建工作总体要求纳入国有企业章程，明确国有企业党组织在公司法人治理结构中的法定地位，创新国有企业党组织发挥政治核心作用的途径和方式。二是进一步加强国有企业领导班子建设和人才队伍建设。根据企业改革发展需要，明确选人用人标准和程序，创新选人用人方式。三是切实落实国有企业反腐倡廉"两个责任"，国有企业党组织要切实履行好主体责任，纪检机构要履行好监督责任。

2016 年 10 月 10~11 日，全国国有企业党的建设工作会议召开，指出国有企业党组织发挥领导核心和政治核心作用，归结到一点，就是把方向、管大局、保落实。党的十八大以来，以习近平同志为核心的党中央高度重视加强党内法规制度建设，组织制定了反腐倡廉、作风建设等方面的一系列制度文件，制定发布了《建立健全惩治和预防腐败体系 2013~2017 年工作规划》《中央党内法规制定工作五年规划纲要（2013~2017 年）》《党政机关厉行节约反对浪费条例》《党政机关国内公务接待管理规定》《关于党政机关停止新建楼堂馆所和清理办公用房的通知》《关于全面推进公务用车制度改革的指导意见》《关于严禁党政机关到风景名胜区开会的通知》《中国共产党廉政准则》《中国共产党纪律处分条例》《关于新形势下党内政治生活的若干准则》和《中国共产党党内监督条例》等一系列法规和条例。为党的建设提供了制度保证。党的十八届六中全会通过了《关于新形势下党内政治生活的若干准则》和《中国共产党党内监督条例》，进一步完善了全面从严治党的党内法规制度，系统阐明了加强制度治党的重要意义和实现途径。

2017年，中共中央办公厅印发的《中央企业党建工作责任制实施办法》，是深入学习贯彻党的十八届六中全会、全国国有企业党的建设工作会议精神，深化全面从严治党大背景下，中央企业管党治党的重大实践成果和重要制度安排，是党内第一部关于中央企业党建工作的法规。文件明确了五方面的内容：第一，明确了中央企业党建工作责任体制；第二，明确了履行党建工作责任"干什么"；第三，明确了落实责任"怎么干"；第四，明确了落实党建责任"怎么评价、谁来评价"；第五，明确了党建工作"干不好怎么办"。文件明确了中央企业党委"党组"落实主体责任的9项职责，书记落实第一责任的4项职责，专职副书记落实直接责任的4项职责，班子成员落实"一岗双责"，以及问责追责的情形和程序。各中央企业党委（党组）应将党建工作责任层层分解落实到每一层级、每一个岗位，以落实党建工作责任制为契机，建立完善党建工作量化考核机制，推动党建工作由"软指标"变为"硬杠杆"。

三、国有企业党的建设的主要目标、总体要求和重点内容

2016年10月10~11日，党中央召开全国国有企业党的建设工作会议，习近平同志发表重要讲话，以"国有企业还要不要"这一重大问题发问开篇，着眼于解决国有企业改革发展和党的建设的根本性问题，围绕国有企业为什么要、怎么要、要了以后干什么做出了新的精辟阐述，极大丰富和发展了中国特色国有企业改革发展和党的建设理论。习近平同志的重要讲话，是新形势下国有企业坚持党的领导、加强党的建设、深化改革的纲领性文献，为国有企业改革发展和党的建设提供了根本遵循。

（一）国有企业党的建设的主要目标

要通过加强和完善党对国有企业的领导、加强和改进国有企业党的建设，使国有企业成为党和国家最可信赖的依靠力量，成为坚决贯彻执行党中央决策部署的重要力量，成为贯彻新发展理念、全面深化改革的重要力量，成为实施"走出去"倡议、"一带一路"倡议等重大战略的重要力量，成为壮大综合国力、促进经

济社会发展、保障和改善民生的主要力量，成为我们党赢得具有许多新的历史特点的伟大斗争胜利的重要力量。这既是我们深化国有企业改革的出发点，也是落脚点。

（二）国有企业党的建设的总体要求

新形势下，国有企业坚持党的领导、加强党的建设总的要求是：坚持党要管党、从严治党，紧紧围绕全面解决党的领导，党的建设弱化、淡化、虚化、边缘化问题，坚持党对国有企业的领导不动摇，发挥企业党组织的领导作用，保证党和国家方针政策、重大部署在国有企业贯彻执行；坚持服务生产经营不偏离，把提高企业效益、增强企业竞争实力、实现国有资产保值增值作为国有企业党组织工作的出发点和落脚点，以企业改革发展成果检验党组织的工作和战斗力；坚持党组织对国有企业选人用人的领导和把关作用不能变，着力培养一支宏大的高素质企业领导人员队伍；坚持加强国有企业基层党组织不放松，确保企业发展到哪里、党的建设就跟进到哪里、党支部的战斗堡垒作用就体现在哪里，为做强做优做大国有企业提供坚强的组织保证。

（三）国有企业党的建设的重点内容

在政治建设方面，国有企业党组织要坚定执行党的政治路线，严格遵守政治纪律和政治规矩，在政治立场、政治方向、政治原则、政治道路上同党中央保持高度一致，要牢固树立政治意识、大局意识、核心意识、看齐意识，坚持党中央权威和集中统一领导。

在思想建设方面，国有企业党组织要深入学习习近平新时代中国特色社会主义思想，坚持联系实际学、带着问题学、主动跟进学。通过学习，切实增强"四个意识"，拥戴核心、敬仰核心、维护核心、追随核心。国有企业在任何时候任何情况下都坚决听从党中央指挥、服从党中央号令，坚定听党话、跟党走。

在组织建设方面，牢牢把握两个"一以贯之"，把坚持党的领导和完善公司治理统一起来，明确和落实党组织在公司法人治理结构中的法人地位，使党组织发挥作用组织化、制度化、具体化。坚持把党管干部原则和发挥市场机制作用结合起来，保证党对干部人事工作的领导权和对重要干部的管理权，把"对党忠诚、勇于创新、治企有方、兴企有为、清正廉洁"的20字标准落实到国有企业选人用人全过程，建设高素质企业领导人员队伍。全面加强基层党组织建设，从最基本的东西抓起，从基本组织、基本队伍、基本制度严起，在打牢基础、补齐短板上下功夫，把国有企业基层党组织建设成为坚强的战斗堡垒。

在作风建设方面，密切联系群众已经成为企业党组织加强作风建设的一条重要途径。国有企业员工群众是企业的主体，也是推进企业改革发展的力量源泉。在国有企业中，国有企业党组织在动员和组织群众、构建和谐劳动关系、维护企业稳定和构建和谐企业等方面，发挥着其他任何组织无法替代的作用。要抓住作风建设不放松，严格落实中央八项规定精神，坚决反对"四风"，积极开展形式多样的创先争优活动，使党员干部真正成为职工队伍的主心骨、带头人，党员干部队伍成为企业改革发展最优秀的人力资源。

在反腐倡廉建设方面，始终坚持全面从严治党永远在路上，持续保持反腐败高压态势，坚定不移推进党风廉政建设和反腐败工作，强化廉洁教育、警示教育和理想信念教育，强化企业领导人员履行职权监督。坚决执行中央巡视工作方针，深化政治巡视。强化对违规经营责任的追究，确保守护好发展好人民的共同财富。

在制度建设方面，围绕从严治党要求，制定完善企业党组工作制度、党组选拔任用干部有关工作细则、加强企业领导班子建设的若干意见、落实"三重一大"决策制度实施办法与细则、党风廉政建设主体责任和监督责任的实施意见、党组织成员落实党风廉政建设"一岗双责"若干规定等多项制度，明确党组织抓党建的主体责任。落实中央企业党建工作制，建立党建工作评议述职制度，使中央企业每年既报经济账，也报党建账，推动党建工作由软指标变为硬任务。

四、党的十八大以来中央企业党的建设取得的成绩

党的十八大以来，特别是全国国有企业党的建设工作会议以来，聚焦党建工作弱化淡化虚化边缘化问题，中央企业全面落实管党治党要求，党的建设取得明显提升和实质性加强。

（一）切实加强党的领导，确保中央企业牢牢掌握在党的手中

坚决维护以习近平同志为核心的党中央权威，积极贯彻中央重大决策部署。国资委党委和中央企业党委（党组）对中央的大政方针迅速落实，中央的决策部署积极响应，中央的纪律要求严格遵守。通过学习，中央企业各级党组织和广大党员更加自觉地在思想上政治上行动上同以习近平同志为核心的党中央保持高度一致，坚决维护党中央权威和集中统一领导。这些年，无论是贯彻国家宏观调控政策、实施国家重大战略、保障能源资源安全，还是抗击重大自然灾害、推进脱贫攻坚、参与民生工程，中央企业都甘当先行者、勇做排头兵，体现了听党话、

跟党走的政治站位和责任担当。

严明政治纪律政治规矩，不断增强"四个意识"：一是部署中央企业党委（党组）召开"增强'四个意识'严守政治纪律"专题民主生活会，进一步严肃中央企业党内政治生活，增强了企业领导人员践行"四个意识"、严守政治纪律政治规矩的自觉性和坚定性。二是通报一批违反政治纪律政治规矩的典型案件，以身边事警醒身边人。对执行中央决策部署不力、重大决策出现失误、工作不在状态等的中央企业 5 名正职、21 名副职进行组织调整。三是强化政治巡视，抓好巡视整改。对中央企业实现巡视全覆盖。查处 2 家企业国有资产重大损失案件，对 11 名原班子成员开除党籍，对 6 名董事给予党内警告处分，以案说法，在中央企业引起巨大震动和警醒。

推动党的领导组织化、制度化、具体化，充分发挥党组织领导作用。通过全面推进党建工作总体要求进章程，捍卫了党组织在公司治理结构中的法定地位，使得党对中央企业的领导在企业"宪法"中得到明确和保证。目前，中央企业集团层面全部完成章程修订，3900 多个二三级单位已完成党建要求进章程。通过全面推行党委（党组）书记、董事长"一肩挑"，从领导体制上逐步理顺党的领导和董事会决策的关系。目前，中央企业已全部实现"一肩挑"，2800 多个二三级单位也已实现"一肩挑"。通过把党组织研究讨论作为企业重大决策的前置程序，从运行机制上保证了党组织意图在重大决策中得到尊重和体现。目前，98家中央企业和 1.2 万多个二三级单位已经落实前置程序要求。

（二）切实加强党建重点工作，推动中央企业党的建设实现明显提升

以中央企业党建工作责任为抓手，层层落实管党治党责任。制定了《中央企业党建工作责任制实施办法》，开展中央企业党组织负责人党建工作述职。28 家中央企业党委（党组）书记作现场述职，其他企业作书面述职。建立中央企业党委（党组）向国资委党委报告年度党建工作制度，全面推行基层企业党组织书记抓党建述职评议，要求所有二级企业党组织书记 3 年内至少参加一次现场述职。各中央企业普遍制定党建工作责任制实施细则或责任清单，全面开展书记抓党建述职评议考核。

推进中央企业基本组织、基本队伍、基本制度"三基工程"建设。目前，中央企业基层党组织基本实现全覆盖，纳入 2017 年换届计划的中央企业基层党组织，均按计划推进。加强基层党支部建设，深入开展党员先锋岗、党员示范区活动，推进 100 个基层示范党支部建设。督促中央企业健全党务机构，按照不少于同级部门平均编制原则配齐配强党务工作力量，建立党务工作经费保障机制。中央企业集团全部配备了专职党委（党组）副书记，中央企业总部机关党务工作人员编制全部达到同级部门平均编制，2016年以来中央企业总部机关新增党务干部编制337个。中央企业全部将党务工作经费纳入企业预算。

抓好三次党内集中学习教育，增强党员队伍先进性、纯洁性。一是扎实开展党的群众路线教育实践活动。坚持高标准严要求，严格落实中央八项规定精神，聚焦解决"四风"突出问题。在群众路线教育实践活动中，中央企业共精简会议14247个，压缩各类发文36205份，取消各类活动1591个，清退公务用车368辆，减少因公临时出国（境）845次，压缩"三公"经费124772万元。坚持解决问题与长效长治相结合，国资委党委印发《关于深化"四风"整治、巩固和拓展党的群众路线教育实践活动成果的实施意见》，相继出台党员干部直接联系群众、"三重一大"议事决策、厉行节约反对浪费、畅通职工群众诉求反映渠道等一批制度。二是认真抓好"三严三实"专题教育。组织召开7次中央专题教育片区座谈会，开展《落实全面从严治党责任，当好国有资产忠诚卫士》活动，印发《关于在"三严三实"专题研讨中贯彻从严要求、联系实际解决问题的通知》，指导企业查找和解决"不严不实"的问题。三是持续推进"两学一做"学习教育常态化制度化。开展"学习贯彻习近平同志关于国企国资改革重要指示，做强做优做大中央企业"学习研讨系列活动，开展"弘扬央企先进精神，做合格共产党员"专题学习研讨，开展"两优一先"评选表彰，制作《不灭的信念》专题片，凝聚党员思想，增强党员意识，发挥党员先锋模范作用。

切实加强领导班子和领导人员队伍建设，把"20字"标准贯穿中央企业选人用人全过程，把对党忠诚作为选拔任用企业领导人员的第一要求。党的十八大以来，中央企业调整配备正职374名、副职1339名，中央企业领导班子结构不断优化、整体功能不断增强、干部素质明显提升。着力培养治企兴企、创新担当的企业家人才。认真落实习近平同志"要让国有企业领导人员在一线摸爬滚打、锻炼成长"的重要指示精神，在中央企业领导班子建设中，注重培养选拔基层工作经历丰富、成绩突出的优秀干部。全国国企党建会以来选拔任用的76名国资委党委管理干部中，68人具有基层企业班子成员经历，占90%。其中，新任命的27名企业正职中，25人具有二级单位"一把手"经历。同时，还注重将经过重大工程、急难险重任务历练的人才选拔到央企领导岗位上来。

改革完善外部董事管理体制。制定《中央企业董事会及董事评价暂行办法》

《关于进一步推进中央企业规范董事会建设的若干意见》，建立外部董事诚信档案和职业禁入制度，对违纪违法违规被解聘的外部董事，终身不得担任中央企业外部董事。注重选派具有企业经营管理经验的同志转任外部董事。全国国企党建以来，对履职不合格的 12 名外部董事进行了追责问责。

第二节　充分发挥国有企业党组织的领导作用

充分发挥国有企业党组织的领导作用，是国有企业的独特优势，是建立具有中国特色现代国有企业制度的本质特征，也是新形势下加强和改进国有企业党的建设必须坚持的重大原则。

一、深刻认识国有企业党组织发挥领导作用的基本要求

党组织是推动国有企业改革发展、提升企业核心竞争力的关键力量，在把关定向、动员组织、服务群众、促进和谐等方面具有不可替代的作用，必须坚持党对国有企业的领导。党对国有企业的领导是政治领导、思想领导、组织领导的有机统一，放弃或忽视其中任何一点，都不可能实现党的领导。国有企业党组织发挥领导作用归结到一点，就是把方向、管大局、保落实。把方向，就是要自觉在思想上政治上行动上同党中央保持高度一致，坚决贯彻党的理论和路线方针政策，确保国有企业坚持改革发展正确方向。管大局，就是要坚持在大局下行动，议大事、抓重点，加强集体领导、推进科学决策，推动企业全面履行经济责任、政治责任、社会责任。保落实，就是要管干部聚人才、建班子带队伍、抓基层打基础，领导群众组织并发挥其作用，凝心聚力完成企业中心工作，把党中央精神和上级部署不折不扣地落到实处。

国有企业党组织的领导作用具体体现在以下方面：

第一，保证监督党和国家方针政策在本企业的贯彻执行，把党中央、国务院关于推进国有企业改革发展稳定的要求落到实处，在思想上、政治上、行动上同党中央保持高度一致，确保企业的社会主义方向。国有企业的利益与党和国家的利益，总体上是一致的，但有时也可能发生具体利益不一致或不完全一致的情况。当这种情况发生时，企业党组织就应该加以引导，以确保党和国家的方针、

政策在本企业的贯彻执行。

第二，参与企业重大问题决策，支持股东会、董事会、监事会、经理层依法行使职权，形成权力制衡、运转协调、科学民主的决策机制。国有企业的基本任务是生产经营，生产经营活动是由股东会、董事会、监事会和经理层，按照各自的不同职责，共同组织的。虽然国有企业党组织与股东会、董事会、监事会和经理层的功能不同，但目标是一致的，都是为了国有企业健康发展。

第三，落实党管干部原则和党管人才原则，建立完善适应现代企业制度要求和市场竞争需要的选人用人机制，建设高素质经营管理者队伍和人才队伍。国有企业党组织参与企业发展、重要人事安排、人才工作、与职工利益密切相关的薪酬分配等事项的重大决策以及与上述内容相关的改革方面的重大决策，涉及面很广，特别值得关注。

第四，加强对企业领导人员的监督，统筹内部监管资源，认真履行监督职能，建立健全权力运行监督机制，提高监督有效性。与保证监督党和国家的方针政策贯彻执行相联系，国有企业党组织还要发挥对党员领导人员、经营管理人员以及其他人员遵守法纪的监督作用。

第五，全心全意依靠职工群众，领导企业思想政治工作和工会、共青团等群众组织，支持职工代表大会开展工作，坚持用社会主义核心价值体系引领企业文化建设，树立报效国家、造福社会、服务人民、关爱职工的企业形象。对思想政治工作、精神文明建设和工会、共青团等群众组织的领导，在国有企业党组织工作中处于特别重要的位置。

二、国有企业党组织领导作用确立的历史脉络

国有企业党组织的职能定位与作用发挥始终与企业的领导体制密切相关，领导作用的提出和确立也经过了一个漫长的不断探索过程。先后经历六个阶段，历时 60 多年，领导方式从最初的"一长制"逐步发展到新时期的"落实全面从严治党要求"，1989 年第一次明确了中央企业党委政治核心作用，提出了"坚持党对国有企业的领导"是深化国有企业改革必须坚守的政治方向和政治原则。发展脉络如表 7-1 所示。

表 7-1 国有企业党组织政治核心作用确立的历史脉络

时间	领导方式	内容
"一五"规划时期	"一长制"	学习并实行了苏联的"一长制"模式，实行"单一指挥制"和"专责制"
1956 年	党委领导下的厂长负责制	实行党委领导下的厂长负责制
1984 年	厂长（经理）负责制	实行生产经营和行政管理工作厂长（经理）负责制
1989 年	发挥党组织政治核心作用	发挥党组织的政治核心作用，坚持和完善厂长负责制，全心全意依靠工人阶级
1993 年	坚持"三句话"指导方针	通过"双向进入、交叉任职"建立和完善法人治理结构
党的十八大以来	落实全面从严治党要求	出台一系列加强企业党建的新规定、新举措

三、国有企业党组织发挥领导作用的思路与举措

（一）明确法定地位

在法人治理结构建立完善的过程中，国企党组织的地位和作用遇到空前挑战，甚至呈现弱化、虚化倾向。为此，中央全面深化改革领导小组第十三次会议强调指出，要把加强党的领导和完善公司治理统一起来，明确国有企业党组织在公司法人治理结构中的法定地位。要将党建工作总体要求纳入国有企业章程，明确国有企业党组织在公司治理中的法定地位，明确党组织与"三会一层"的权责边界和运行机制，创新国有企业党组织发挥领导核心和政治核心作用的途径和方式。通过法定程序逐步规范党组织在企业决策、执行、监督各环节的权责、工作方式以及与其他治理主体的关系，探索党组织与公司治理结构相结合的工作机制，推进体制对接、机制对接、制度对接和工作对接，使企业党组织发挥领导核心和政治核心作用组织化、制度化、具体化。

（二）推进"四个同步"

《关于在深化国有企业改革中坚持党的领导加强党的建设的若干意见》旗帜鲜明地提出要深化党的意识、坚持党的领导、加强党的建设，特别强调"四个同步"，就是在国有企业改革中坚持党的建设同步规划、党的组织及工作机构同步设置、党组织负责人及党务工作人员同步配备、党的工作同步开展，保证党组织工作机构健全、党务工作者队伍稳定、党组织和党员作用得到有效发挥。深化党建制度改革。认真落实中央关于深化党的建设制度改革和加强国有企业党的建设的重要部署，成立国有企业党的建设制度专项改革小组，研究制定当前及今后一

个时期企业党的建设改革任务和制度规划。

（三）坚持和完善"双向进入、交叉任职"的领导体制

符合条件的党组织领导班子成员可以通过法定程序进入董事会、监事会、经理层，董事会、监事会、经理层成员中符合条件的党员可以依照有关规定和程序进入党组织。探索改进完善"双向进入，交叉任职"的领导体制，全面推行党委（党组）书记、董事长由一人担任。"进入"就要尽责，"任职"就要履职，"一肩挑"就应该具备两个职务所要求的条件和能力，不能降格以求。在决策程序上，要明确党组织研究讨论是董事会、经理层决策重大问题的前置程序，重大经营管理事项必须经党组织研究讨论后，再由董事会或经理层作出决定。

（四）建立健全党建工作责任制

党组织书记要切实履行党建工作第一责任人职责，党组织班子其他成员要切实履行"一岗双责"，结合业务分工抓好党建工作。建立完善党建工作考评办法，量化考评内容、责任目标、评价标准和操作程序，纳入企业领导班子和领导人员业绩考核体系，加大考核其他班子成员抓党建工作的权重，解决考核不严问题。建立完善党建工作问责机制，明确问责对象、问责内容、问责方式，制定问责程序，强化责任追究，解决追责不力问题。

（五）增强基层党建工作活力

突出"严"字当头，提高党内生活的政治性、原则性、战斗性，认真落实换届选举制度、民主生活会制度、"三会一课"等制度，提高基层党组织建设水平。充分运用现代信息技术和科学方法，推动党建工作的方式方法由单一型向多样型、由封闭型向开放型、由传统型向科学型转变。围绕落实从严治党、思想建党、制度治党重大课题，加强从严治党规律研究，推进党建工作创新，探索加强海外企业党建、混合所有制经济企业党建等的有效途径和方式方法。加强党务干部队伍建设，推进党务干部专业化，打造一支热爱党务、熟悉经营、结构合理、精干高效、善抓党建的复合型专兼职党务干部队伍。

四、国有企业党组织发挥领导作用取得的明显成效

长期以来，国有企业党组织始终坚持围绕中心服务大局，持续加强党的建设，在促进企业改革发展稳定中发挥了不可替代的重要作用。特别是党的十八大以来，国有企业在发挥党组织作用方面进行了许多新的探索，企业党组织的创造力、凝聚力和战斗力有了新的提高，在发挥领导作用、服务中心工作、凝聚职工

群众、推动企业科学发展等方面做出积极努力。

一是保证监督党的路线方针政策在企业的贯彻执行为首要任务,促进国有企业自觉履行"三大责任"。作为党的组织体系的重要组成部分,国有企业党组织大力宣传并带头执行党和国家方针政策,保证监督党的路线方针政策在企业的贯彻执行,促进企业自觉履行经济责任、政治责任、社会责任。

二是积极探索现代企业制度条件下企业党组织发挥作用的有效途径,确保国有企业党组织的领导作用有效发挥。适应现代企业制度要求,坚持和完善"双向进入、交叉任职"的企业领导体制,建立健全党组织参与企业重大问题决策的机制和程序,把企业党组织的领导作用贯穿于决策、执行、监督全过程。

三是坚持把党建工作融入经济管理工作,为企业科学发展提供强有力的政治保证。坚持企业中心工作的重点、难点在哪里,党的工作着力点、落脚点就在哪里,把党建工作贯穿企业生产经营活动的全过程,在融入中心、服务大局中彰显党建工作的独特优势和价值所在。

四是丰富创新活动载体,国有企业党建活力进一步增强。国有企业各级党组织坚持"融入中心抓党建、进入管理起作用",积极创新活动载体,丰富活动内容,改进活动方式,促进基层党建工作与企业经营工作紧密结合,较好地解决了"两张皮"的问题。

五是发挥政治文化优势,为国有企业实施"走出去"战略起到了积极支持和保证作用。国有企业走出国门,在全球经济版图上投棋布子,拓展了中国经济的发展空间,提升了中国在全球的影响力和话语权,为中国在全球竞争中赢得主动作出了积极贡献。中央企业海外单位党组织围绕员工远离祖国和亲人、长期面对恶劣的自然环境和战乱威胁等,创新组织形式,深入做好一人一事的思想政治工作,唱响奉献精神,激发干事创业热情和激情。

第三节　加强国有企业反腐倡廉建设

国有企业反腐倡廉建设是全面从严治党的必然要求,是推动国有企业做强做优做大的重要保障。党的十八大以来,在以习近平同志为核心的党中央坚强领导下,中央企业反腐败斗争压倒性态势不断巩固发展,不敢腐的氛围已经形成,不能腐的制度框架不断健全，不想腐的思想堤坝逐步构筑。但反腐倡廉是一项长期的、复杂的、艰巨的任务，不可能毕其功于一役。必须持之以恒、久久为功，把反腐败斗争进行到底。

一、深刻认识国有企业反腐倡廉的重要意义

（一）国有企业反腐倡廉关系党和政府的形象和公信力

国有企业是我国国民经济的基石，在国民经济的关键领域和重要部门中处于支配地位，在改革发展中扮演着中流砥柱的角色，在国家安全、政治稳定、经济发展和社会和谐方面发挥着重大作用。人民群众普遍关心国有企业，社会影响巨大，其形象是党和政府形象重要的组成部分。廉洁是政府公信力的基石，党和国家对待国有企业反腐倡廉的态度是人民群众判断政府公信力的标志之一，如果不能有效遏制和解决国有企业的腐败问题，党和政府就会失去公信力，党和政府的一切工作和努力就有可能付诸东流。

（二）国有企业反腐倡廉关系经济命脉的巩固与发展

当前，在国有企业存在的腐败行为，不仅使国有资产被不法侵吞，造成国有资产大量流失，动摇国有经济的物质基础，而且扰乱了社会主义市场经济的运行规则和秩序，阻碍了国有经济的健康发展。事实表明，腐败行为对国有经济的巩固与发展起着直接而严重的破坏作用。因此，国有企业只有抓好反腐倡廉工作，严惩腐败，打击各种经济犯罪，才能减少腐败行为对国有经济造成的损失，从而巩固国有经济并促进国有经济的健康发展。

（三）国有企业反腐倡廉关系员工利益和企业稳定

对国有企业中存在的种种腐败现象，职工群众深恶痛绝。尤其是在部分国有企业处于困境的情况下，一方面是许多职工下岗，生活陷入困境；另一方面却是一些企业领导干部腐败行为仍在不断产生并滋长蔓延。"穷庙富方丈"现象严重挫伤了职工群众的积极性，引起党群、干群关系紧张、对立，并影响企业的稳定。只有顺应民心，抓好国有企业反腐倡廉，并取得明显成效，才能取信于民，增强企业的凝聚力，从而确保稳定，促进企业发展。

（四）国有企业反腐倡廉关系国有企业做强做优做大目标能否实现

国有企业改革要取得成功，必须得到广大职工的支持和参与。但是企业腐败行为的滋生蔓延，严重干扰了企业各项改革目标的实现，使一些改革措施变形走样，偏离了轨道，动摇了职工群众对改革的信心，如果任其发展下去，必

然影响企业做强做优做大目标的实现。因此，国有企业反腐倡廉直接关系企业改革的成败。

二、加强国有企业反腐倡廉建设的具体措施和途径

当前国有企业反腐倡廉建设与党和国家的要求相比，与社会公众的期待相比，与提高国际竞争力的时代要求相比，还有许多不适应的地方。国有企业各级党组织应直面问题，深刻反思，充分认识反腐败工作的长期性、复杂性和艰巨性，保持惩治腐败的决心信心，保持长期作战的恒心耐心，在深化改革中加强党的领导，以问题倒逼改革，创新制度，强化监管，积极构建公有企业反腐倡廉新常态体制，牢固树立"两手抓、长期抓、从严抓"的意识，坚决打赢党风廉政建设和反腐败斗争这场攻坚战、持久战。

（一）坚持从严治党，切实落实"两个责任"

强调党管国企，最直接的目的就是要抑制腐败，避免国有资产严重流失，确保中国共产党执政经济基础稳固。各级国资监管机构及国有企业各级党组织要抓住落实主体责任这个"牛鼻子"，准确把握加强党的建设与实现国家治理能力现代化、推动经济社会全面发展的关系，坚守企业党组织在公司法人治理结构中的法定地位，抓作风建设、抓严明纪律、抓惩治腐败，把加强党的领导充分体现在"五位一体"建设之中。制定切实可行的党风廉政建设责任考评和责任追究办法，对各责任主体进行常态化检查考评，把两个责任落实情况与领导干部薪酬管理、选拔任用等挂钩，对发生重大腐败案件和不正之风长期滋生蔓延的企业和部门，实行"一案双查"，既追究当事人责任，又追究相关领导责任。

（二）加强制度革新，从源头上遏制国有企业腐败的发生和蔓延

运用好中央对央企专项巡视的成果，深刻剖析产生腐败的原因和症结，对症下药，借助全面深化改革和全面推进依法治国"两手发力"，"扎紧制度的笼子"，从源头上遏制腐败，让国企恢复清风正气和蓬勃生机。

一是以"运转协调、有效制衡"为落脚点，探索建立完善现代企业制度与发挥党委领导作用综合集成的决策模式，形成有机协调分权制衡的决策体制。全面推行"双向进入、交叉任职"领导体制，确保符合条件的企业党委成员按照法定程序进入董事会、监事会和经理层，并由党委书记兼任董事长。董事会、监事会和经理层成员符合条件的，也要进入党委会，加强党委履职力量，保证企业改革发展正确的政治方向；进一步明确股东代表大会、董事会、党委会（纪委）、经

理层、监事会、员（职）工代表大会、工会等权利主体的定位，划定权力边界。规范董事会、党委会、经理层、监事会的议事规则和办事程序，完善责任追溯制度。

二是坚持党管干部原则与董事会依法选择经营管理者以及经营管理者依法行使用人权有机结合，探索保证党委在选人用人中有效发挥作用的途径和方法。适应国有企业改革要求，修订完善《中央企业领导人员管理暂行规定》，规范国有企业领导人员的"进、管、出"，要突出领导人员政治素质，把好干部标准和有关要求细化为领导人员的具体任职资格条件，敦促国有企业领导干部按本色做人、按角色办事。

三是坚持务实有效原则，加强反腐倡廉制度建设。要把党的十八大后中央对国有企业党风廉政建设的新要求纳入制度，认真梳理分析国有企业领导人员廉洁从业及重大决策、重要人事任免、重大项目安排、大额资金运作上发生的问题，充分考虑国有企业的类型、行业、领域等因素，出台指导性意见，尽可能地明确金额、工作顺次、程序性的操作条款。进一步落细、落小《国有企业领导人员廉洁从业若干规定》《关于进一步推进国有企业贯彻落实"三重一大"决策制度的意见》及中央反"四风"的规定等宏观、中观层面的制度，防止"牛栏关猫"。坚决根除按照职务设置消费定额并量化到个人的做法，推行权力清单制度，公开审批流程，强化工程项目、土地流转、矿产资源开发、基础设施建设、国企改制等领域的内部流程控制，强化对权力集中、资金密集、资源富集的部门和岗位的监管，防止权力滥用。

四是坚持一手抓制度建设，一手抓制度贯彻执行。按照"以制度化促进规范化，以信息化推进流程化的思路"，探索并加强制度信息化建设。探索尝试将权力清单、审批流程、"五项费用""领导干部财产公示"等通过信息化手段进行公开。加强对制度执行的监督检查，坚决纠正有令不行、有禁不止的行为，在企业形成按制度办事的良好风气。

五是试行廉政信用机制。建立企业人员廉政档案，记录企业人员在所处的各个岗位廉洁从业情况，根据其表现确立信用等级，档案随人员调动、晋升，全过程与其薪酬、奖励对接，作为领导人员"德"的评估参照标准。还可设立廉政资金，单独纳入政府统一账户管理，待领导人员离休或者退休后，经国资监管部门科学考评后，按标准兑现。

（三）加强党纪党规教育和警示教育，强化党的观念

国有企业必须坚持从严治党、从严治企，增强党性观念，严守政治纪律和政治规矩。各级党委（党组）、纪委（纪检组）必须把开展党纪党规教育作为落实全面从严治党主体责任的重要抓手，按照分层施教的原则，坚持并不断改善党员干部和重要岗位培训班开设反腐倡廉课程、任前廉洁测试、谈话等制度，将纪律教育融入干部选拔任用、考核评价、管理监督全过程。采取多种形式贯彻学习好《中国共产党廉洁自律准则》和《中国共产党纪律处分条例》等系列党内法规，切实增强党员干部党性意识、政治觉悟和组织观念。纪委（纪检组）应坚持并不断完善典型案件剖析和通报制度，通过制作专题片、编辑典型案例剖析材料等载体，分类分岗位开展警示教育工作，让党员干部受警醒、明底线、知敬畏，主动在思想上划出红线、在行为上明确界限，正确履职行权。特别要突出加强对国企负责人和高管的教育，明确规定企业主要负责人每年须为干部职工作一次反腐倡廉形势报告，讲一次廉洁从业党课，国有企业主要负责人及高管每年应接受一次党纪条规知识测试，参加一次警示教育，督促其构筑起牢固的党纪国法防线。

（四）把握运用"四种形态"

严肃纪律审查和违纪案件查办，营造风清气正的良好政治生态。各级国资监管机构党委、纪委及国有企业党委（党组）、纪委（纪检组）要在思想认识、责任担当、方法措施上跟上中央要求，把纪律和规矩挺在前面，把握运用监督执纪"四种形态"，以严明的纪律推进全面从严治党。

一是着力形成"让咬耳扯袖、红脸出汗成为常态"的工作机制和良好的党内环境。国有企业各级党委（党组）、纪委（纪检组）按照下管一级的原则，派成员参加所属企业领导班子民主生活会，严格规范民主生活会方案审查、征求意见、自我剖析、谈心谈话、相互批评、领导点评、整改落实等环节工作，切实提高民主生活会的质量，起到红红脸、出出汗的提醒、监督作用。紧紧扭住作风问题不放松，紧盯"四风"新形势新动向，抓住违反职务消费规定、"三重一大"决策不规范、违反规章制度、铺张浪费和职工群众反映较强烈等方面的苗头性、倾向性或轻微违纪问题，及时采取约谈、函询等方式向本人和组织核实，开展诫勉谈话予以警示和纠正，做到早发现、早教育、早查处，防止小问题演变成大问题。

二是把工作重心从"查违法"转向"盯违纪"，加强日常监督管理。加强与司法、审计、组织人事等部门协作，认真分析违纪问题的一般规律，采取多种方

式对违纪问题易发多发的领域和部门进行监督检查，对照《中国共产党纪律处分条例》，监督检查全体党员干部执行党的政治、组织、廉洁、群众、工作和生活纪律情况。发挥信访举报"主渠道"作用，定期清理、分类处置反映干部的问题线索。注重灵活运用纪律处分和组织处理手段，着力达到既惩处又教育还震慑的综合效果，改变"要么是好同志、要么是阶下囚"的状况。

三是保持惩治腐败高压态势，遏制腐败蔓延势头。重点查处党的十八大后不收敛不放手，问题线索反映集中、群众反映强烈，现在重要岗位且可能还要提拔使用的党员干部，特别是要突出一把手这个"关键少数"。严肃查办领导干部插手工程建设、土地出让、侵吞国有资产、违规决策、造成国有资产严重损失，违规经商办企业，大搞利益输送和关联交易，违反决策程序，违规选人用人及侵害群众利益"四风"的违纪案件，强化"不敢"的氛围。坚持把倒查追究问责与纪律审查同步落实，确保"一案双查"不落空，达到"查处一起违纪案件，改变一个部门、单位党风廉政建设的现状"的良好效果。

四是强化纪律审查结果运用，发挥治本功能。把纪律审查的结果与建章立制规范管理紧密结合，推动企业管理体制、运行模式、监督体制的创新和完善。强化制度的廉洁风险评估，及时更新发布《重点领域廉洁风险防控手册》，堵塞管理漏洞。开展类案分析，从违纪案件中抽取制度要素，进一步探索建立不敢腐、不能腐、不想腐的有效机制。

三、国有企业反腐倡廉建设取得的成效

党的十八大以来，在党中央、中央纪委的坚强领导下，国资委和中央企业紧紧围绕"不敢腐、不能腐、不想腐"的总目标，坚决落实全面从严治党要求，坚定不移推进党风廉政建设和反腐败工作，中央企业反腐败斗争压倒性态势已经形成并巩固发展。

一是坚决遏制腐败滋生蔓延势头，"不敢腐"的氛围已经形成。在加大执纪问责力度上下功夫，着力解决宽松软问题。突出执纪审查重点。重点查处涉嫌违纪的国资委管理领导班子企业"一把手"，着力发现和严肃查处政治腐败和经济腐败通过利益输送相互交织问题，查处侵吞国有资产等问题。践行"四种形态"，坚持严惩贪腐与柔性化处置相结合，加大谈话函询工作力度，敦促有问题的干部讲清楚、做整改。2017年1~8月，立案4370件，给予党纪政纪处分5913人。

二是扎紧制度的笼子，"不能腐"的制度框架不断健全。狠抓廉洁风险防控，

加强境外资产投资运营风险和廉洁风险监督检查，指导企业全面梳理廉洁风险点，完善廉洁风险防控制度。制定《中央企业纪检工作贯彻落实习近平总书记"三个区分开来"重要思想的指导意见》（以下简称《指导意见》），旗帜鲜明为敢于担当的干部担当。50家企业出台或正在制定贯彻落实《指导意见》的具体办法。充分发挥重大典型案件的治本作用，通过开展案例剖析，举一反三，查找制度漏洞，重点就改进董事会、加强境外资产监督、完善企业监督体制等问题开展研究，督促企业针对投资决策、兼并重组、产权转让、物资采购、招标投标、财务管理、选人用人、境外资产等重点领域和关键环节，建立健全权力运行制约和监督机制。

三是深化党风廉政教育，"不想腐"的思想堤坝初步构筑。坚持思想建党和制度治党同向发力，抓好党风廉政教育、党章党规党纪教育和警示教育，引导党员干部筑牢拒腐防变的思想防线。保持政治定力，持续发出刹风整纪的强烈信号，坚持一个节点一个节点地抓，持之以恒纠"四风"，确保中央八项规定警示在国资委和中央企业落地生根。加大正面宣传工作力度，扎实推进廉洁文化建设。组织中央企业深入开展理想信念、政治品质、职业道德、廉洁从业等教育，大力宣传勤廉兼优的先进典型。

第八章 供给侧改革与国有企业

2008 年全球经济危机爆发以来，我国政府果断采取相应措施，并在 2009~2010 年制定与投入 4 万亿元刺激方案，这虽然在一定程度上遏制了经济危机的蔓延与影响，但对宏观经济的管理遗留下许多问题，导致我国在需求侧的经济政策边际效应不断减少。例如，从 2015 年开始，在央行连续降息的情况下，企业的融资成本仍然居高不下，经济形势仍未见好转。与此同时，钢铁、光伏等产业出现较大的产能过剩现象，进一步使得资产价格虚高。种种现象表明，目前我国经济发展的需求侧，即依靠传统的"三驾马车"促进经济发展的方式已经不适应现阶段我国经济发展需要，此时供给侧改革应运而生。供给侧改革是以供给端与生产端为出发点，通过生产力解放与生产效率提高来保证经济持续快速发展。与传统的经济发展模式"三驾马车"相比，供给侧改革强调的是目前经济下行压力主要矛盾是供给结构出现问题，并且认为市场可以通过自动调节作用使实际的产出达到潜在产出，其核心在于提高生产要素的使用效率，实现要素最优配置，提升经济运行质量。

第一节 供给侧改革基本要求

"供给侧"是相对于"需求侧"而产生的新概念，供给侧的主体针对劳动力、土地、资本和创新四要素，这四要素主要依托充分的资源配置条件，实现中长期的潜在经济增长率。供给侧改革的基本要求是依靠化解产能过剩、降低企业成本、消化企业库存、防范金融风险四个方面来提高供给质量，进而助力中国经济平衡运行。

一、化解产能过剩

当前，我国产能过剩存在结构性和体制性特点，化解产能过剩问题更加复杂，化解难度十分巨大。新一轮的产能过剩主要原因在于宏观经济波动致使内需的紧缩以及政府服务信息供给不足，因此化解产能过剩应当通过建立产能利用效率评价系统、降低地方政府扩张态势以及根据不同性质的产能过剩分别制定对策三个方面着手。

首先，通过对企业的运营状况进行统计与整理并结合生产状况，建立行业统一的产能过剩评价体系，让投资者和消费者对行业的信息能够准确了解，可以有效避免投资风险，并且能够合理自由地进出市场，可以有效避免产能过剩；其次，政府改变以往 GDP 考核政府官员的绩效的体制，将考核指标逐步转向政府治理水平，将能源消耗、经济质量、人民生活状况更多地加入到评价考核机制当中，避免政府为了增加绩效，进行无效与盲目投资，造成投资集中浪费，可以有效避免产能过剩；最后，根据不同产业与企业出现产能过剩现象具体分析，实行差别化应对政策。对于属于技术落后、资源利用率低下、生产规模较小的企业，坚决实行关停政策，避免该种企业追求短期利润而造成的产能过剩，而对于属于结构性生产过剩企业，要实行积极引导改变生产策略，加大技术改进与投资，生产适应社会发展需要的产品，以防止产能过剩。

二、降低企业成本

近年来，我国企业生产经营成本显著增高，过高的生产经营成本已经成为阻碍企业发展的硬伤，其成本过高的原因主要在于生产要素价格的不断上涨以及过高的税费。以 2015 年的工业企业收入为例，成本占据总收入的 83%，各种税费占据 10%，而利润只有 7%。在成本当中，生产资料成本和资金使用成本占据主要地位。因此，在供给侧改革的条件下，推进资源价格市场化、丰富融资渠道以及简化交易流通层将会是减少企业成本的有效方法。

首先，建立生产资料大宗交易市场。将各种生产资料集中到一个市场中进行定价，根据社会生产需求状况，合理对生产要素进行定价，避免人为垄断操作，通过买卖双方的博弈，形成真实的市场价值，可以有效降低企业采购成本。其次，建立多层次的融资市场，拓展企业融资方法与渠道。国家应当鼓励金融机构进行金融创新，创造针对不同产业与行业的金融产品或者金融衍生品，打破传统银行融资垄断局面，完善资本交易市场，可以有效降低企业融资成本。最后，利用目前"互联网+"技术，提升企业信息化、网络化运行技术水平，全面将互联网技术融入企业采购生产材料到产品分销过程中。做到从采购到生产再到最后销售过程中的时间最短，减少资金的转化时间，消除不必要的中间商，提升企业生产经营效率。

三、消化企业库存

企业库存压力的增加，根本原因在于企业的供给与消费者的需求不匹配。近年来，国人出国抢购现象时有发生，一度引起舆论的热议。一方面是国内消费者大量消费，另一方面是国内企业大量产品堆压，二者的矛盾表现极度说明目前我国企业的产品供给不能满足消费者需求。

首先，企业的产品创新性不足，不能满足消费者个性化需求，产品的设计或者工艺水平与国外产品仍有一定的差距，并且国内产品普遍具有同质性。基于此原因，国内生产企业应当注重产品的创新性，拒绝一味地模仿与抄袭，要有市场开阔眼界，不要盲目跟风生产，注重消费者个性化需求。其次，国内外产品质量差距也是国内企业产品积压的一个重要原因。以往地摊经济潮流已经过去，价格越低购买力越强的时代也一去不复返，随着中国消费者收入不断的提升，相比于价格因素而言，产品的质量和性能更加能够决定产品的销路。因此，生产企业应当依靠技术进步将更好的性能和质量加入到产品当中，将消费目标定义到一群具有高消费、高教育、高品位的消费群体，注重"轻奢"产品质量，通过良好的质量与性能来打动消费者。最后，消费者品牌意识的觉醒是企业库存不断增加的又一大原因。品牌是企业得以生存的灵魂，我国企业普遍不注重品牌效应，百年老店少之又少，品牌口碑的好坏将直接影响到企业的销售状况。因此，企业注重自身品牌的建立与宣传推广，将更多的服务融入到产品当中，一方面可以提高顾客的忠诚度增加客户黏性，另一方面可以提升企业名气增加销量。

四、防范金融风险

金融作为经济发展的血脉，是融资市场的直接渠道，更是供给侧改革的支撑，因此注意防范金融风险将对供给侧改革的实现起到至关重要的作用。金融风险的特征是涉及面广、传播速度快、相互影响度高，在产能过剩与库存较高的压力下，很容易对金融体系造成冲击，从而形成金融风险。因此，为了避免潜在的金融风险，需要政府与金融机构共同努力维护在供给侧改革下金融系统的稳定性。

第一，政府应当推进资本市场的稳定发展，以法制化和市场化为基础的双驱动形式构建金融体系，加强资本市场的法制化建设，重点打击违法行为；第二，防止多重风险叠加，政府应当把握好去产能、去库存的维度，使企业有足够的时间和精力适应改革变化，避免改革过快与过甚造成企业的转型压力进而引起风险增加，形成多重风险；第三，规范民间市场金融与互联网金融发展，出台相应监管政策，加强对新型金融的监管力度与方法，防止互联网与民间金融诈骗，保证金融市场稳定；第四，加快金融监管转型，摒弃计划经济方式的监管，要建立符合现代金融发展的规章制度，形成有效的市场风险约束机制。根据金融市场的不断发展，监管方法与方式也要不停改进，创新与完善监管工具，保证金融监管的全面覆盖性，防止金融风险产生。

第二节　供给侧为国企改革带来的新机遇

由于国有企业作为我国经济的中坚力量，并且在我国经济中具有特殊地位，因此国有企业改革一直都是我国经济改革的主体与重心。近年来，政府不断颁布与开展针对国有企业改革政策措施（见表 8-1），更加凸显国家对国有企业改革的决心。

表 8-1　近年来有关国企改革会议或政策

时间	会议或法案名称	主要内容及意义
2013 年 11 月	中共十八届三中全会	发展混合所有制经济，加强国有资本监管，改革国有资产经营体制
2014 年 11 月	《深化国有企业负责人薪酬制度改革工作》	对国企负责人基本年薪、绩效年薪和任期激励收入进行规定
2015 年 6 月	《深化国有企业改革　坚持党的领导　加强党的建设意见》	明确国有企业改革发展路径，将党管企业的制度用法律形式明确
2015 年 7 月	习近平考察东北提出国企改革三个"有利于"	国企改革过程中，保证资产增值，提高经济竞争力，放大资本功能

表 8-1 表明，目前我国对于国有企业改革的主要重点在经济方面，集中在防止国有资产流失，积极努力保证资产价值与增值等经济方面，对企业的生存治理方面关心不足。但随着供给侧改革的不断深入，其内涵将会从调整国有企业内部结构、混合制经营管理、市场化竞争等方面带给国有企业改革方向更多的指引与借鉴。

一、供给侧改革将有利于国有企业去产能，加快国有企业结构调整

目前，我国国有企业经济布局表现出两个主要特征：一是国有企业资金主要投资在基础设施建设和大型重工业行业。二是国有企业有大量资金存在于不重要或者说是落后行业中，资金的退出与转移速度较慢，且经济效益较差。一方面，国企的"资金集中，投资分散"的投资特征，让国有企业面临着产能过剩与利润下降，并且持续亏损，经营风险不断上升；另一方面，国有企业的效率低下，致使大量"僵尸企业"不断增多，并且由于国有企业管理的特殊性，"僵尸企业"很难清除。因此，去产能以及清除"僵尸企业"成为当前国企业改革的重中之重。

供给侧改革的提出为国有企业结构调整提供了指导性意见，要求政府主动作为国有企业结构调整的把控方，创新国有企业体制与机制，让市场成为国有企业结构调整的决定者。供给侧改革有利于剥离国有企业社会职能，加快企业重组，加速对"僵尸企业"的清除，优化国有企业存量，引导国有企业主动减量，合理规划国有企业资金投入，完善国有企业进出市场机制。

二、供给侧改革有利于国有企业混合制改革，放大国有企业资本功能

国有企业混合制一直以来都是国有企业改革与增加国有企业生产经营活力的重要手段，虽然目前我国国有企业混合制发展较完善，并且国有企业混合制比例较高，但在生产经营实践当中，仍有两个重要的待解决问题。第一，国有企业混合制的运营与监管仍不健全，难以适应市场化要求；第二，在一些基础性行业与垄断性行业，国有企业混合制所占比例仍然较低，民间资本很难进入该领域，国有企业运营效率低下。

供给侧改革首先有助于国有企业整体上市，并且支持上市国有企业引进优秀战略合作伙伴，增加国有企业市场竞争力。目前，上市国有企业母公司大部分都

是国有独资，即使底层实行了混合制，但由于母体公司没有实现混合化和市场化管理，依然实行旧体制管制新体制，导致底层企业难以实现市场化。因此，进一步推进上市国有企业引进战略合作企业，施行混合制管理，将有利于国有企业改革。供给侧改革客观要求国有企业开展混合制管理。以往国有企业依靠自身地位优势，获取市场份额，赢得利润。但是随着市场化不断发展与完善，国有企业的旧管理运营制度与市场化产生了深刻的矛盾，导致国有企业大量亏损。因此，与私营企业的混合管理是国有企业走出管理困境，突破经营矛盾的重要措施。供给侧改革将有利于国有企业结合私营企业的管理制度与资产结构等优点，探索管理新手段、新模式与新机制，激发国有企业管理制度改革的积极性，推动国有企业混合制改革。

三、供给侧改革将破除垄断、促进开放，加快国有企业市场化改革

国有企业依靠自身优势，对某些行业的垄断行为是阻碍国有企业改革的最大原因。以钢铁为例，国有企业规模占据市场 80% 以上；在石油天然气等能源开采行业，国有企业占据行业收入 90% 以上。行业的垄断为国有企业起到了保护作用，同时也使得国有企业丧失了市场竞争能力，国有企业的冗员与生产经营效率低下问题显著。因此，只有打破国有企业垄断行为，加快市场化，才能促进国有企业进行优化供给与提质增效。

供给侧改革可以多管齐下、多举并措，有效打破国有企业垄断行为，促进开放，形成市场化运行机制，分别从经营市场化、内部管理市场化、管理体制三个方面促进国有企业市场化改革。首先，供给侧改革将会促使国有企业从过去的政府附属逐渐转变为独立自主经营主体，实现经营权与所有权的分离，将企业直接面对市场，自负盈亏，自我发展。消除以往计划指标任务限制国有企业生产与销售，达到对外的经营市场化。其次，供给侧改革将会改变国有企业现有管理模式，积极以三项制度改革为重点，规范用工管理，优化岗位设计，减少不必要的岗位，以效益决定薪酬，最终到达劳动用工、薪酬分配、工作执行与市场接轨。最后，供给侧改革可以有效切断政企联系，实现企业薪酬绩效化模式，形成良好的激励效应，改变国有企业管理层选拔制度，以能力定职位，以贡献定薪酬的管理体制。

第三节　供给侧改革背景下国有企业发展途径

国企改革对经济振兴，引导经济进入良性循环具有重要作用。根据模拟测算结果表明，如果 10% 的国有企业可以真正地进行混合制管理以及实现市场化，那么每年可以将 GDP 提高 0.5%，由此可见对国有企业改革的重要性。面对目前经济下行压力，并且要实现 2020 年人均国内生产总值 3000 美元，比 2010 年翻一番，任务十分巨大。因此探究在供给侧改革下国有企业发展途径与方法具有重大意义。

一、国有企业改革顶层设计融入新的经济学思想

供给侧改革背景下，国有企业改革的目的是提高国有企业生产效率，增强全要素的使用效率，体现在市场上表现为具有强劲的市场竞争力。在传统供给经济学理论中，都是强调"供给侧管理"，侧重于目标主体管理；供给侧改革，则是强调对目标主体"结构性的变革"。因此，要完成供给侧改革背景下国有企业改革，首要问题是解决目前国有企业改革的理论基础，明确改革方法与方式。

根据供给侧改革的内涵，实现现阶段国有企业改革首先应当切断国有企业与政府之间的纽带，加强国有企业按照市场规则进行产权多元化、调整国有企业内部治理结构，对国有企业员工实行市场化管理与激励制度，尽量避免政府对国有企业的改革与转型进行干涉；其次，政府应当加强对国有企业改革与转型过程的监督，体现出政府的弥补缺位的地位，以便更好地发挥政府作用，国有企业改革过程中，应当发挥政府监管职能，维护市场秩序稳定，保持市场公平竞争，推动国有企业更好更快转型；最后，将国有企业经济对外放开，大力推行企业混合所有制，以市场化的形式减少国有控股与约束，允许多方经营主体入股，提高国有企业经济活力。

二、国有企业改革抓住"三个阶段"新机遇

当前，中国经济发展主要矛盾并不是总量矛盾，而是结构性矛盾，而供给侧改革主要是结构性改革。因此，国有企业改革应抓住供给侧改革的历史机遇，实

现国有企业的结构改革。应从国有企业的生产端入手，创新供给，满足市场需求，加快国有企业转型变革，形成国有企业新的核心竞争力。

根据供给侧改革的要求，国有企业改革由三个阶段组成。第一，新供给形成阶段。应重视国有企业的创新改革升级，逐渐淡化旧的供给结构，并伴随着技术进步形成新供给，以新的供给创造出新的需求，形成良好的经济循环。第二，实行国有企业兼并改革。当国有企业的供给与市场需求达到稳定及平衡后，要素利用率逐渐下降，资源配置开始降低，单一的产品供给难以保证国有企业的正常经营。因此，注重国有企业兼并，实行企业重组，完善国有企业产品线，扩大市场份额，将有利于国有企业市场竞争力的提升。第三，注重国有企业市场退出机制。过剩的供给在短期内难以被消化，而沉淀的资本长久不能退出，国有企业陈旧的供给难以创造新的需求，此时将对国有企业经营状况产生巨大困境。因此，建立合适的退出制度，保证国有企业资金不断合理的流通，提高资金使用效率，也是国有企业改革的一个重点方向。

三、以供给侧"三驾发动机"为基础，加快国有企业改革

从供给侧管理角度而言，加快国有企业改革步伐应从供给侧"三驾发动机"出发，即制度因素、产业因素以及质量因素，分别进行改革。

首先，制度因素的改革。加快政府与国有企业市场化进程，全面解放生产力、提升国有企业竞争力，消除新供给约束，以改革创新为出发点，充分激发国有企业经济活力，由粗放增长转向供给升级集约式增长，持续推动国有企业发展。

其次，积极调整国有企业供给结构。通过企业内部要素比例的调整，让更多的资源流向有需求、有前途的产业中，达到改善效率的目的。在调整国有企业结构的过程中，不断释放国有企业生产潜力，激发生产活力，增加有效供给。

最后，以提升国有企业产品质量来实现供需匹配。提升国有企业产品质量有两条途径，一是加大创新，二是精致化生产。创新需要国有企业加大研发投入，增加研究经费，同时也需要政府对国有企业技术创新的支持，尤其是一些重大科研项目的攻关工作。精致化生产需要国有企业加大对产品生态圈的建立，不断完善产品质量与服务，以品质吸引消费者，提升国有企业市场竞争力。

PART TWO | 下篇

　　本篇为实践篇，通过中冶建工十年辉煌、十年困难、十年崛起的发展历程，分析总结出中冶建工改革发展的成功经验，从实践的角度，为尚处于发展困境的国有企业提供一个成功的案例样本。

　　本篇首先介绍了中冶建工的发展历程，包括中冶建工的简介、发展历程以及发展成就。其次对企业的改革经验进行了深度挖掘，提炼出中冶建工改革成功的原因，包括以下几个方面：企业完善治理结构、企业创新管理、企业文化建设、企业党建，其中企业创新管理又包括企业资源整合、项目管理、经营结构调整、薪酬管理与人才吸引、科技创新管理五方面的实践经验。最后对中冶建工改革成功的经验进行了总结，中冶建工的战略、管理、政策、文化、党建五方面的主要经验值得学习借鉴。

第九章 中冶建工集团的发展历程

第一节 中冶建工简介

中冶建工集团有限公司（简称中冶建工），是世界500强企业中冶集团属下全资子公司，是集工程总承包、产品制造、房地产开发为一体的大型综合性企业集团公司。其前身中国第十八冶金建设公司（简称十八冶），成立于1965年9月23日，原称冶金工业部第十八冶金建设公司，由重庆特钢建筑公司、重钢建安公司以及原中国五冶一公司合并组建成立。1992年更名为中国第十八冶金建设公司，1999年4月国家冶金局撤销，归属中冶集团。2006年9月，十八冶以其主业资产为基础，以分立改制方式设立中冶建工有限公司，十八冶作为存续企业承担有关历史遗留问题的处理。2008年12月，中冶建工和十八冶均作为上市资产全部进入中国中冶。2011年4月，以中冶建工有限公司为核心企业的中冶建工集团成立后，中冶建工有限公司更名为中冶建工集团有限公司。

中冶建工现有建筑工程、市政公用工程和冶金工程三个施工总承包特级资质，有建筑设计、人防设计、冶金行业设计、市政行业设计"四甲"资质和地质勘查甲级资质；有公路工程、机电工程施工总承包一级资质和钢结构工程专业承包一级资质。主要从事工程施工总承包及专业承包、建筑勘察设计、钢结构加工制作、商品混凝土生产及销售、机电设备安装调试、装饰装修、园林绿化、新型周材及物流管理、工程检测、房地产开发、物业服务及相关产业等经营业务，能从工程的规划勘察设计到工程的全面组织实施，向用户提供"交钥匙"的全过程施工管理和服务。

近年来，在社会各界的关心和支持下，中冶建工紧紧抓住国家全面建成小康社会的历史机遇，以西部重镇重庆为大本营，辐射全国各地，积极参与民生工程、市政交通工程、高新技术厂房和新兴产业项目等重点工程项目建设；公司积极开拓海外市场，先后进入阿尔及利亚、格鲁吉亚、科特迪瓦、乌克兰等非洲和亚欧市场，企业取得快速发展。2011年至今，中冶建工连续8年实现营业收入和新签合同"双百亿元"。公司现有员工4973人，注册资本21亿元。

第二节　中冶建工发展历程

一、困难期

在50多年的发展征程中，中冶建工有过辉煌的历史，也经历过艰难的岁月。公司成立后，经过20余年的努力，在20世纪80年代末，重钢100万吨钢铁冶炼工程竣工之时，企业发展曾达到一个高峰。但从90年代初开始，随着我国市场经济的逐步确立，建筑行业竞争日益激烈，由于当时企业干部职工观念意识落后，加之管理失控，导致公司连年亏损，开始滑入低谷。截至1999年底，公司累计亏损达1.7亿元，资产负债率达99%，职工工资拖欠严重，累计拖欠已达22个月，企业处于破产的边缘，职工的积极性和信心受到严重挫伤，大量骨干员工流失，企业出现了长时间的生存危机。

二、发展期

2000年3月，中冶集团调整了公司领导班子。新的领导班子以消灭亏损项目、亏损单位为首要管理目标，卧薪尝胆，艰苦创业，提前实现三年扭亏目标，使企业艰难地走出了低谷，逐步步入良性发展轨道，树立起企业新的社会形象和市场信誉。从2001年开始，公司上下励精图治、负重自强，从恢复管理、规范管理、提升管理再到精细管理，企业顺利完成了"一五"扭亏脱困、"二五"实力积蓄、"三五"发展壮大。

在"一五"（2001~2005年）期间，公司以规范管理为抓手，不断探索实践，构建了以"一体五制"为核心的项目管理体制，扭转了项目亏损的不利局面，使项目成为"消灭"亏损单位的细胞载体，在短期内推动公司走出了困境，也为公司工程项目管理水平全面提升、精品工程不断涌现奠定了坚实的制度基础。公司遵循小品牌支撑大品牌的思路，以市场需求和发展战略为导向、以打造优势专业为突破口、以培养新的利润增长点为目标，立足建筑施工领域，通过政策扶持，不断推进企业资源的重新组合或调整改革，逐步形成具有较强竞争力的众多主体专业，加快了脱困步伐。公司想尽一切办法补发员工工资、补发离退休人员补差、归还银行历史逾期贷款和补缴社保欠费等，解决了员工同企业共命运的信心问题，重塑了企业形象。在坚持改革的同时，公司致力于企业文化建设，对外树立形象、宣传品牌，对内凝聚人心、鼓舞士气，逐步形成了以"追求事业上的成功和工作中的尽善尽美是我们最大的快乐和享受"为共同价值观的企业文化体系，决定了公司全体员工的精神走向、精神寄托和精神追求。

在"二五"（2006~2010年）期间，公司按照现代企业制度的要求，建立企业"有机结合、协调运转、独立履责、监督制衡"的内部运行机制，完善了企业治理结构，企业生产力获得空前解放。在规范管理基础上，坚持管理创新，推行精细管理，创建学习型组织和创新型企业，增强了企业核心竞争力，使企业管理与企业发展血肉相依，生生不息。公司进一步提出经营文化、学习文化、创新文化、质量文化、安全文化、理财文化、廉洁文化、效率文化、反思文化、忠诚文化十大文化理念，建立起以企业共同价值观为基础，以十大文化理念为支撑的完整的企业文化体系，为企业发展提供了强大的精神支撑和思想基础。公司以市场为导向，着力调整经营结构，完成从钢到非钢的市场转型，企业整体规模得到高速扩张，确保了公司在国家控制冶金建设规模情况下的持续稳定发展。2010年，公司新签合同119亿元，首次突破百亿元大关，公司"二五"规划圆满收官，使企业逐步进入了良性发展的轨道。

在"三五"（2011~2015年）期间，公司坚持"加强中间，做强主业，延伸两端，提升价值"的发展思路，深化体制机制改革，创新经营管理模式，调整经营结构，坚持"有所为、有所不为"，将经营范围集中在建筑产业链的上下游，通过做强做大专业公司，将产业链上的每个专业做强做优，完善价值链的服务功能，实现全产业链的市场介入，为用户提供全产业链的服务。公司全面打造30个左右市场主体的格局基本形成，基本实现总部和二级公司同步经营、重庆和重庆以外区域市场、国内和海外市场占有的并举。2015年，公司实现了新签合同、营业收入、利税总额、经济增加值等八大主要经济技术指标在2010年基础上翻番的规划目标，企业发展质量和综合实力进一步增强，社会形象大幅提升，体制机制更加完善，为公司"四五"成熟发展奠定了坚实的基础。

如今，中冶建工已经步入新的五年规划发展期。在"四五"期间，公司将以中冶集团的战略新定位和公司"加强中间，做强主业，延伸两端，提升价值"的发展总战略为统领，以低成本战略、大循环战略、精细项目管理战略、做强主体专业战略、转型发展战略、资本扩充战略、创新战略、人才战略、品牌战略、用户战略、信息化战略和国际化战略等子战略为支撑，全面增强在新形势下推动企业持续稳定健康发展的本领，力争五年再跨上一个新的台阶，使公司体制机制更加完善，经营结构更加合理，核心能力更加突出，发展动力更加强劲，企业价值更加显著。

第三节　中冶建工发展成就

中冶建工在集团化的广阔平台下，已建构起 30 余个分支机构和独立法人企业，业务涵盖城市规划、建筑勘察及设计、冶金建设、高端房建、市政路桥、商品混凝土制造、钢结构及非标设备制安、机电设备安装、大型土石方施工、超高层建筑、高速公路、城市综合体、轨道交通、大型吊装、房地产开发、新型周材及物流管理、工程检测、园林绿化、装饰装修、物业管理等领域，形成了对建筑施工全专业、全流程的覆盖，构成了较为完整的建筑产业链和服务价值链。

中冶建工以市场为引领，逐步建立起了比较完备的资质体系。公司现拥有建筑工程、市政公用工程和冶金工程三个施工总承包特级资质；拥有建筑设计、人防设计、冶金行业设计、市政行业设计"四甲"资质和地质勘查甲级资质；拥有公路工程、机电工程施工总承包一级资质和钢结构工程专业承包一级资质。

中冶建工坚持以管理创新推动企业发展。公司以现代企业制度为基础，建立起较为完善、精准而高效的战略管理、经营管理、项目管理、财务管理、风险管理等管理制度。其中，以"一体五制"为核心的项目管理体制，集中代表了中冶建工近年来在管理创新与制度设计、在项目定位与项目管理中的深刻思考。而持续地推进精细管理、学习型组织建设，使企业管理与企业发展相辅相成，不断前进。

中冶建工致力于先进施工技术、施工工艺的研发和应用，截至 2018 年底，拥有 124 项核心技术、1297 件专利授权，52 项科技成果经省部级鉴定，获国家级工法 5 部、省部级工法 50 部。其中，电阻压接焊接封闭箍筋制作与安装施工技术、异形空间弯扭结构制造关键技术等达到国际先进水平，特细砂高性能泵送混凝土配合比和操作规程为国内首创，钢管柱节点环形梁施工技术、大直径轴承热装施工技术、超高层建筑钢框架十字型钢柱制造关键技术等为国内领先；双曲面反弧墙模板施工关键技术、室内大版面墙砖丝挂粘接施工技术等达到国内先进水平。公司获批国家级博士后科研工作站，通过国家高新技术企业和重庆市科技型企业认定，赢得了企业发展的更高平台。

半个世纪以来，中冶建工以管理和技术为支撑，在全国各地创造了 200 余项国家、省部级优质工程。在重庆，即有庆铃汽车零部件机加工车间工程、大都会广场工程、奥克国际贸易中心工程、西永微电园工程、中冶建工大厦工程、重庆新闻传媒中心工程荣获"中国建设工程鲁班奖"；大都会广场工程、奥体中心运动场工程荣获"中国詹天佑土木工程大奖"；国际会展中心钢结构工程、赛迪重工联合厂房工程、重庆南川体育场工程、重庆国际马戏城工程、重庆际华目的地 5# 体育中心钢结构工程、香格里拉市旅游门户基础设施建设项目白塔钢结构工程六次问鼎"中国钢结构金奖"；中冶建工设计研发大厦安装工程、重庆轨道交通六号线二期（礼嘉—向家岗）车站设备安装工程（蔡家车站）、重庆新闻传媒中心安装工程荣获"中国安装工程优质奖"；重庆机场路拓宽改造工程荣膺"全国市政金杯示范工程"。

中冶建工始终坚持以建设质量效益型企业为目标，追求高质量发展，企业盈余能力、资产质量状况、债务风险状况优良。2018 年，公司实现营业收入利润率 4.84%，净资产收益率 20.28%，经济增加值（EVA）84150 万元，国有资产保值增值率 121%，资产负债率 75.63%，流动资产周转率 1.48 次，带息负债 0 元。企业社会形象不断提升。公司跻身中国建筑业竞争力百强；连续 15 年位列重庆 100 强企业前列，连续多年位列重庆纳税 50 强暨重庆纳税信用 A 级纳税企业；连续多年荣获全国优秀施工企业、全国建筑业先进企业称号；连续多年被评为"AAA"银行资信企业；多次被授予全国建筑业科技进步与技术创新先进企业、科学技术奖科技创新先进企业等荣誉称号。

第十章　中冶建工现代企业制度实践

第一节　建立现代企业制度　改制设立中冶建工有限公司

一、实施主辅分离，剥离企业办社会职能，为企业改制扫除障碍

"一五"期间（2001~2005年），十八冶通过内部一系列有效改革，已经摆脱了生存危机，逐步走上良性发展的道路。但作为诞生于计划经济体制下的传统国有企业，其在体制、机制以及管理制度等方面很难再适应社会主义市场经济体制。对十八冶进行公司制改造，建立"归属清晰、权责明确、保护严格、流转顺畅"的内部运行机制，是增强企业活力，促进资源有效配置，提高企业市场竞争力的必然要求，是市场经济条件下企业进一步发展的体制保障。

然而，在计划经济时期，与多数国有企业一样，十八冶为职工的生产、生活建立相关的服务部门，久而久之就形成了包括文教卫生、生活后勤等在内的一应俱全的"小社会"。十八冶除了进行生产外，还长期承担着部分办社会的职能。企业办社会的职能，是企业的辅业，导致了企业负担过重，企业资源和精力分散，严重制约了企业全面参与市场竞争和发展壮大，同时也导致了政企、社企不分，产权关系不顺畅，为企业的公司制改革造成了障碍。为实现政企、社企分开，回归企业生产经营职能，明晰产权关系，为下一步建立现代企业制度、开展公司制改造创造条件，十八冶按照《关于国有大中型企业主辅分离辅业改制分流安置富余人员的实施办法》（国经贸企改〔2002〕859号）文件精神，积极策划，有序推进企业办社会职能剥离工作，实施主辅分离。

（1）十八冶原办有两所子弟小学、两所子弟中学，分别于 2000 年 7 月 27 日和 2002 年 12 月 28 日将中国十八冶第一子弟中学和中国十八冶第一子弟小学整体移交重庆市九龙坡区人民政府，于 2002 年 12 月 30 日将中国十八冶第二子弟中学和中国十八冶第二子弟小学整体移交重庆市大渡口区人民政府，以上 4 所子弟学校共移交教职工 169 人。

（2）十八冶原办有职工医院，经友好协商，于 2004 年 12 月 31 日移交重庆市九龙坡区人民政府。该项移交工作，共涉及人员 127 人，资产 176.32 万元，债务 332.55 万元。

（3）能源管理方面，2004 年至 2006 年 5 月，十八冶分期、分片区完成了共计 4558 户住户的供水分离移交工作；2001~2002 年，十八冶作为重庆市燃气移交的试点单位，完成了共计 4370 户住户的供气分离移交。

二、理顺专业分工，完善主体专业架构，为企业改制提供有力支撑

为适应市场竞争的需要，为企业改制创造更为有利的条件，十八冶在开展辅业剥离的同时，逐步顺畅相关专业分工，健全完善主体专业结构，推进主体专业再造。

（一）改制成立重庆市拓业建设工程质量检测有限公司，打造工程质量检测专业

2003 年 6 月，十八冶围绕建筑主业将中国十八冶金建设公司建设工程质量检测站改制成立重庆市拓业建设工程质量检测有限公司，注册资本 120 万元，从而填补了公司工程质量检测专业的空白，同时也有效监督保障了公司承建工程的质量。

（二）实施职能重组，助力房地产和物业管理专业发展

从专业的公司干专业的事的角度出发，2005 年 1 月，公司下发了《关于对重庆十八冶实业开发有限责任公司进行重组的决定》（十八冶司发〔2005〕13 号），一方面将十八冶下属全资子公司重庆十八冶实业开发有限责任公司履行的房产、地产等资产管理职能划归公司资产管理处；另一方面将重庆十八冶实业开发有限责任公司除房地产开发以外的所有职能划出，成立另一全资子公司重庆顺和物业管理有限公司。重组后，重庆十八冶实业开发有限责任公司主要从事房地产开发业务，新设立的重庆顺和物业管理有限公司则主要负责公司职工住宅管理、能源管理、基地绿化等，进一步清晰了房地产和物业管理的专业分工，理顺了相关管

理，为下一步做强做大房地产和物业管理两项主体专业铺平了道路。

三、实施公司制改造，设立中冶建工有限公司

2006 年 9 月，经过努力，十八冶顺利完成了系列企业办社会职能的剥离，改制基础条件已经成熟，公司正式启动企业改制工作。

（一）改制工作遵循的原则

（1）建立归属清晰、权责明确、保护严格、流转顺畅的现代产权制度，结合公司发展战略，通过改制促进公司产权结构、经营结构、组织结构、人员结构的优化，加快企业发展。

（2）有利于改制公司发展和企业战略目标的实现，有利于存续公司离退休、大龄内退人员的管理和费用支付，有利于国家政策的利用和企业历史遗留问题的处理。

（3）改制工作实施的目的在于为出资者谋取合理回报，为企业谋求持续稳定的发展，为职工谋求收入的稳步提高。

（4）坚持"公开、公平、公正"的原则，依法实施，规范操作，防止国有资产流失，维护国家、企业及职工的合法权益。

（5）按照国家政策要求，正确处理改革、发展与稳定的关系，充分考虑企业、职工和社会的承受能力，切实做好职工工作，处理好历史遗留问题，统筹规划、稳步实施。

（二）改制实施的方式

（1）以十八冶部分资产进行重组，通过吸收其他社会法人和部分内部员工的投资设立中冶建工有限公司（简称中冶建工），由中冶集团代表国有资本出资控股，原中国十八冶继续保留，为中冶建工的投资主体之一。

（2）中冶建工承继十八冶的建筑业资质，主要从事工程施工总承包、专业承包、维护检修、钢结构加工制作、商品混凝土生产及销售、建筑工程设计、建筑材料供应与租赁、房地产开发及相关实业的经营。

（3）中冶建工依据《公司法》的规定，建立由股东会、董事会、监事会和经理层组成的法人治理结构，为企业高效经营和长期发展提供组织保证。同时，按总公司、分公司与母子公司两种管理模式运作。

原十八冶下属的各工程公司、区域性分公司仍按分公司的设置整体进入中冶建工；原十八冶拥有的下属各全资或控股子公司的资产，除芷竹园林公司、顺和

171

物业公司两个子公司留在十八冶外，其余全部进入中冶建工，进一步明晰产权关系，由中冶建工对下属各全资或控股子公司实施出资人管理。

（4）改制后，十八冶作为存续企业主要负责工程建设代理、建设工程咨询、物业管理、园林绿化、房屋租赁、资产经营等。

（5）组建中国十八冶养老保障服务中心（分中心）和资产管理中心（含财务管理）。养老保障服务中心（分中心），负责对原十八冶的离退休、内退等各类人员进行管理。各二级单位对离退休、内退等各类人员管理的渠道不变，承担各自变现支付的义务与责任。资产管理中心负责对改制后十八冶的资产进行管理。

（三）人员管理及安置

1. 在岗员工

由十八冶进入中冶建工的在岗员工与中冶建工签订新的劳动合同，其在改制前后的工作年限合并计算，并由中冶建工为其接续社会保险关系。改制后留在十八冶的在岗员工的劳动关系和社会保险关系保持不变，其待遇比照中冶建工员工的相应标准执行。

2. 不在岗员工

一是劳动合同到期的（不含居家、内退人员）不再续签劳动合同，按规定支付一次性生活补助费，终止劳动关系。二是中心大龄内退人员，劳动关系不变，按政策规定享受相关待遇，由十八冶负责管理。三是居家、内退人员，劳动关系和原待遇不变，由十八冶负责管理。四是病劳保人员符合病退休（职）条件的办理病退休（职）手续；不符合病退休（职）条件的原则上解除劳动合同，按规定支付经济补偿金。五是工伤人员具备上岗条件的，尽可能安排上岗；无岗位安排但符合政策规定可解除劳动合同的，按解除劳动合同办理，并按规定支付相关费用；不能解除劳动合同的，其劳动关系不变，由十八冶按规定负责管理。六是中心到期人员一律解除劳动合同，按规定支付经济补偿金。另外，对于其他不在岗人员，在2011年12月31日及以前达到法定退休年龄的人员，可与十八冶签订协议保留劳动关系，到法定退休年龄由十八冶按规定办理退休手续；2011年12月31日以后达到法定退休年龄的其他不在岗人员原则上解除劳动合同，按规定支付经济补偿金。

3. 离休干部

离休干部的管理服务工作维持现有方式不变，由中冶建工负责落实。

4. 离退休人员、老化人员和工亡、病亡遗属

改制前的离退休人员、老化人员和工亡、病亡遗属仍由十八冶负责管理，原待遇不变。

（四）资产与债权债务处置

一是原十八冶与生产经营相关的办公设施、机械设备（机具）、物资等生产资料进入中冶建工。二是原十八冶与生产经营紧密相关的少量房产、地产（如公司办公大楼等）进入中冶建工，其他大部分房产、地产留在十八冶。三是债权债务按与生产经营的关联度，以及有利于债权回收、债务处理的原则并结合债权人的意愿进行分割。四是经确认的拖欠员工或离退休人员个人的工资、集资款、医疗费、非统筹费用按"债随人走"的原则进行处置。五是十八冶所留的资产或债权通过签署协议由其委托中冶建工协助变现或由中冶建工有偿使用，以及通过进行土地的联合开发等，由中冶建工保证十八冶离退休、大龄内退、居家、工伤人员费用的货币支付。六是在首先保证对离退休、大龄内退、居家、工伤人员的当期费用支付不拖欠的前提下，对留在存续公司的员工或离退休人员个人的内部债务原则上由十八冶逐步予以清偿，由中冶建工保证该内部债务的货币支付。

2006 年 6 月 26 日，十八冶九届二次职代会审议通过中国十八冶改制总体方案。8 月 25 日，中冶集团对改制方案正式批复。9 月 27 日，中冶建工有限公司揭牌成立，标志着十八冶在体制改革进程中迈出了实质性的一步，标志着企业在前进的道路上步入了一个新的发展阶段。2008 年 12 月，中冶建工和十八冶均作为上市资产全部进入中国中冶。

第二节　设立中冶建工集团　开启集团化运作新时代

十八冶改制设立中冶建工有限公司后，自 2007 年正式运行以来，显示出强大的制度优势，员工积极性得到极大调动，企业生产力获得空前解放，企业经营业绩持续稳定增长，经营质量不断提高，经营规模迅速提升，提前两年实现了"二五"规划（2006~2010 年）所确立的主要目标，初步奠定了公司持续发展的基础。2010 年底，为进一步获取更大的发展空间，提升企业的社会影响力和知名度，更好地实现资源协同、品牌效应的最大化，中冶建工将实施改制企业与存

续企业的整合，设立企业集团摆上日程，总体思路为：

一是基于与中国中冶内部其他兄弟单位差异化发展的需要和"中冶建工"在非钢市场已经具有的品牌价值，以中冶建工有限公司为母公司设立企业集团"中冶建工集团"，并将"中冶建工有限公司"更名为"中冶建工集团有限公司"，以进一步提升企业对外形象，树立企业品牌，扩大企业社会影响力和知名度，改善企业经营环境。

二是通过股权转让，使中冶建工成为中国中冶的全资子公司，进而由中冶建工控股合并十八冶。十八冶继续保留，主要负责历史遗留问题的处理、相关资产经营管理和对外投资等。同时，根据经营业务开展和满足"设立企业集团需有5个全资或控股子公司"的基本条件要求的需要，将十八冶所持有的芷竹园林公司、顺和物业公司两个全资子公司的全部股权转让给中冶建工，使其成为中冶建工的全资子公司。

三是将中冶建工控股合并十八冶所支付的股权转让款，作为中国中冶对中冶建工的资本投入，增加企业注册资本，以进一步改善企业财务状况，降低资产负债率，满足公司经营规模快速发展的需要，为企业承接大型及特大型工程项目创造条件。

2011年2月18日，中国中冶正式批复同意公司关于存续企业改制企业整合暨设立中冶建工集团的方案。4月15日，中冶建工集团有限公司正式揭牌，标志着企业开始了集团化运作的新征程，也为企业形成庞大的产业集群提供了可能，为实现企业"国内一流、重庆第一的工程总承包特级企业和具有国际竞争力的企业集团"发展愿景提供了重要的、内在的契机。

第三节　实施党建工作进章程　明确党组织的法定地位

国有企业是国家治理体系的重要组成部分，有其独有的政治属性和社会责任。《中国共产党章程》《中国共产党党组工作条例》等党内法规明确规定了国企党组织的地位作用。但过去，国有企业章程对党建工作规定较为简单、笼统，党组织的法定地位不明确，职能规定不具体，影响了国企党组织领导核心和政治核心作用的发挥。2015 年 8 月,《党中央国务院关于深化国有企业改革的指导意见》提出要加强和改进党对国有企业的领导,其中一条就是要充分发挥国有企业党组织政治核心作用,把加强党的领导和完善公司治理统一起来,将党建工作总体要求纳入国有企业章程,明确国有企业党组织在公司法人治理结构中的法定地位,创新国有企业党组织发挥政治核心作用的途径和方式。2016 年 10 月,习近平总书记在全国国有企业党的建设工作会议上强调:坚持党对国有企业的领导是重大政治原则,必须一以贯之,中国特色现代国有企业制度,"特"就特在把党的领导融入公司治理各环节,把企业党组织内嵌到公司治理结构之中,明确和落实党组织在法人治理结构中的法定地位,做到组织落实、干部到位、职责明确、监督严格。

鉴于此,为深入贯彻落实中央关于深化国有企业改革中坚持党的领导加强党的建设有关要求,进一步规范公司的组织和行为,公司在 2017 年将党建工作总体要求纳入了公司章程,明确了党组织在企业法人治理结构中的法定地位,从体制机制上保障了企业党组织的领导核心和政治核心作用的发挥。同时,为了不使党建工作纳入章程只停留在纸面上,公司进一步修订完善了党委会议事规则和"三重一大"事项决策制度,进一步明确了企业党委会、董事会和经理层之间的权责边界和权限划分,形成了各司其职、各负其责、协调运转、有效制衡的公司治理机制,保证了公司章程中党建的有关规定能落到实处。

第十一章 中冶建工管理创新实践

第一节 整合企业资源 打造优势产业

一、打造企业优势产业的资源整合与管理的实施背景

2000 年，公司新一届领导集体面对一个"工程任务严重不足，财务状况极差、管理极度混乱、职工生活水平急速下降、企业凝聚力几乎丧失、企业生产力遭到极度破坏"的困难企业，一方面，进行清理整顿，规范、强化以工程项目管理为核心的各项管理，全力开拓市场；另一方面，深入调研，发掘扭亏脱困和发展的潜在优势，提出"以资源整合为手段，以打造优势专业为突破口，以培养新的利润增长点为目标，扭亏脱困，提升价值，创立品牌"的发展战略。在企业整体困难的情况下，通过改革改制，整合资源，打造优势产业，给予其必要的政策扶持，让其活起来，创立若干小品牌，形成优势，支撑企业走出困境，步入良性发展的快车道，做强做大，实现整体提升创新式发展目标。

二、打造企业优势产业的资源整合与管理的主要内涵

中冶建工按照"以小品牌支撑大品牌，实现整体提升创新式发展目标"的思路，确立"以资源整合为手段，以打造优势专业为突破口，以培养新的利润增长点为目标，扭亏脱困，提升价值，创立品牌"的发展战略，明确了"以市场需求和发展战略为导向，有效利用资源优势，发掘资源潜力，着力提高企业的作业效率、管理效率和资源利用率，着眼高端市场打造优势产业，优化产业结构布局，培育与提升企业的核心能力和创利能力"的整合指导思想。在对企业具有潜在优

势的专业现状、市场前景进行分析研究的基础上，以混凝土专业为切入点，对工民建等六个专业的资源进行整合，给予其政策扶持，以打造优势产业，推进公司改革发展，加快脱困步伐，重塑企业形象。通过确定整合的方针、方式，以人力资源和经济活动为重点推进整合过程，以提高核心竞争力为目标增强企业实力，打造品牌产业，推动企业在较短时期内走出困境。

三、打造企业优势产业的资源整合与管理的主要做法

资源整合是一个重大的战略过程，是一项复杂的系统工程，也是提高企业整体生存发展能力的迫切需要。中冶建工本着积极慎重、大胆稳妥、重点突破、逐步推进的思路，实施资源整合，打造优势产业，创造品牌。

（一）策划整合方案

1. 明确整合方针，确定整合原则

依据实施资源整合，创立品牌战略的思路和企业实际，为保证整合工作顺利向前推进，将"整合优势、创建品牌、提升规模、做强主业"作为资源整合的方针，并把"有利于公司做强做大优势专业，有利于调动整合涉及人员的工作积极性，有利于各项业务工作、专业工作的开展"作为开展整合工作必须遵循的基本原则。

2. 确定整合对象和整合方式

要进行打造优势产业的资源整合，首先必须确定整合专业、明确整合对象。整合对象的选择是否恰当，直接关系到整合的成败。中冶建工根据整合指导思想，围绕打造优势产业这个总体目标，确定整合专业，一看整合的必要性，二看有无潜在优势，三看有无市场，四看是否符合企业总体发展规划与专业布局。如在整合混凝土专业时，研究了该专业的现状、优势所在和市场前景等。当时的混凝土分别由三个土建分公司的三个搅拌站生产，以供应公司工程施工需要为主。这种自产自销为主的生产管理体制很难适应市场经济的新要求。一是三个搅拌站自成体系，资源难以优化配置，相互之间无序竞争严重；二是三个搅拌站各自的规模都较小，难以形成规模效益；三是三个搅拌站是为三个土建分公司服务的附属单位，职工的"等、靠、要"思想严重，几乎没有形成对外市场开拓能力。其实，中冶建工是重庆市最早引进混凝土搅拌设备，从事预拌混凝土技术开发和生产的单位，混凝土生产具有一定的技术优势。同时，随着建筑业的发展，重庆市混凝土的需求量每年将保持较大的增长幅度，且由于质量、环保等主要原因，自

产自销为主的混凝土生产方式将逐步向商品混凝土发展，重庆市混凝土生产有良好的市场发展前景。于是，公司果断决定对混凝土生产资源进行整合。

遵循具体问题具体分析的原则，根据所整合专业的具体情况，中冶建工针对整合对象的不同特点和资源与环境的差异，采取不同的整合方式。

一是将同质而分散的资源整合在一起，组建专业分公司，提高资源的集中度，迅速扩大经营规模，提升市场地位，减小内耗，降低成本，树立品牌，做强做大整合专业。公司以此方式整合混凝土专业、周转材料租赁专业、大型吊装专业、装饰装修专业、勘察设计专业，将附属于三个土建分公司主要为自己工程服务的 3 个混凝土搅拌站的资源整合组建为直接面向市场、独立发展的混凝土工程分公司；将附属于三个土建分公司的 8 个租赁站的资源整合组建为独立面向市场的物产分公司；将附属于两个土建分公司的安装工程处、机动设备厂和钢构公司下属的吊装分公司的资源整合组建为具有独立设备租赁能力的吊装工程分公司；将附属于安装分公司的装饰装修技术能人与勘察设计院的装饰装修设计人才整合组建为专业从事装饰装修业务的装饰装修工程分公司；将天津勘设院和甘肃勘设院交由勘设总院统一管理，以便对资源进行统筹规划协调，进一步做强做优企业勘察设计专业，增强企业 EPC 工程总承包能力。

二是将异质而相关的资源整合在一起，重组专业分公司，形成一体化的综合施工能力，通过完善产业链，增强整合专业独立参与市场竞争的能力。公司以此方式整合路桥专业，将第一建筑工程分公司的预制构件生产资源和第二建筑工程分公司桥梁工程资源整体并入交通工程分公司，使其具备逢山开洞、遇水架桥的综合施工能力，形成土石方、预制、架桥一体化的路桥施工专业优势，增强其独立参与竞争、开拓市场的能力。

三是将相对弱势的同类专业分公司归并整合在一起，集中其优良资产，通过瘦身精干主体，减轻包袱，增强整合专业的市场竞争能力。公司以此方式整合工民建专业，如将经营状况较差的万州分公司整体并入第六建筑工程分公司，充分发挥公司工民建专业优良资产的作用。

四是对相对强势的专业分公司通过资源整合完善其专业功能，提升其专业能力。公司以此方式整合安装专业和钢结构专业，将原工安分公司的管道、锅炉安装专业资源整体并入安装公司，将原机械化分公司的重件吊装专业资源整体并入钢构公司，完善安装公司和钢构公司的专业功能，进一步增强公司安装专业和钢结构专业能力。

五是对具有比较优势的专业分公司进行整合，取长补短，推动专业发展。公司以此方式对高新公司和物产公司进行了整合。主要原因是高新公司主要从事技术研究和产业化开发，其技术创新优势较为突出，但相关管理人员不足、管理基础薄弱，导致其研发的技术成果在产业化推广应用方面进展十分缓慢，效果不佳。而物产公司具有较强的管理优势和人力资源优势，但研发能力不足。两公司整并，正好可以发挥双方的比较优势，推动公司技术成果生产销售管理服务水平进一步提升，加快技术创新成果的产业化推广应用。

3. 制定政策措施，为资源整合工作保驾护航

确定整合对象，明确整合进程，进行资源重组，只是解决了管理体制问题，要把所整合的专业做强做大，形成品牌，还必须根据整合专业的具体情况，采取有效措施，给予适当的政策措施扶持。公司在整合重组专业分公司时，一是明确重组专业分公司的发展定位，将整合重组专业分公司定位为直接面向市场、独立发展的外向型企业。二是配好党政领导班子，尤其是一把手，确保好的决策有强的执行力。三是采取特殊政策。实行"用上交抵投入"，让其得到发展；在关键时给予少量资金扶持，促使解决眼前困难。四是管理上，正确处理授权与控制的关系，放要放得开，管要管得住，确保其稳定发展。五是在资源配置上给予适度倾斜。六是及时提供专业服务和指导，集全公司的力量帮助其做强做大。七是严格内部结算制度，内部市场和外部市场一视同仁，绝不允许内部赖账、有钱不给的现象发生。正因如此，整合重组专业分公司得以较快发展壮大起来。

（二）以人力资源和经济活动正常运行为重点，推进整合工作

1. 强化人力资源整合工作

人力资源是整合的重点和难点。整合过程中，其他资源相对稳定，而人力资源则变数较多。人力资源结构优化是改善企业管理、提高企业经营水平和业绩的关键所在，也是整合能否成功的关键。

首先，加强沟通，让员工了解整合的重要性，增强员工参与整合工作的自觉性。通过让员工充分认识所整合专业面临的严重威胁、着力宣传所整合专业良好的市场发展前景以及整合过程中员工利益的保障，争取得到广大员工的理解和支持，确保整合工作顺利展开。

其次，以人为本，妥善安置各类员工，确保企业和社会的稳定。一方面，做好整合重组专业分公司所需人力资源选拔、调配和使用。一是根据整合重组专业分公司市场定位、经营和生产技术管理职能，进行组织设计，确定定编定员和岗

位能力要求；二是对所整合专业的职工的个人意愿、能力品行、工作业绩等方面进行较为全面的调查、分析、考核，根据考核结果，通过双向选择，对进入整合重组专业分公司人员进行优化配置。

另一方面，妥善安置未进入整合重组专业分公司的富余人员等。一是进行有针对性的转岗培训、技能培训，使部分富余人员转变成为新项目急需的技术工人；二是在全公司范围内安置有意愿且具有其他专业特长的富余人员；三是大力寻求社会就业渠道，帮助富余人员就业；四是大力宣传国家政策，宣传自主创业的成功事迹，鼓励有能力有意愿的富余人员自谋职业；五是合理运用国家政策，为部分符合条件的富余人员办理提前退休，使其生活得到应有的保障。

2. 确保整合专业经济活动正常运转

资源重组过程中，整合专业的生产经营工作难免会受到一定的影响。选择适当（有利于债权债务分割）的整合时点，妥善处理整合专业的债权债务，是确保整合专业经济活动正常运转的重要条件。为此，在整合过程中，公司根据债权债务的不同情况，对整合专业的债权债务进行分割。例如，对于在建工程项目的债权债务，在整合时点以前发生的由原主管单位负责和承担，在整合时点以后发生的由新主管单位负责和承担；对于已完工程的债权债务，不论是否办完决算，其债权债务、统计报量、资金回收等均由原主管公司负责和承担；对于应收内部单位款和对个人应收的其他应收款不进行分割划转；对于与人员相关的所有欠费（社会保险、工资、医药费、差旅费等）随人员转入新主管单位；等等。通过妥善处理整合专业的债权债务，确保了整合专业经济活动正常运转。

（三）以打造核心竞争力为目标，增强整合专业实力

完成所整合专业资源重组工作，仅是走过了整合过程的第一步。资源重组后，来自不同单位职工的思想文化差异需要整合，新的工作秩序需要建立，企业增长和发展的大计需要实施，这些工作，是公司资源整合的主要内容，目标是凝聚全体职工的力量，增强企业实力，提升核心竞争力。

1. 整合经营资源，创新经营管理，全力开拓市场

第一，创新经营指导思想。牢固树立"用户至上、诚信为本、全员经营、追求第一"的企业经营理念，切实推行"大经营、大循环"战略和"干好现场保市场，开拓市场促进好现场"的战略，明确在企业内部，不存在与经营工作无关的人员和部门，实施经营与生产管理岗位的大循环，进一步增强全员的经营意识，实现企业经营资源、人才资源和管理资源的有效利用，实现市场开拓和项目管理

的有效整合。

第二，以市场为导向，调整经营机构，加强领导，充实人员，落实经营政策，改变传统经营模式，以适应变化的市场环境。抽调专业技术骨干充实到经营部门，将经营人员的收入与经营效果挂钩。通过市场细分，选择难度较大、对质量要求较高且特别看重技术实力和装备实力的工程项目为突破口，扩大经营规模，逐步向市场竞争中的高端市场过渡。

第三，不断改进经营策略，提高经营管理水平，建立完善经营工作的长效机制。公司通过改善经营作风、提高经营实力和经营技巧来改进和提高经营工作水平。通过抓经营信息平台的建立，经营项目策划水平的提高，报价技巧及水平的提高，经营实力的提高来建立和完善公司经营工作的长效机制。

第四，创新经营方式，实现内部经营资源的优势互补和社会经营资源的充分利用。经营的加强，服务质量的提高，为公司保持了老客户，赢来了新客户，外部市场迅速扩大。在重庆轻轨工程中，公司按用户要求研制了"百年耐久 C60 高性能混凝土"，既帮助用户解决了困难，又为自己增加了一项极具竞争力的高技术含量和高附加值的新品种。有了这份真诚与服务，公司不仅顺利拿到了大堰车场到大坪段的轻轨混凝土订单，而且又续签了轻轨延长线和轻轨牛角沱职工住宅楼工程预拌混凝土供应等系列合同。

2. 融合、贯通公司所有资源，全方位打造优势主体专业

一是强化生产管理，以低成本参与市场竞争。一方面，通过机械设备重组、滚动发展，加强生产管理，不断加强生产能力建设；另一方面，不断加强成本管理和控制，降低产品成本，为市场竞争提供较大的弹性空间。二是加强技术创新管理，以新产品开拓新市场。公司在资金极其紧张的情况下为打造优势产业，依然确保每年的技术开发投入，强化技术创新，坚持以市场为导向，走"产、学、研"相结合的技术创新开发之路，充分利用社会资源进行技术创新，开发研究新工艺、新产品。三是加强企业文化建设，增强企业的凝聚力。公司提倡文化的相互融合，通过企业文化建立统一的价值观和企业理念等，为主体专业的形成提供精神动力和精神支撑。

四、打造企业优势产业的资源整合与管理的实施效果

（一）丰富了我们对一个困难企业如何在短期内走出困境的认识

一是作为一个困难企业要想在短期内走出困境，提升规模，必须认真发掘出

自己的专业优势，准确判别自己的比较优势，并下决心去发展这些优势，才能在整体上得到发展。二是对于有市场、有潜在优势的专业，应当给予政策资金支持，优先发展，使其做强做大，形成品牌；相反，则应痛下决心，及时淘汰。三是实施资产重组，专业整合，必须发挥这些资产、资源整合在一起的潜在优势，让其面向市场谋求发展。公司再给予相应的授权、指导，做好服务，重组企业一定能焕发生机。

（二）推动公司在短期内走出了困境，为企业转型创造了条件

通过实施资源整合，并规范和强化管理，中冶建工只用了两年时间，就顺利完成了"三年扭亏"的奋斗目标。2003 年，公司走出困境，摆脱了生存危机，确保了一方平安，为缓解社会就业矛盾作出了贡献。资源整合，优化了公司的产业结构，为公司的"二五"规划奠定了坚实的基础，也为企业 2006 年 9 月成功改制创造了条件。目前，公司的混凝土、钢构、安装、土石方和路桥、工民建、房地产、设计、租赁、检修等几大产业的主业结构已具备一定的规模，产业布局更趋合理。公司的竞争实力大大提高，尤其是混凝土工程分公司多年来一直处于重庆市混凝土龙头企业行列。2018 年，公司混凝土产量是 2001 年的 15 倍多，劳动生产率增长了 8 倍多，混凝土专业 18 年来累计创利税 73122 万元。

第二节　精细项目管理　提升核心竞争力

一、以提升核心竞争力为导向的精细项目管理的提出背景

（一）改变项目管理粗放状况，确保企业彻底走出困境的需要

面对 20 世纪 90 年代中后期工程项目大面积亏损，造成企业年年亏损的严重局面，自 2000 年起，中冶建工逐步对项目管理进行了系列改革，不断规范项目管理，取得了一定的成效。2005 年，公司项目管理有了较大进步，但仍不够精细：一是项目管理有效约束与激励不足，项目管理人员在计划经济时期形成的"等、靠、要"思想仍未彻底清除；二是项目成本管理较为粗放，成本控制力较弱；三是分包工程"以包代管"现象较为突出，管控不力；四是项目分包采购不够规范，漏洞较多；五是项目投标较为盲目，风险控制能力不足。因此，企业工

程项目效益不稳定，影响企业稳定发展，急需精细项目管理，以确保企业彻底摆脱困境而步入可持续发展轨道。

（二）提升项目管理水平，增强企业核心竞争力的需要

随着建筑施工市场的快速发展，尤其是中国加入 WTO 后国内市场与国际市场接轨，市场竞争不断加剧，价格战硝烟四起，同时人力资源成本增长过快、原材料价格不断攀升等导致建筑成本压力与日俱增，微利时代已经到来，工程项目的利润空间越来越小。因此，进一步挖掘项目管理潜力，提升项目管理水平，强化项目"进度、安全、质量、成本"四大核心要素的管控能力，降低项目成本而提高综合盈利水平，已成为施工企业提升管理水平、实现创利增效的必由之路。

工程项目是施工企业最为基本的发展载体，是企业经济效益之源。进行精细项目管理，强化项目内部造血功能，也就成为了施工企业面对强大市场竞争压力，突破重围、彻底走出困境，扩展生存发展空间，提升核心竞争力，获得可持续发展的迫切需要。

无数的实践证明，在市场竞争中，谁家企业能持续掌握强有力的核心竞争力，谁就能持续具有竞争的比较优势，处于市场主导地位而立于不败之地。因此，中冶建工必须以提升核心竞争力为导向，改变企业核心竞争力薄弱的状况，通过科学系统的精细项目管理，不断培育和提升包括"核心管理理念、高素质人才队伍、管理方法和手段；自主技术创新（技术专利等）"等知识积累方面竞争对手难以模仿、难以复制的核心竞争力，从而步入竞争的主导地位。

为此，中冶建工在 2003 年扭亏后，经过两年的继续探索实践，于 2006 年正式开始实施精细项目管理。

二、以提升核心竞争力为导向的精细项目管理的内涵和主要做法

中冶建工针对项目管理粗放，管理水平不高，缺乏核心竞争力的实际，以"优质服务业主，精细项目管控，树立良好口碑"为管理理念，以转变项目管理体制、机制为根本，以提升企业核心竞争力为导向，以精、细为基本原则，以重细节、重过程、重基础、重落实、重质量、重效果为重点，以将复杂的事情简单化、简单的事情流程化、流程化的事情定量化、定量化的事情信息化为基本方法，通过构建实施"一体五制"项目管理体制，优化要素管理、投标管理、安全质量管理，运用信息化手段，实现工程项目管理的规范化、标准化、精细化，确保施工企业核心竞争力的提升和持续发展。如图 11-1 所示。

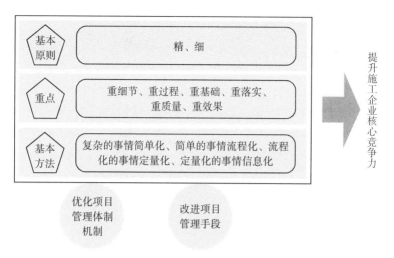

图 11-1 中冶建工精细项目管理

主要做法如下：

（一）理清管理思路，构建精细项目管理组织

1. 理清管理思路

中冶建工在"优质服务业主，精细项目管控，树立良好口碑"核心管理理念指导下，确立了"把握重点，科学计划，责任引导"的管理思路。

一是在企业内部报纸、杂志上设置"项目精细管理"专栏，宣传精细项目管理的重要意义、主要内容及其基本方法，使全体员工掌握项目精细管理的要求，形成共识；刊载企业内部出现的项目精细管理典型事例，营造项目精细管理你追我赶的良好氛围。二是定期以专题例会形式，就项目管理实施过程中的精细性和所遇到的困难与问题进行讨论解决，开展经验交流，同时通告精细项目管理的最新技术动向，部署下一阶段精细项目管理工作重点，明确任务，积极推进。三是每年都对上一年度企业项目精细管理的实施情况进行总结分析，并以此为基础，确定下一年度项目精细管理的工作重点、计划安排等，为企业项目精细管理提供纲领性指引。

2. 构建精细项目管理组织

中冶建工为确保精细项目管理有效开展，形成了企业项目管理精细化的组织基础（见图 11-2）。成立了以公司法定代表人为组长，办公室、审计处、计划财务处、工程管理处、安全生产监督管理处、科技质量处、保卫处、人力资源处、法律事务处等职能部门负责人为成员的"精细项目管理领导小组"（简称领导小

组），负责企业精细项目管理工作的领导、监督、检查、指导。下设"精细项目
管理办公室"（简称办公室），负责精细项目管理的常务工作，如制定精细项目管
理工作计划、实施方案和组织实施。各职能部门按照办公室的安排，开展相应业
务系统的精细项目管理工作，指导、监督各二级公司的精细项目管理工作的落
实。同时，各二级公司还须对本单位委托一级管理项目部、自管项目部的精细项
目管理工作进行组织落实。

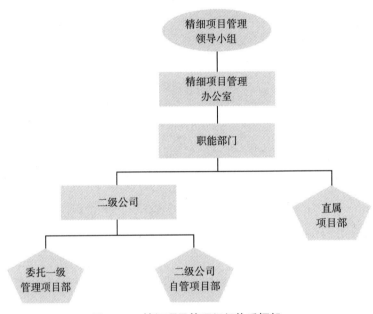

图 11-2　精细项目管理组织体系框架

（二）建立"一体五制"，夯实精细管理基础

1. 建立以"一体五制"为核心的新型项目管理体系

中冶建工在传统的项目管理中实行的是由"工程项目指挥部"和下属的"二
级项目部"组成的"两级管理体制"。前者主要负责工程项目的组织指挥协调，
后者主要负责项目的具体实施，是独立核算单位，承担项目成本盈亏等责任，但
又缺乏对人财物的支配权，导致责、权、利无法统一，管理关系混乱，无法有效
落实管理责任。因此，上下关系之间总存在着一些利益纷争和矛盾，严重影响管
理效率。

配套　　制度

图 11-3　"一体五制"项目管理体制框架

鉴于此，中冶建工通过不断探索，逐步形成了以"一体五制"为核心内容，包括项目薪酬制度、项目审计纪检联动制度、项目质量安全管理制度等严密配套的新型项目管理体系（见图 11-3），奠定了项目管理精细化的体制基础。其中：

"一体"是指"一级管理专业分包的管理体制"，这是项目管理的根本。主要在于削减管理层次、落实管理责任、硬化管理成本、增强核算意识、提高管理效率。

"五制"是指"项目经理责任制、项目成本核算制、项目生产要素招标采购制、项目经营成果复审审计制、项目公开通报奖惩制"，这是项目管理的基本措施。以此对项目管理的关键人物和关键环节实行有效的激励、约束和控制，保障项目管理有效运行。

2. 明确项目管理主体

项目组建模式是项目管理体制的核心和基础性内容。在新的项目管理体系中，每一项工程仅设立一个责任主体（项目部），即"一级管理"，项目部直接对企业负责，负责整个项目的组织、统筹、协调及实施；对存在多专业的工程项目部，下设专业分部，即"专业分包"，负责专业分包工程的具体实施，专业分部直接对项目部负责。同时，随着经营规模的扩大、承揽项目增多，企业采取了管理重心下移的措施，将总部对项目的部分管理职能授权给二级公司，但这并不意味着总部管理的主体地位发生了变化。二级公司对项目的管理是总部管理的向下延伸，必须在总部授权范围内，并且在总部建立的管理体系内进行，而总部集中管理事项不能进行授权。为此，中冶建工建立了"定位清晰、责任明确、流转顺畅、管理高效、有序竞争、奖惩严明"的一体化项目管控体制机制，明确了总部、二级公司、项目部三个层级的职能定位。即：

企业总部是项目管控主体，主要以管战略、管资本、管班子为核心，主要承担十个中心的集中管理职能定位，即信息集成中心、决策中心、资金中心、投资中心、招标中心、结算复审中心、审计中心、考核奖惩中心、信息与技术研发中心和案件查处中心。

二级公司作为总部管理的延伸单位，在总部的授权下，确立以市场开拓、要素管理、创造利润为核心形成十个中心的职能责任定位，即市场开发中心、投标中心、利润中心、人才中心、招标策划中心、资源链建设中心、体系运行中心、计划管控中心、项目过程管理中心和用户回访维护中心。

项目部是项目管理的实施主体。根据总部的授权，以项目经理为核心，执行两级公司的决策，确立以合同履约、成本控制、安全质量管理为核心形成十个中心的职能责任定位，即项目策划中心、安全质量管控中心、成本核算中心、合同执行中心、工程预结算中心、劳务管理中心、生产要素组织调配中心、标化现场管理中心、工程款回收中心、后续项目开拓中心。

3. 落实项目经理责任制

"一体五制"的核心是项目经理责任制，项目经理责任制是指，项目经理按企业法人的授权，在授权范围内代表企业对业主全面履行甲乙双方所签订的合同，对工程项目的实施实行全面、全过程、全方位的管理，按照目标责任书的约定，对项目经营成果承担有限责任、对安全生产全过程负责、对工程质量终身负责。项目经理是施工生产要素的组织者、纪律的执行者、有能力的管理者。

（1）建立项目目标责任制。以项目经理与企业法人代表签订《项目管理目标责任书》的形式，明确项目经理部的责、权、利。

（2）建立风险抵押机制。"风险抵押金"（具体额度视工程项目的专业性质和体量确定）是包含项目经理在内的所有项目管理人员，对实施项目的经济责任的一种具体体现。中冶建工将按时缴纳项目风险抵押金作为项目经理任职的必要条件。同时，对其余项目管理人员，将风险抵押金的实际缴纳额度作为其最终获得奖励高低的重要依据之一。

4. 强化成本测算、核算与分析

（1）实行项目目标责任成本"两级测算，一级复审，一级下达"。项目承接单位依据合同条件、工程实物量、工程类别、取费标准、物价水平、创奖情况、风险状况等测算项目责任目标成本，报总部合同预结算部门复核，经办公会审定后，由总部企管部门通过项目管理目标责任书予以下达，以客观反映企业的成本控制能力和实际经营收益，并力求使各工程项目的目标成本处于同一考核控制水平。

（2）科学确立项目责任目标成本测算标准，合理确定责任水平。一是确立项目责任目标成本略优于企业实际成本控制水平，逐步向同行业标杆靠拢的基本测算原则。二是明确项目责任目标成本测算依据，包括：工程施工合同、协议、招投标文件；工程所在地《工程预算定额》、人工、材料、机械台班等市场价格水平；企业内部施工定额、劳动定额、材料消耗定额、机械台班定额和各种费用支出标准；企业内部成本管理和成本控制水平，同行业成本管控的平均先进水平；其他与工程相关的情况和信息资料，如工程项目二次经营空间、项目资金支付款条件、工期、安全和质量要求等。

（3）集中项目成本核算，强化项目成本监督。一是构建项目成本集中核算监督机制，实行项目财务人员派出制（即项目财务人员由企业两级财务部门统一派出，按管理权限受财务部门直接领导，对财务人员的考核按机关岗效一视同仁，同等考核奖惩），将工程项目成本核算收归两级财务部门，充分发挥会计核算监督职能，强化项目成本监管，促进项目成本核算制的有效落实。二是为实时掌握项目成本监控情况，实行了精细化的3周期成本分析制度，即开展月度成本分析、季度成本分析、年度终结成本分析。每个周期的成本分析都以成本管控目标为准进行，以避免成本失控。

5. 优化招标采购

（1）实行生产要素公开招标采购。中冶建工坚持项目实施过程中的工程分包、劳务分包、材料采购、设备采购、设备租赁、周转材料租赁等能够用市场手段解决的经济活动，均采取招标采购，降低成本。

（2）实行招标管理八项原则，进一步规范招标活动。一是从严资格审查原则。必须根据招标的内容和资格审查条件从严审查投标报名者的资质、实力和社会信誉等是否满足投标条件的要求，否则不能进入招标流程的下一个步骤。二是坚持低价中标的基本原则。凡通过资格审查的，必须一视同仁，低价中标。同时，倡导投标者对招标过程进行监督，受理相关投诉，体现公开、公平、公正的竞争原则。三是坚持充分竞争原则。参与并具备投标资格的人数不能少于预选中标人的 5 倍以上，否则视为流标，须扩大招标范围或调整招标条件，重新组织招标。四是坚持招标组织与中标结果审核批准相分离原则。公司设立集中统一高效和职能健全的招标中心，负责全公司的集中招标工作。招标中心只能按招标程序组织招标，招标中心的招标推荐意见必须报公司办公会进行审查和审批，两级公司的主要领导和班子成员不参与、不干预招标过程中的具体事项，以利于招标工作人员严格按公司规定流程组织招标。五是坚持履约保证原则。将分包方、供应方、合作方等的履约保证金足额及时到位作为合同生效和实施的前提条件。六是坚持优秀分包方同等优先和优先选择原则。在坚持资格审查和低价中标基本原则的基础上，通过二次报价的同等优先和优先选择标段等方法，引导和鼓励分包方积极争当企业的优秀分承包商，储备更多的优秀分承包商，形成分包管理的良性竞争局面。七是对违约者坚决及时清退原则。对保证不了工程质量、安全、进度或给企业造成严重的负面影响，且不能及时落实有效的整改措施的分包方，须及时清退，并将法人单位和实际牵头控制人全部纳入黑名单，提高违约者的违约成本，防止有关违约者改头换面，再次进入公司的分包市场。八是维护企业招标管理权威性原则。凡是公司规定招标范围内的事项必须严格执行招标管理规定，任何个人和部门都没有决定直接发包或采购的权力。

（3）创新招标采购模式，降低采购成本。建立并运行电商平台，逐步将线下招标转为线上招标，以进一步提高招标效率和竞争的充分性。目前，物资设备通过电商平台采购的比率接近 100%。另外，在工程材料采购方式上，采取集中招标、分级采购的招标采购管理模式，即"集招"是一切采购活动实施的前提，集采和分采是手段。对于能发挥规模优势、品牌优势、资金优势、信誉优势的大宗材料，如钢材、水泥、管件、电缆等采用"集招集采"，由采购中心集中采购配送至施工现场；对于一些专业性较强及受地域限制的材料，如石材、地材等采用"集招分采"，由用户单位依据定标结果进行采购。同时，对专业性强的工程分包、劳务分包、材料采购等更多地采用年度招标、战略招标，并积极推广"工厂—工地"点对点的零接缝物流供应模式，实行招标直接与厂家合作。经测算，通过创新招标采购方式，采购成本低于市场平均采购水平 3% 左右，同时提高了采购质量。

（4）构建分包商、供应商综合考评体系，打造讲诚信、有实力的合格分包商、供应商队伍。材料设备供应商和工程项目分包商能否保质、保量、高效和经济地实现目标，直接影响项目的成败。因此中冶建工建立了分包商、供应商定期考评机制，按考评结果施以相应奖惩，促进分包商、供应商队伍与企业管理水平同步提升，确保项目有效实施。企业遵循"全面系统、简明科学、稳定可比、灵活可操作"四项原则，结合自身管理实际，分别构建分包商、供应商考评指标体系（见图 11–4、图 11–5），并对各考评指标评价标准进行量化细分，按季对分包商、按年对供应商进行考评。

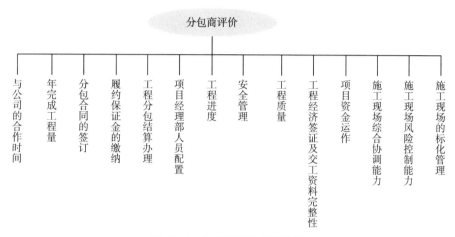

图 11–4　分包商评价指标体系

图 11–5　供应商评价指标体系

（5）中冶建工对分包商、供应商的考核采取百分制，同时为确保评价结果的客观性，所有指标均实行定量考核。根据考核得分，评定为优秀、准优秀、合格和不合格四个等级。其中，被评定为不合格的及时清退，而被评定为优秀或准优秀的，除给予通报表扬、授予奖牌外，还将享受一定优惠政策：一是在评标中享受"优先选择和选择优先"的待遇；二是在缴纳工程（劳务）分包合同履约保证金时，可部分减免。

（6）加强分包合同及分包复审管理，实现招标管理闭合。为保证分包合同的签订质量，真实体现定标结果，中冶建工不仅制定了分包合同的标准文本，而且在合同用印前，由招标中心对拟签订的分包合同进行复核审查，实现分包合同管理关口前移。在分包合同履行完后，项目部与分包单位办结分包结算，由合同预结算部门按三价（中标价、合同价、结算价）合一的原则对已办结的分包结算进行全数复审，每年通过复审的审减值均近 1000 万元，不仅挽回了经济损失，降低了项目成本，还使整个招标工作真正实现了管理闭合。

6. 全数审计追踪

（1）调整审计机构。中冶建工为进一步加强内部审计管理力度，撤销二级单位的审计机构，实行一级审计。

（2）明确审计范围。中冶建工实行全数审计，所有的工程项目都属于审计范畴，落实项目审计制。同时改变单一的事后审计为事中和事后审计相结合，所有项目均须进行终结审计，且须待工程分包与劳务分包的结算经审计确认后方能支付尾款，重大项目和有异常情况的项目还须进行过程审计，实现从传统审计向现代审计的转变。

（3）进一步完善项目审计内容。中冶建工从项目管理的关键环节入手，确立了项目目标责任书的签订及执行、工程（劳务）分包管理、项目财务管理、项目结算与竣工决算及其他五大项目审计事项，并对五大项目审计事项的具体审计内容进行细化。

（4）严格界定审计时限。一是项目竣工验收并办理工程决算和内、外财务决算后 10 日内，启动项目终结审计。二是对工期在一年以上的项目，每年至少进行一次过程审计。三是对实施过程中成本严重超支已出现亏损，或出现重大异常情况的项目及时进行过程审计。四是审计部门可根据项目的运作实际和企业领导的要求等进行项目专项审计。

（5）实行项目成本风险预警监控。在实行项目过程审计、成本异常情况审计和项目终结审计相结合的项目成本审计制度过程中，当项目实际成本达到风险监控警戒线时立即发出预警警报，进行过程详查，查明原因，并提出整改措施，避免成本失控，保障项目成本控制的合规合法性。

（6）针对完工已决算但未做终结审计的项目建立动态月报制度。两级财务部门按月向审计部门滚动报送完工已决算但未做终结审计的项目动态情况，以便于审计部门对完工已决算但未做终结审计的项目的监督管理。

7. 严格考评奖惩

（1）增设项目过程考核，强化项目过程管控。项目终结考评仅是对项目总体实施效果的事后评价，因此中冶建工将关口前移，按月进行项目过程考评，并将考评结果与项目班子成员、项目专业管理人员不低于15%的职务（岗位）工资挂钩，以加强对项目实施过程的引导、帮扶和激励。项目过程考评内容侧重于安全环境管理、质量管理及经营管理三大方面，具体指标如图11-6所示。

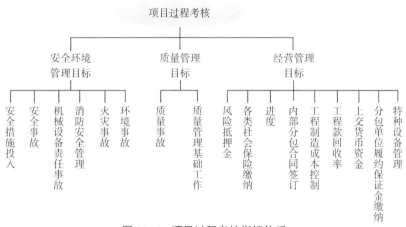

图 11-6　项目过程考核指标体系

（2）优化项目终结考评体系，精确项目效果评价。项目的最终实施效果体现在实现的综合效益。因此，中冶建工改变原以利润定成绩的考评思路，构建项目综合考评体系，即以经内部审计后的项目实际利润为计奖基数，项目综合管理考核得分为计提系数。其中，"项目综合管理"采取百分制定量考评，考核内容主要包括质量事故、安全事故、环境事故、火灾事故、机械设备责任事故、重大工程节点实现情况、被诉案件情况、风险抵押金缴纳、工程创奖、工程结算、工程款回收、标准化/安全文明工地、项目过程考核预留工资的兑现情况等。

（3）实行项目考评奖惩公开通报，落实项目公开通报奖惩制。为严肃考评管理，对所有项目考评结果均行文通报。在年初工作会和上半年经济活动分析会上，集中公开通报兑现项目终结奖惩，充分发挥考评的激励作用，同时，在企业内部刊物上对项目终结考评结果予以再次宣传，扩大通报信息的受众范围，进一步强化考评激励效果。

（三）引入市场机制，建立内部模拟市场

1. 建立内部人才市场

按照合理配置、有偿使用的原则，建立企业内部员工借调机制，进一步提高项目人力资源配置效率。各项目部按生产经营需要，须向企业内部单位调节用人时，可提出员工借调书面报告，经相关部门协调后，便可办理员工借调手续。在借调过程中，项目部须向借出单位按季度支付相应管理费。而此项管理费的具体标准，按借调人员的有关职级确定。借调期间，借调人员的社会保险费、住房公积金等费用也由项目部承担。同时，搭建企业内部人员岗位状态信息共享平台——人员岗位状态信息台账，将企业内部所有在职员工当前岗位状态及所属岗位信息分别予以准确记录，为内部人员调配、流转提供可靠依据。

2. 建立内部资金市场

资金是工程项目顺利实施的基础和保障。为确保项目资金来源，引进商业银行的信贷职能和方式，以自有资金和商业银行的信贷资金为基础，构建内部银行，按照"诚实守信、计划管理、严格审批、有偿使用、按月付息、到期还本"原则，调剂项目资金余缺，活化与加速项目资金周转，提高项目资金使用效率。

项目部因需要，拟向内部银行借款时，可提出书面申请，经相关部门、单位领导审核批准后获得使用。项目部对内部银行资金使用，须按规定支付一定利息，按期还本付息。若发生逾期，处以罚息，且对流入项目部的资金无条件扣划，用于归还到期内部借款。同时，降低该项目部在企业内部的信用评级，并视情况，停止对该项目部新增内部借款。此外，项目部须按照借款审批用途，专款专用，一旦违规，企业将要求其提前归还借款，并严肃追究责任，对其进行处罚，以确保资金的正确使用。

（四）畅通信息渠道，准确投标测算

1. 畅通信息渠道

（1）建立"横向到边，纵向到底"的立体式、开放式全覆盖的经营信息网络，规范项目经营信息收集。一是在国家、省、市发改委、规划、国土、建设、市政、交通等部门及勘察设计院、已经合作过的业主单位设立经营信息工作站，并配备相应的专职信息员，负责经营信息的采集工作；二是在企业内部经营管理机构中设置信息收集员岗位，负责定期从广播、电视、网络、报刊等媒体、企业职工和社会各界人士中搜索任务信息；三是搭建经营信息电子商务平台，进一步

拓展项目经营信息获取渠道，提高项目经营信息获取的时效性；四是建立包括信息收集、筛选、分类、整理、上报在内的规范化经营信息流转程序，严格控制经营信息传播，提高经营信息处理的效率和安全性。

（2）分级奖励信息提供者。为有效调动经营信息提供者的积极性和主动性，实行项目经营信息分级奖励制度。根据信息可能带来的预计收益、有效性等因素，将奖励分为四个等级。对经企业确认的有效经营信息，按其所属等级给予相应奖励，充分体现信息价值。

2. 准确投标测算和严格合同管理

（1）坚实项目投标成本测算基础，提升项目投标成本测算准确度。一是建立项目终结自查制度。各项目部在项目完工后，须针对项目的整个实施过程进行全方位的总结分析，并形成报告上报相关管理部门，为投标成本测算提供了充分依据。二是建立材料价格趋势定期分析工作制。每月根据相关历史数据与当前经济环境情况，对材料价格进行滚动预测，为项目投标成本测算提供有效支撑。

（2）强化合同风险控制，严把项目入口关。一是建立合同评审制，所有工程项目合同须经评审通过后方能签订。为提高合同评审效率，结合项目的性质、预计风险、所在区域、合同额度等因素，设置了会议评审和会签评审两种合同评审形式。其中，对于项目性质较为特殊（如 BT、BOT、PPP 项目）、合同额及其风险较大项目，采取会议评审；其余则进行会签评审。二是构建合同管理两级督导制，从严管控合同风险。一方面，各二级公司对所属项目合同（包括项目分包合同、采购合同（买卖合同）、租赁合同、服务合同及其他经济合同和协议等）实施实时监管，严格审查；另一方面，企业定期对各二级公司合同管理工作进行专项检查，并将检查结果与其年度经营管理绩效直接挂钩。

（五）强化安全管理：科技兴安、投入保安、固基强安、文化促安

1. 科技兴安

推广应用先进科学技术，加强企业技术创新力度、淘汰落后的生产工艺，为安全生产隐患的排查、整治、安全监控提供技术支撑。同时，建立专业齐全、业务精湛的安全生产专家库，进一步优化完善专家组工作机制和决策流程，充分发挥专家组在技术咨询、隐患评估、风险防范、事故分析和处理等方面的作用。

2. 投入保安

加强项目安全文明施工措施费的投入和使用控制，确保安全投入的充足性和有效性。为避免项目安全文明施工措施费被挪作他用，实行安全文明施工措施费专款专用，独立核算。各项目按其所属类别计提相应比例的安全文明施工措施费，项目完结时，剩余未使用的安全文明施工措施费将全部收归公司，不作为项目效益，有效消除了"用安全换效益"的侥幸心理。

3. 固基强安

（1）强化对分包单位的安全生产管理。一是将分包方的安全负责人的确定作为招标资格预审的条件之一，并把其安全负责人纳入项目部安全管理机构进行统一调配管理。二是实行分包工程建安费用与安全经费单独报价，监督使用。从招标环节着手，按分包工程的类型，确定其安全经费计提比例，由分包方在报价中单列。中冶建工按分包方安全经费实际投入量在工程款中予以支付，未投入的安全经费不再支付，以规避分包单位为降低成本牺牲安全的风险。三是建立分包方安全生产保证金制度，每家参建分包单位，在签订分包合同后即须向企业缴纳一定数额的安全生产保证金，作为其履行安全生产责任的保证。四是建立分包商黑名单制度。凡安全教育不力，安全投入不到位的分包单位，一律列入不合格分包商行列。

（2）加大安全宣传教育力度。一是大力开展安全生产月、"安康杯"竞赛、"零事故"等多形式安全生产专题活动，强化项目管理人员的安全生产意识。二是建立两级（企业级、项目级）安全生产例会制，强化安全生产法律法规的学习等。三是通过黑板报、内部报刊等多种形式在全企业范围内普及安全生产法律法规及典型案例，提高全员安全生产意识。四是开展安全生产法律法规、事故案例分析演讲，提高了项目管理人员的安全意识、事故隐患的洞察力和作业人员的安全技能及安全防护意识，强化了履行安全生产职责能力。五是举办农民工夜校，推进广大农民工安全生产知识普及，有效减少其违章作业行为。

（3）建立健全安全生产责任制，确保安全生产责任落实。一是将项目安全生产责任进一步细化分解到各生产岗位，建立一条自上而下、环环紧扣的"安全责任链"，形成纵向到底、横向到边，形成"三全"（全过程、全方位、全员）的项目安全生产责任网络。二是按照"不漏掉一个环节、不疏忽一个隐患、不轻视一个苗头、不放过一个工地"的"四不"原则，实行定期检查与不定期抽查相结合的安全监督管理，不断加大检查监管力度，同时对发现的隐患，以书面形式向项目部下达《工程安全隐患整改通知书》，要求项目部在规定的时间内完成整改，接受复查。对于违规违纪的责任单位和责任者给予大力度的行政与经济双重处罚，其中，经济处罚包括直接经济处罚（一次性罚款）和间接经济处罚（扣减项目实施收益一定比例的项目效益提成奖，扣罚项目管理责任者事故发生当月不低于15%的预留工资），并对受到各类处罚者，均以通报形式在全企业范围内进行通报，以促进责任制有效落实。

（4）构建"质量·环境·职业健康安全"的一体化管理体系，进一步规范细化质量、环境及职业健康安全管理，提高企业质量、环境及职业健康安全管理绩效。

（5）不断推进安全质量标准化向纵深发展。按照"管理台账化、装备现代化、指令书面化、操作程序化、行为规范化"要求，深入开展以岗位达标、专业达标为主要内容的安全生产标准化建设，规范细化项目安全生产工作流程、作业流程，促进项目安全生产工作法制化、规范化、精细化。

4. 文化促安

在"以人为本，安全第一"安全方针的指引下，建立以"标化管理，文明施工，努力营造友好型环境"为核心内容的安全文化。通过企业内部的各种宣传媒体，持续宣传"安全第一，预防为主，消除隐患"的安全生产指导思想，以"为进入施工现场的所有人创造安全的施工环境和工作环境"为神圣职责，强化企业安全管理，不断提高全员安全意识。

（六）优化责任体系和文化环境，强化技术创新和质量监控

1. 优化责任体系和文化环境

（1）形成"三全"（全过程、全方位、全员）的项目质量保证体系，建立健全细化至施工岗位的质量责任制和责任追究制。将质量管理责任细化落实到工程项目的各实施岗位，对质量事故相关责任者给予行政处分和经济处罚（同于前述安全责任追究机制）。

（2）建立"用我们的诚信、智慧和追求，雕塑时代的建筑精品"质量方针为核心内容的质量文化，营造"精细管理，严格规程，注重细节，尊重用户"的质量文化氛围，优化质量管理软环境。

2. 强化技术创新和质量监控

（1）开展"创优"活动，鼓励科技攻关。一是全面开展 QC 小组活动，搭建质量改进平台。二是规范项目创奖管理，编制创奖作业指南，鼓励打造项目精品。三是完善技术创新激励机制，提高广大工程技术人员运用新技术、熟悉新材料、掌握新工艺、了解新设备、总结新成果以改善工程质量的主动性。界定技术创新成果的奖励范围，细分评奖标准和奖励标准；每年开展一次科技创新先进单位、先进个人及优秀科技工作者的评选活动，对获奖单位（个人）给予通报表彰和一次性奖励。

（2）建立定期分析工作制，强化质量控制。一是项目部每周召开一次工程例会，总结和部署质量管理工作。每月组织一次施工质量专项检查，召开质量分析会，着重查问题、治通病，抓住重点和难点问题的整改。同时，项目竣工时须进行工程质量的全面总结，为后续工程质量管理提供宝贵经验。二是两级公司职能部门每季度对项目施工质量进行一次全面检查，总结出特点、规律和经验后在面上推广。

（3）开展精细化质量考评。过去单靠现场质量管理和工程质量状况两方面质量目标的考评，是定性化和较为粗放的，因此中冶建工对其做了进一步细化，实行定量化考评，形成项目质量管理考评指标体系，如图11-7所示。

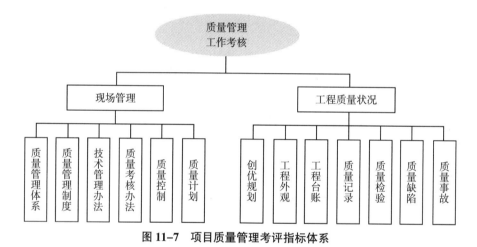

图11-7　项目质量管理考评指标体系

（七）运用信息化手段，提升精细管理水平

工程项目是一种定制产品，地域分散，传统管理难度大、监控成本高。因此，中冶建工依托信息化手段，参考相关标准，结合自身实际，按照"复杂的事情简单化、简单的事情流程化、流程化的事情定量化、定量化的事情信息化"的方法，构建起"综合项目管理信息系统"。以规范化流程替换经验，以规范化程序代替主观意识，进一步规范项目管理行为，降低项目管理成本，确保项目管理的品质和效率，实现项目管理方式的转变。

综合项目管理信息系统由"项目管理、人力资源管理、档案管理"三大业务子系统构成，实现对项目投标管理、施工过程管理（包括合同、成本、物资、资金、人员、设备、进度、质量、安全、风险管理等）、竣工验收、保修期管理、项目后评价管理等项目全生命周期、全要素的信息化管理。其主体架构如图 11-8 所示。

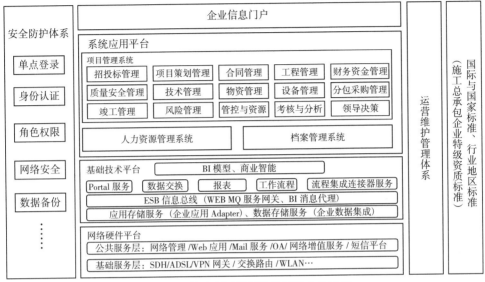

图 11-8 综合项目管理信息系统主体架构

其中，项目管理子系统的总体构成如图 11-9 所示，其主体功能是对工程项目的计划、组织、监督、控制、协调等全方位信息的搜集、辨析、分析、判断、处理和分配传输，变事后管理为过程控制和事前管理，且以成本管理为核心，计划进度管理为主线，进行生产成本的全过程信息化管控，实现了项目管理的 PD-CA 循环。同时，将管理经验纳入系统的应用标准、系统关键业务流程，使项目管理各项工作有计划地有机联系起来，实现项目管理各项业务的统筹控制，提高了项目管理的整体水平。

三、以提升核心竞争力为导向的精细项目管理的实施效果

（一）项目管理水平全面提高，精品工程不断涌现

通过实施精细项目管理，中冶建工的工程项目管控能力和水平全面提升，实现了从确定项目施工方案到项目竣工验收的"三全"（全过程、全方位、全员）精细化管理，精品工程不断涌现，业主满意度显著提高。

2006 年以来，中冶建工三次问鼎国家建筑工程鲁班奖，获得中国詹天佑土木工程大奖一次，五次荣获中国钢结构金奖，荣获全国冶金行业优质工程奖、全

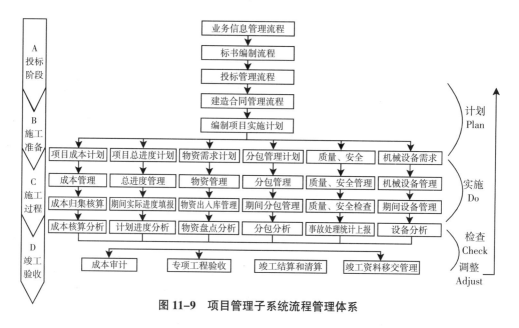

图 11-9　项目管理子系统流程管理体系

国市政金杯、重庆巴渝杯等数十项奖项，企业社会形象大幅度提升。

（二）项目盈利水平大幅提升，经济、社会效益显著

通过实施精细项目管理，中冶建工的工程项目综合盈利水平不断提档升级，创利增效显著。与 2005 年相比，2018 年公司新签合同额增长 23 倍多，利润总额增长近 32 倍，营业收入增长 10 倍多。

公司 2018 年向国家上缴税金较 2005 年增长了 8 倍多；由于"好、快、省"地完成业主的工程项目，为项目按期或提前投运创造了条件，从而间接体现出显著的社会效益；随着企业经营范围扩展和能力提升，十余年来，年均为当地创造了 2000 多个就业岗位。

（三）企业核心竞争力显著增强，持续发展得以实现

通过精细项目管理的有效实施，中冶建工项目管理人员素质明显提升，形成了独具特色的精细管理核心理念、高素质人才队伍、有自身特点的"一体五制"项目管理新体制和项目管理方法，取得了系列科技创新成果。

近年来，中冶建工获得专利授权 1000 多项（其中发明专利 180 余项），有 90 余项核心技术，超过 50 项工法获国家、省部级认定。同时，企业全员劳动生产率显著提高，2018 年，中冶建工全员劳动生产率较 2005 年增长 12 倍多。企业核心竞争力显著增强，经营规模不断扩大，企业步入了健康可持续发展的轨道。

第三节　调整经营结构　确保持续发展

一、以可持续发展为导向的经营结构调整的实施背景

（一）适应市场发展，提升企业市场竞争力的需要

市场是企业生存之本，市场是企业发展的关键。而建筑业的发展与国家经济走势变化休戚相关，随着国家经济结构转型的深入，建筑业自身的发展也将进入转型期，企业经营结构的调整是适应市场结构变化的必然选择。只有适应市场，才能占领市场，只有认真研究市场，时刻以市场的需要为工作的出发点、着眼点和落脚点，并依据自身特点和优势，明确自己的市场定位，不断调整优化经营结构，推进企业业务转型，才能扬长避短，突出优势，提高企业市场竞争力。

（二）改变经营结构单一状况，提高企业抗震能力，不断完善市场体系的需要

施工企业的经营结构如果过于单一，势必不能形成较强的抗震能力，不利于企业的长远发展。中冶建工因冶建而生，冶金市场是公司任务的主要来源。但是，冶金建设市场一是市场领域相对狭窄，施工服务范围较小；二是受国家产业政策影响周期性波动较大，周期性特征明显，市场风险大。如果长期以冶金市场为开拓重点，不尽快转型获得新的市场，势必会影响企业持续健康稳定发展。因此，扩大非冶金领域的市场占有，将有利于公司的稳定经营和平稳发展，同时也有利于进一步扩大公司在公众中的知名度和影响力，树立企业的品牌和良好的社会形象，从而提高企业抗震能力。

（三）构建经营业务的可持续性，提升企业经营质量的需要

经过中冶建工全体员工的共同努力，公司在"一五"和"二五"期间（2001~2010 年）实施并完成了由以冶金项目为主向以非冶金项目为主的调整，确保了公司在国家控制冶金建设规模情况下的持续稳定发展。虽然公司在非钢市场获得了长足发展，但主要集中在普通的房屋建筑领域，业务仍然较为单一，专业发展并不平衡，经营质量不高，经营业务不稳定和不可持续的问题依然比较突出。主要表现为：

一是公司市场范围虽然涉及全国许多城市和地区，但总体上对企业注册所在

地重庆市当地市场有较大的依赖性，外区市场所占比例极小，区域型公司作为市场开拓桥头堡的作用未充分发挥，主要依靠总部经营。

二是面对市场竞争的日趋复杂激烈，公司部分单位和部门的应变能力还难以适应，市场开拓能力、方式、方法有待进一步加强。

三是非冶金业务结构不尽合理，主要表现为"两大一少"，即普通房建项目比重大、垫资项目和提交保证金项目比重大、资金条件好和高端领域的项目少。

因此，如何进一步优化经营结构，使企业的经营业务可持续，依然是公司所面临和需要认真思考解决的重大课题。

二、以可持续发展为导向的经营结构调整的内涵及主要做法

经营是企业发展的龙头。因此，从 2001 年开始，中冶建工根据自身的发展历程、发展环境和行业特点，以"冶金建设国家队、基本建设主力军、新兴产业领跑者"的战略定位为引领，以"加强中间，做强主业，延伸两端，提升价值"的发展总战略为指导，坚持以市场为导向，根据 4C 营销理论，坚持有所为、有所不为的原则，将经营范围集中在建筑产业链的上下游，在不同发展时期分别制定适合企业自身实际的经营结构调整发展方向，同时以资质建设和技术创新等管理手段为推手，通过加强经营工作总结，创新经营思路，改进经营工作方式方法，不断增强两级公司市场开拓能力，取得市场的主动地位，为经营结构调整创造坚实的条件，推动企业实现可持续发展。主要做法如下：

（一）适应市场变化，调整经营结构，推进业务转型

1. 坚持由以冶金项目为主向以非冶金项目为主的转型发展

2001 年，中冶建工根据企业持续发展的需要，果断提出了由以冶金项目为主向以非冶金项目为主的经营结构调整，不断完善市场体系。但是，这并不等于不重视冶金市场，毕竟冶金工程承包业务是本企业的传统核心业务，是本企业核心竞争力的重要构成要素。钢铁产业在任何时候都是一个国家的基础产业，公司审时度势，在对市场分析、预测的基础上，结合实际情况，利用钢铁行业近年来进行结构性调整的契机，主动加强与全国各大钢厂之间的联系，建立良好关系和客户网络，及时取得信息，对冶金建设这一传统业务从量上做"减法"，从质上做"加法"，在技术含量高且风险可控的以提质增效压产环保为目的的高质量项目上进行深耕细作。

2. 坚持非冶金业务一体化转型提升发展

经过 2001~2010 年近 10 年的努力，中冶建工成功实现了由以冶金项目为主向以非冶金项目为主的经营结构调整。然而，非冶金业务结构不尽合理，普通房建项目比重大，经营质量不高，经营业务不稳定和不可持续的问题依然比较突出。鉴于此，2011 年，公司又提出非冶金业务"一体化转型提升发展战略"，即向建筑主体专业的上游或下游发展，推进供应链、产业链的重新组合或调整改革，全面提升非冶金业务一体化的发展质量和发展水平，以此来实现企业由不可持续的经营结构向可持续的经营结构转变，促进企业业务转型，实现企业的持续稳定发展。具体来讲，也就是坚持：一方面，通过"加强中间"，聚焦建筑主业，全面增强企业的 EPC 总承包能力；另一方面，通过"延伸两端"，即向上游延伸将高技术含量的勘察设计专业做起来，向下游延伸将高资本含量的房地产做起来，进一步完善产业链，由单一的 EPC 总承包企业向 EPC 总承包与投资建设服务并重的综合类企业转变，使工程承包与投资建设服务相互促进，共同发展、共同承担起保证公司实现持续稳定发展的任务来源，更好地发挥资本在创造价值中的作用，发挥投资服务和销售在提升公司社会价值和社会影响力中的重要作用。其具体调整目标是逐步实现八个转变：一是由低端市场向高端市场的转变；二是由少数领域向多数领域的转变；三是由工程承包向 EPC 总承包的转变；四是由主要依靠资金撬动向主要依靠企业技术、管理和服务撬动市场的转变；五是由主要依靠总部经营向总部和二级公司同步经营的方向转变；六是由主要依靠重庆地区的市场占有向重庆和重庆以外的区域市场占有同时并举的方向转变；七是由简单的资金撬动向 PPP 模式综合撬动方向转变；八是由产业链个别专业单向撬动向产业链全专业双向撬动方向转变。

（二）加强经营工作总结，创新经营思路，不断改进经营方法

要推进经营结构转型，首先必须具备强有力的市场竞争力。市场在变，经营思想也得变，思路也得变，方法也得变，中冶建工根据历次参与市场竞争的经验教训，及时总结，不断创新经营思路，改进经营方法，逐步提升两级公司市场竞争能力，为实现经营结构转型奠定基础。

1. 统一思想，提高认识，转变工作作风

思想是行为先导，中冶建工始终坚持"用户至上，诚信为本，全员经营，追求第一"的经营理念，牢固树立"全员经营"的思想，不断提高全体员工的危机意识、市场意识、经营意识、服务意识和岗位意识，为经营工作的开展奠定思想基石。

同时，公司坚持将经营理念落实到具体工作中，强调两级公司领导班子首先是经营班子，所有领导都要关心支持经营工作，所有员工都要通过干好自己的本职工作来为经营工作提供支持和保障，企业不存在与经营无关的部门，也不存在与经营无关的岗位和员工，因为没有经营成果的体现，企业就没有一切。企业的每一个部门、每一个岗位、每一位员工所从事的每一项工作，都是企业市场经营工作的有机组成部分。公司所有部门、所有岗位、所有员工所从事的所有工作，都必须有利于提高企业社会形象，有利于市场开拓，有利于实现经营效益最大化。公司提倡岗位成才，岗位贡献，干好自己的本职工作，创造优异的岗位成绩，就是为经营工作服务、就是为企业创造价值。

2. 加强经营管理基础工作，重视经营信息收集

经营信息的广泛性、及时性、准确性是市场开拓的基础。面对处于完全竞争的建筑行业，及时有效的信息量决定着投标量，高效准确的投标量决定着市场占有量。所以，信息的数量、质量和信息的传递速度、效率是经营工作的生命线。中冶建工在总部成立了专门的市场信息管理部门，对全公司的投标信息进行统一登记管理，为两级公司提供全面的信息服务。建立了两级公司分工协调统筹兼顾的项目信息跟踪管理流程，经营管理部门按照信息及时性处理要求，对来自各个渠道的经营信息及时核实处理，并按专业分工及市场划分原则，确定跟踪单位、责任人。同时，为充分调动公司广大职工干部和社会各界朋友为公司提供经营信息的积极性，公司建立了经营信息奖励制度，根据信息的及时性、准确性和价值量等给予一定额度的物质奖励。

3. 明确责任，分工负责，搞好区域经营规划

（1）抓好区域经营布局。中冶建工坚持"以重庆为中心、以国内为重点"的区域经营战略：一方面，以重庆为大本营，由总部及在渝各二级公司负责重庆地区的市场开拓。同时，根据重庆地区的市场变化，鼓励各二级公司"立足重庆，走出重庆"，结合自身专业特点，积极开辟更为广阔的市场空间。另一方面，根据市场容量和市场前景，有针对性地成立若干区域公司，并以驻区为据点，通过"站稳一点，辐射周边，干出信誉，拓展新市场"的经营思路，逐步扩大市场经营范围。通过近几年的发展，公司形成了以数个相对区域为中心的网状市场占领格局，将施工地域逐步扩展到全国20多个省（市）、自治区，提高了市场的占有率。

（2）树立梯度开发观念。一方面，随着重庆主城建设的逐渐饱和，中冶建工要求在渝的各二级公司尤其是土建公司，必须注重重庆两翼县城和县域经济发展中的市场开拓，重点深入到重庆 2~3 个区县进行深度经营，具体由公司协调明确各二级公司在重庆各区县信息跟踪的责任区划分，突出重点，加强协作，减少重复营销；另一方面，在适应我国社会主要矛盾的转化中寻求和抓住机遇，根据解决不平衡的需要，进一步安排好区域市场布局，根据解决不充分的需要，进一步安排好相关重点市场的布局。

（3）按照打造国际型工程总承包公司的要求，积极稳妥地开拓海外市场。中冶建工从 2009 年开始涉足海外市场，其市场开拓的基本方略是"稳中求进"，尽量少走弯路，尽量规避经营风险。为了不盲目出击，采用"两步走"的方式：第一步，以合作的形式，积极加入由传统海外窗口公司所领航的海外舰队，"借船出海"，先后在利比亚和阿尔及利亚以分包方式承接实施了一批工程，积累了一定的海外经验；第二步，以自主开拓为主，结合自身实力和前一阶段积累的基础，"造船出海"，对阿尔及利亚、科特迪瓦、格鲁吉亚、乌克兰市场等"一带一路"沿线国家市场进行重点开发。此外，为强化海外市场开拓工作，设立事业三部进行海外业务管理，并于 2014 年设立海外公司，将全公司的海外市场开拓业务进行了有效整合。

4.加强四个能力建设，全面提升两级公司的市场开拓能力，做强做大各主体专业

公司要实现主要依靠总部经营向总部和二级公司同步经营的方向转变和由主要依靠重庆地区的市场占有向重庆和重庆以外的区域市场占有同时并举的方向转变的发展目标，除了取决于公司总部的经营能力、管控能力、资源整合能力等诸因素外，更大程度上还取决于各二级公司所能达到的规模和所具备的实力，有赖于其强大市场开拓能力的形成和主体作用的发挥。近年来，中冶建工按照"加强中间，做强主业"的发展思路，全力支持各二级公司的发展，着力加强各二级公司的市场运作能力、公开投标和快速报价能力、高质量技术方案编制能力、综合组织协调能力四个方面的市场开拓能力的建设，促进各二级公司的均衡发展，以期在全公司形成 30 个左右的独立市场竞争主体，做强做大各主体专业。

（1）用市场倒逼的方法，提高企业成本控制能力，形成参与市场竞争的成本优势。公开竞标必然导致低价中标，从而使施工企业进入了"拼内力"的竞争阶段，而承包方之间的价格竞争往往是通过个别定额消耗水平的竞争来实现的，这

就要求企业对项目成本必须要有精准的掌控。中冶建工通过苦练内功，消除管理短板，不断增强成本控制能力，降低成本费用预期，逐步提高企业的市场竞标能力。

一是强力推行集中招标管理和电商平台采购，实行集招集采与集招分采相结合的供应管理体制，充分发挥企业的规模优势与专业优势，用市场手段降低采购成本。在招标采购活动中，按照"低价中标原则"选择中标人。为保证招标质量，防止出现乱报价、恶意报价的情况，公司评标委员会对每个招标结果的清单逐项进行价格分析。对于个别投标人报价低于市场价，经质询后仍坚持实施，则收取投标人低价风险保证金；对于个别投标人因自身原因报价失误，自愿放弃中标资格的，则全额没收投标保证金；对于恶意报价，扰乱招标秩序的投标人，不但要全额没收其投标保证金，还要将其纳入黑名单。

二是实行集中项目成本核算和项目财务委派制，将工程项目成本核算收归两级财务部门。项目财务人员由财务部门统一派出，接受财务部门的直接领导，按机关人员执行岗效工资，不参与项目分配，以充分发挥财务核算监督职能，强化项目成本监管，促进项目成本核算制的有效落实。

三是按照内外市场接轨的原则，与低成本竞争对手之间进行对标管理，倒逼公司降低现有人工费、材料费和机械工具使用费等。

（2）建立健全各类数据库，实现资源共享，提高快速报价和准确报价的能力。快速报价的能力第一要快，第二要准，只快不准没用，只准不快也没用。中冶建工建立健全了企业工程业绩资料库，以便在投标时快速筛选符合招标文件要求的工程业绩，提高响应招标文件的效率。公司要求工程竣工资料在工程竣工后3个月内必须归档，工程竣工电子文档统一在公司档案管理信息系统平台上进行网上传输。另外，通过编制招标结果价格走势分析图，逐步形成企业内部定额，建立统一的工程（劳务）分包、材料单价等数据库，在可控的情况下，实现信息共享，使两级公司在做到快速报价的同时，能准确报价。

（3）充分利用科技创新成果，提高标书制作质量。一是强化公司科技成果在投标中的应用。中冶建工将自身现有的工法、专利等科技成果进行分类整理归集，建立起以工法和发明专利为核心的企业专有技术管理机制，一方面用于技术标的编制，另一方面将科技成果转化应用产生的良好经济效益和质量效果分别嵌入到投标工程业绩中，以此向业主展示公司的科技创新能力和技术管理水平。二是在投标文件的制作中，积极应用动漫技术，通过可视化的模型和施工工艺动漫演示，达到与评审专家有效沟通的效果，增强业主对公司创新能力的认知度。同时，运用 BIM 技术对工程施工措施进行快速建模，结合工程进度计划计算总需求量，准确地计算技术措施消耗水平，从而提高措施费报价的准确度，尽量控制措施费报价非高即低的问题。三是吸纳公司一般常用施工技术标准、工艺文件以及"高、大、特、新、尖"工程项目相关技术文件，在公司标准化信息平台上建立重大施工方案、专项方案共享数据库，方便各单位在技术标编制时引用及参考，吸取成熟经验。四是将技术标列入公司优秀施工组织设计（方案）的评选表彰范围，进一步调动技术管理人员的积极性，推动技术标编制质量的全面提高。

（4）发挥公司的综合优势，增强各专业的综合协调组织能力。要提高公司的核心竞争能力，体现公司的综合优势，就必须要发挥公司内各专业的专业优势，要发挥公司内各专业的专业优势，就必须要提高各专业的综合协调组织能力。否则，各吹各的号、各敲各的锣，步调不一致，就算各个专业再强，也发挥不了综合优势。为提高对各专业的综合协调组织能力，中冶建工主要贯彻执行四条原则：

一是合同主体原则，即谁签合同谁负责合同的实施。为了进一步鼓励各单位市场开拓的积极性，由合同签订的主体单位在公司规定的范围内，负责公司内各专业资源的组织协调，谁拿订单谁说了算、谁拿订单谁对订单负责。

二是同等优先原则。对于公司通过竞标获得的工程，在对外工程分包前，必须先征求内部相关专业公司的意见，内部专业公司接受不了价格，再对外发包，对外发包价不得超过征求内部意见价，以利于促进专业公司提高竞争能力和与市场接轨。

三是招标选择原则。对内部单位无法满足工程分包和其他资源选择需要时，对外一律实行招标选择的原则，严格执行公司招标管理八项原则的有关规定。

四是管理手段领先原则。一方面要求项目部各种统计资料上报无纸化，用无纸化促进项目管理基础数据的及时录入、及时应用，规范流程，提高效率，降低成本；另一方面用管理信息化加强项目资源的计划管理、成本管理、分包管理、延伸管理，进一步增强公司各专业在项目上的综合协调组织能力。

（5）加强与各方关系的建立与维护，提高市场运作能力，为市场开拓创造有利条件。作为施工企业，要想求生存、谋发展，除了加强管理，苦练内功外，注重搞好与业主、同行业单位及其他相关方的合作，努力打造竞合共赢的新型营销模式，具有十分重要的战略意义。

一是注重加强与业主的全方位合作。一方面，切实加强与项目业主在投标前的交流与沟通，全面展示企业的形象和实力，建立双方互信关系，争取得到业主的支持；另一方面，认真贯彻落实公司"干好现场，促市场"的要求，以积极主动的态度加大对外协调力度，及时向业主反馈意见，提供合理化建议和咨询服务，通过精心组织与科学管理，确保工程进度、质量和安全等目标的实现，兑现"用户的需求就是我们的追求"的庄严承诺，巩固和发展与现有业主的合作关系，为承接后续工程奠定基础。

二是按照"提高门槛，严管严控，消除隐患，规避风险，优势互补，合作共赢"的总原则，加强与讲诚信、有实力、管理能力强的社会资源的交流沟通与合作，整合资源形成合力，相互配合共同开拓市场，拓展市场空间。一方面，利用公司管理、技术、品牌、资质优势，与掌握市场信息的社会信誉良好、管理力量较强、资质等级合格的施工企业采取"联合投标、合作经营、风险共担"的方式参与市场竞争；另一方面，积极主动与各级地方政府、银行、基金公司等沟通交流，通过代理开发模式、定向回购模式、资本金借资模式、融资代建模式、PPP经营模式、EPC总承包模式等多样灵活的合作方式获取项目资源，充分发挥各方优势，形成合力促成项目落地，实现共赢多赢。

三是通过"请进来""走出去"等方式，积极宣传公司多年经营取得的成就以及公司诚实守信、实力经营的原则，提高公司在社会上的知名度与美誉度。

（6）不断加强两级公司经营人员队伍的整体素质。经营人员的素质决定了市场开拓的质量和数量，提高市场竞标能力的关键是要提高经营人员队伍的整体素质。中冶建工强化细化培训计划，提高培训的针对性，全面提高经营人员的业务能力和意志品格，将其培养成"忠诚企业、业务精通、作风过硬"的优秀人才。

一是提高经营人员的思想素质和对企业的忠诚度。首先，经营工作是非常辛苦的工作，要想干好这件事，就得全身心地投入，更需要以前所未有的韧劲、贴劲、黏劲，做到用心经营，有"只以成败论英雄"的唯一追求，充分体现公司"追求第一"的经营理念。其次，经营人员掌握着企业的核心要素，对企业忠诚、向企业负责、全身心地投入工作是对经营人员、经营主管和领导班子成员的基本要求，要求在任何时候、任何情况下，企业利益都是第一位。

二是提高经营人员的业务素质。公司建立并实施了大循环战略，将经营、施工、核算、资金回收等企业业务循环与人员循环有机结合，即在经营系统、施工系统、核算系统、资金回收系统四个系统进行复合型人才培养，通过岗位交流培养多技能的复合型人才，培养换位思考的工作方法，以提高经营人员，尤其是新入职的青年经营人员的综合素质，有效促进经营业务的实施与开展。

5. 顺应外部市场变化，妥善运用资金开拓市场

（1）运用适度资金开拓市场，将有限的资金优先用于开拓大型的、综合型的、有重大社会影响和战略合作意义的、有利于公司经营结构调整的项目。为充分提高公司自有资金撬动市场的杠杆率和回报率，加强对资金投资风险的管控，中冶建工按提供的保证金及垫资总额占项目合同金额的不同比例分别规定二级公司上缴管理费的下限，同时规定投资类项目一律在扣除投资回报后，再计算管理费上缴和成本降低。

（2）积极审慎地推进 PPP 项目的市场开拓。在 PPP 项目的开拓上，一是选择高层次、高质量、高收益的 PPP 项目；二是选择有资本实力的资本投资人共同投资项目资本金，实现合作共赢、利益共享、风险共担；三是选择有资本实力、有施工能力的合作伙伴共同出资项目资本金，实现施工任务分享、项目运营共管。在整个 PPP 模式的运作中，项目资本金到位，实现项目财务出表，是承接 PPP 项目把控的关键点。

6. 完善激励约束机制，充分调动全员经营的积极性

（1）建立健全对"找活人"和"干活人"的激励政策，进一步调动全公司经营人员和项目管理人员的经营积极性。结合建筑行业经营工作的特点，中冶建工对经营部门实施与合同额、合同收益等挂钩的责任目标考核奖励；对由于项目部工程干得好而受到业主的信任，将后续工程续标给公司的，将给予项目部相应奖励，以此鼓励各项目部更好地发挥干好现场保市场、干好现场促市场的作用，并把每一个项目部都培育成具有经营意识的模范团队，培育成各单位市场开拓的桥头堡，全面体现全员经营的经营理念。

（2）开展劳动竞赛，在二级公司班子成员年薪考核的基础上，设置"双十亿"竞赛奖、"双二十亿"竞赛奖、全面完成预算奖和突出贡献奖，健全完善相关激励机制，营造比学赶超帮的经营氛围，为提高二级公司市场竞争能力、管理水平和管理质量提供机制上的保证，以期全面打造 30 个左右的市场竞争主体。

（三）加强和规范勘察设计和房地产板块的品牌建设，延伸两端，提升价值

1. 加强房地产专业建设，提供稳定的施工任务来源

作为建筑行业的下游产业，房地产业务的发展，除了自身具有一定的收益外，还能为公司的建筑主业提供稳定的工程施工任务来源，促进公司做强做大。中冶建工坚持向下游延伸将高资本含量的房地产专业做强做优，通过房地产专业

撬动建筑施工市场，进一步增强公司的市场竞争能力。

（1）全面加强房地产从开发、建设到销售、服务等全过程的产品品牌建设，抓好品牌策划和宣传，全面体现企业品牌的市场认可和品牌价值。一是借助世界500强中冶集团的品牌优势，将"中冶"作为产品品牌字头，加以策划、规范、使用和宣传。二是坚持"中冶自造"，从工程勘察设计、材料供应、建筑施工、园林景观、机电设备安装调试到后期物管，由公司全过程管控运营，力求为消费者带来具有真正示范意义的人居作品，提升品质保障。三是抓好销售团队的建设，加强置业顾问的接待、销售技巧等方面能力的培训工作，提高案场转化率。四是以"至真至诚，关爱永恒"的服务理念，"标准化、专业化、精细化、品牌化"的工作方针，树立公司良好的物业服务管理形象。

（2）积极利用房地产开发平台，实现对政府保障房、旧城改造、新型城镇化建设等政府项目的市场开拓，发挥房地产公司带动市场开拓的平台和引导作用。2009年，公司与九龙坡区土地储备中心签订荒沟地块保障性住宅建设协议，由公司冠以中冶·幸福居的品牌代其开发安置房项目，政府定向回购，在提高社会声誉的同时，也获得了一定的施工任务。同时，公司以满足人民日益增长的美好居住需求为出发点，抓住居民住房需求逐步由单一居住型向品质型、功能型需求转变的大好机遇，细分目标市场，积极探索旅游地产、避暑地产、养老地产等新型产业开发模式，发挥好房地产业务对公司产业链发展的带动作用。

2. 加强勘察设计专业建设，发挥设计专业在市场开拓中的传导作用

EPC总承包模式是当前国际工程承包中一种被普遍采用的承包模式，而高水平的勘察设计能力是EPC总承包能力形成的关键。中冶建工按照EPC工程总承包特级企业的建设目标，加强和完善规划勘察设计功能，向上游延伸把高技术含量的勘察设计专业做强做优。一是组建专门的方案设计团队，全面提升公司的方案设计能力。公司每年进行优秀设计方案的评选和奖励，不管对外是否中标，只要是优秀设计方案，都给予奖励，通过加大奖励激励力度，提高方案设计的质量。二是在市场开拓中，全面突出"E"的作用，全面落实施工方牵头或设计方牵头各内部有关单位的责权利，充分调动各市场主体开拓EPC市场的积极性，充分调动设计人员优化设计，降低成本，提高市场竞争能力的积极性。

（四）持续强化资质建设和技术创新，为市场开拓及经营结构调整创造坚实的基础

一方面，资质是施工企业进入市场的敲门砖、通行证，是开拓市场的前提条

件和基础，也是公司经营结构调整的先决条件。近年来，中冶建工的快速发展和结构调整对企业的资质建设工作提出了新的更高的要求。公司专门成立资质建设管理部门，负责资质建设管理工作，为各二级单位提供全面的资质服务。定期制定五年资质规划，同时根据规划目标，按年度制定详细的资质建设工作计划，并加以切实落实，不断强化资质建设工作，完善公司经营资质体系，以满足经营工作需要。

另一方面，经营结构的调整必须以技术创新发展为前提，通过发挥企业技术实力在经营工作中的先导作用，营造企业品牌形象，能最大限度地赢得业主的信任，为获得市场奠定良好的基础。中冶建工坚定不移地把增强自主创新能力作为科技发展的战略基点，以创新促产业升级、以产业升级促发展，推进技术创新与绿色发展、协调发展的紧密结合，推动企业适应国家、行业的发展导向和市场的需求。

三、以可持续发展为导向的经营结构调整的实施效果

（一）企业市场竞争力大幅提高，市场规模稳步提升

中冶建工市场开拓能力逐步提高，新签合同额大幅提升，2018 年较 2000 年增长 241 倍多，特别是在近几年国家经济下行压力逐渐增大的情况下，公司新签合同额依然保持稳定增长的态势，为企业持续稳定发展提供了坚实的任务保障。公司与众多政府、企业、银行和基金公司建立起了长期的战略合作关系。通过与北飞实业、恒丰银行以股权投资共建项目公司方式，承接了渝北区唐家沱 C、N 标准分区基础设施建设 PPP 工程项目，成为重庆第一个由施工企业主导并落地开工建设的 PPP 工程项目。

（二）经营结构得以改善，企业抗震能力大幅提高

通过施工企业以可持续发展为导向的经营结构调整的实施，中冶建工在冶金市场领域持续保持传统核心竞争优势的情况下，连续多年实现公司非冶金项目占比保持在 90%以上，企业抗震力明显增强。

（三）成功实现经营业务的可持续，市场体系不断完善，经营质量显著提升

中冶建工在非冶金业务领域不断优化，在房屋建筑、市政公用等传统业务领域外，成功进入了电力、轨道交通、通信、环境治理等领域，在城市管廊、海绵城市、美丽乡村和智慧城市等新兴市场也斩获颇丰，市场体系不断完善。通过充分发挥设计优势，进行 EPC 总承包开发的能力进步明显，EPC 总承包合同持续

大幅增长。企业全面打造 30 个左右市场经营主体的格局已基本形成，区域性公司在公司整体经营开拓中发挥的作用日益明显，基本实现了总部和二级公司同步经营、重庆和重庆以外区域市场、国内和海外市场占有的并举。

第四节　改革构建企业有效分配体系

一、有效分配体系构建提出的背景

（一）激烈的市场竞争要求企业构建有效分配体系

随着社会主义市场经济体制的不断完善，中国加入 WTO 后国内市场和国际市场接轨，市场竞争不断加剧。人们常说市场如战场，逆水行舟，不进则退，普遍认为市场竞争的实质是人才的竞争，而人是生产力的主导要素已是不争的事实。任何组织要在市场竞争中立于不败之地，就必须凝聚人才并调动其积极性和创造性，施工企业也不能例外。要吸引人才留住人才并调动人才的积极性和创造性，就必须要有一套行之有效的激励机制。正确评价员工的工作成果，在此基础上给每个员工以合理的报酬，是激发员工积极性的一个重要因素，也就是说合理的分配制度是激发员工积极性和创造性的一种重要的手段。

（二）建筑行业的现状要求企业构建有效分配体系

随着市场竞争不断加剧，微利时代已经到来。建筑行业由于进入壁垒不高属于微利行业。建筑施工企业要在微利时代微利行业中求得生存和发展的空间，就必须依靠制度创新、技术创新和管理创新来实施低成本战略，确保在激烈的市场竞争中立于不败之地。建筑施工企业属于劳动密集型，人工成本占总成本的比例较大。随着社会的不断进步，人们的需求在不断增长，人工成本的绝对量必然增加，只有通过劳动生产率的提高来降低人工成本的相对量，进而降低产品成本，增强竞争能力。合理的分配制度既是激发员工积极性和创造性的一种重要的手段，同时也是提高劳动生产率的重要条件。

（三）公司原分配制度的局限性也促使企业构建有效分配体系

建筑施工企业工种繁杂，流动性大，施工现场分散，具体施工环境差异性大。2000 年前中冶建工施行的是单一的岗位（技能）工资分配制度，在岗位确定后，员工收入就基本不变，同级岗位收入差距基本上没有拉开，不同级岗位收入差距也不大，吃"大锅饭"现象严重，其激励和导向作用不能有效发挥，不能较好地适应建筑施工企业工种繁杂、具体施工环境差异性大的特点。

二、有效分配体系构建的内涵和主要做法

2001年开始，中冶建工通过深入调查研究，结合外部环境和内部条件，尤其是自身生产经营组织的特点，着手重构分配体系。经过多年的不断探索和实践，逐步形成了一套较为完善的行之有效的收入分配体系。按照具体问题具体分析的原则，利用个体差异性理论，针对公司现行管理体制和生产经营的特点，结合公司战略发展规划，在合理确定工资总额的前提下，对不同的岗位实行不同的分配方式。

为建立健全企业经营管理者的激励机制和约束机制，突出经营决策的特殊地位和主导作用，对两级单位经营决策层执行年薪工资制；为充分调动广大管理人员的积极性，提高整体管理水平，对两级单位管理人员执行岗效工资制；为逐步建立和完善工程项目目标责任制，突出工程项目经理及项目部管理人员在项目施工中的重要作用，对工程项目经理部经理及其他管理人员执行项目工资制；为不断开拓市场，增强自身发展能力，对经营部门执行经营业绩工资制；为调动作业层的工作积极性，对作业层执行计件工资制，不宜执行计件工资的执行谈判工资制；为吸引和留住公司需要的高素质人才和紧缺人才，促进公司管理技术的不断提升和创新，对公司外聘的高素质人才、紧缺人才实行特岗特薪。同时，为不断扩大外地市场和海外市场，提高员工在外地和海外工作的积极性，对本部主城区外的区域通过区域系数调节，并对海外公司给予充分的自主权，在不突破工资总额的前提下，参照公司分配制度执行自主分配政策。具体做法如下：

（一）确定工资总额

工资总额是工资宏观调控和决定工资分配的前提，无论何种分配方案都不能突破工资总额，它与企业经济效益紧密联系。工资总额遵循与效益同向变动的原则，即效益上升，工资总额上调；效益下降，工资总额下调。且在兼顾提高员工工作积极性与各单位实际承受能力的原则下，坚持工资总额增长幅度必须低于效益增长幅度，人均收入增长幅度必须低于劳动生产率增长幅度。

公司各二级单位年度可用工资总额由工资总额基数、新增效益工资、增减人员工资总额三部分组成。工资总额实行预算管理，各单位每年第四季度开展当年

工资总额预清算，并以当年工资总额预清算数为基础，根据次年本单位利润总额、人员变动等预计指标，开展次年工资总额预算。其中：工资总额基数以上年度实发工资总额为基础，核减一定比例经清算认定的超发工资以及其他一次性因素后确定。新增效益工资根据各单位工资总额基数为基础，与利润总额增长率和人均利润增长率挂钩；同时，当新增效益工资计算值超过工资总额基数一定比例时，超出部分按比例分段累计确定，以将新增效益工资总额控制在一定范围。增减人员工资总额按增人增资 50%、减人全额减资的原则确认。

（二）年薪制的运行

二级单位领导班子年薪主要由基薪和绩效年薪两部分构成。其中，基薪考核指标由新签合同完成率、总产值完成率、利费（利润）总额完成率、"两金"管理目标达成率、年在册平均人数五项指标构成；绩效年薪根据利费（或利润）总额按一定比例分段计提。为推动二级单位综合管理能力的不断提高，促进企业持续稳定健康发展，在计算绩效年薪时引入管理目标调节系数，其管理目标考核指标由经营绩效类、安全质量类、管理规章类、发展保障类和特别加分类五大类组成。同时，将"两金"及逾期账款完成情况直接与绩效年薪挂钩，若超过企业下达的控制目标时，则根据超标比例进行不同程度的绩效年薪扣减，促使其把"两金"管控贯穿到项目承接、合同签订、施工管理、竣工验收、工程结算等各个环节，降低经营风险。

公司根据发展战略需要及当期生产经营重点，按年度对确定基薪与绩效年薪系数的各项指标的设置及权重作适当调整，以引导及促成经营者的行为与结果符合公司的预期。为保证日常生活所需，执行年薪工资人员由所在单位按月预支生活费，预支标准在年度经营目标责任书中明确，所预支生活费在兑现年薪时按实等额扣除。

（三）岗效工资制的运行

两级机关管理岗位人员岗效工资主要由岗位工资、工龄工资和绩效工资三部分构成。岗位工资相对稳定，并随社会平均生活水平的提高逐步增长。工龄工资随职工的年功工资增加。绩效工资根据单位的经济效益、管理工作目标的完成情况和部门工作业绩来确定。

1. 岗位工资

岗位工资是各级管理人员的基本工资，由员工所在岗位对应的岗级系数乘以岗位工资基数确定。岗级系数按两级机关管理岗位、专业技术职务技能等级以及员工从业年限等设置 14 个岗级。岗位工资基数根据社会平均工资水平并结合企业实际确定一个上下值，各二级单位根据本单位经营状况上报拟执行岗位工资基数，公司根据各单位主要经营指标完成情况进行审核，经办公会审议决定后执行，公司机关总部岗位工资基数原则上按多数二级单位执行的基数确定。

2. 工龄工资

工龄工资以管理人员的年功工资为计算依据，根据参工时长按不同的标准分段累计计提。

3. 绩效工资

绩效工资是各级管理人员岗效工资的重要组成部分，与单位的效益、部门和管理人员的工作效率和工作成绩直接挂钩。绩效工资原则上是在本单位有效益的前提下执行，每年度发放一次。

绩效工资额度由各二级单位根据本单位工资总额使用及各项指标完成情况如实申报，报公司总部备案后执行。各单位绩效工资总额核定与本单位的货币支付能力相适应，与年初公司与各单位签订的目标责任书中的主要指标挂钩，与重要管理工作完成情况挂钩，与职责履行、规章制度的贯彻挂钩，同时须控制在各单位工资总额之内，凡是工资总额无节余的单位，原则上均不得发放绩效工资。总部机关绩效工资总额与二级单位上年度年薪挂钩予以确定。

绩效工资是建立在绩效考核的基础之上，是针对员工的工作质量情况实施的增量工资分配，是激励和约束员工的有效手段之一。搞好绩效分配的关键是绩效考核。

（1）对各二级单位机关的绩效考核。对各二级单位的绩效考核是由公司总部各主要业务部门，根据各二级单位的主要经济指标和相关管理目标的完成情况进行考核评价。其主要考核指标包括实现利润、新签合同额、营业收入、工程结算目标完成率、招标率、合同评审率、重大质量事故、四级以上安全事故、应收账款余额+存货、群访事件、社会保险缴纳率、员工上岗率、贯彻执行规章制度、交办的重要事项完成情况等。

（2）对公司总部机关部门的绩效考核。对公司总部机关部门的绩效考核由基本职能履行情况考核、主要管理工作目标考核和特别事项工作目标考核三部分组成。

基本职能履行情况考核综合采取部门自评、部门互评、公司领导评价、二级单位对口业务部门评价、公司办公会专项评价等多种方式。考核内容为部门之间的协作与配合；部门职能履行情况和交办任务的完成情况；对二级单位对口业务部门的服务、指导和监督、管控；工作中的成绩、亮点及失误、差错等。

主要管理工作目标考核重点考核各部门根据公司工作会安排和年度经营管理目标等所分解下达的主要目标的执行情况。

特别事项工作目标考核重点考核各部门有关重大事项的完成情况，作为部门完成对公司意义重大而又富有挑战性的工作的加分项。

（3）对个人的绩效考核。对管理人员的绩效考核按一级考核一级的原则进行。绩效考核的主要内容为忠诚度、工作态度、工作失误、工作饱和度、工作效果、遵章守纪等。

（四）项目工资制的运行

项目工资由项目职务（岗位）工资、项目终结考核奖励构成，项目管理人员享受工龄工资、施工津贴、技能津贴等。

1. 工程项目管理人员职务（岗位）工资的确定

（1）班子成员项目职务工资的确定。中冶建工根据工程项目合同额大小并结合专业特点将项目部划分为两类。班子成员执行项目职务工资，由公司总部根据市场行情并结合企业实际确定不同类别项目部各班子成员项目职务工资上限标准，具体额度由项目所属单位在标准范围内予以确定。

（2）其他管理人员的项目岗位工资的确定。项目班子成员以外的其他管理人员执行项目岗位工资，分为主管岗位和一般管理人员岗位，主管岗位分三个岗级，一般管理岗位分两个岗级，每个岗位对应相应的岗位工资标准。项目专业管理人员由项目所属单位按相应定岗定级办法考核确定其岗位岗级，其岗位工资由项目经理根据单位定岗定级结果在标准范围内具体确定。

项目职务（岗位）工资以不高于85%的比例在月度发放，以不低于15%的比例与项目过程考核结果挂钩，按年度集中发放。项目部根据考核确定的应发额（包括项目经理应发额、项目其他班子成员应发总额、项目专业管理人员应发总额）进行年度分配，其中，对项目经理的分配由考核直接确定，项目其他班子成员由项目经理根据其个人履职考核结果在项目其他班子成员应发总额内进行分配，项目专业管理人员由项目班子根据其个人履职考核结果在项目专业管理人员应发总额范围内进行分配。

2. 工程项目管理人员项目效益提成奖的确定

在工程结算完毕并经审计部门审计确认后，项目部可按项目上缴管理费总额和制造成本降低额的一定比例计提项目效益提成奖。在进行项目效益提成奖分配时，项目经理的奖励分配额度由公司确定，项目其他人员的奖励分配额度由项目经理依据其在岗月数、奖励系数、业绩考核情况、风险抵押金缴纳情况等进行分配。

（五）经营业绩工资的运行

两级公司经营管理岗位人员经营业绩工资主要由岗位工资、经营业绩考核奖励等构成。岗位工资参照机关其他管理人员岗位工资标准执行。经营业绩考核奖励按比例提成，根据合同收益与实际收益相结合，费用包干，明确目标，年度考核的原则确定。各二级单位根据本单位实际情况，在年初对本单位经营部门下达经营目标责任书，明确任务承接目标和合同收益目标，并确定在不同规模和收益下包干费用的计提比例，由公司总部审计部门按年度对其进行审计，各二级单位根据审计结果确定经营业绩考核奖励额度，并结合经营管理各岗位的履职情况进行分配。

（六）计件工资及谈判工资制的运行

1. 计件工资

中冶建工对两级公司具备条件的作业层人员实行计件工资。计件工资的施行必须具备如下条件：施工任务连续饱满，原材料及设备供应正常；有准确的计量及质量标准，各项管理制度健全；开工前编制了施工或施工图预算并确定了原材料及机具台班的消耗定额。

计件单价原则上参照重庆市发布的工资指导线的水平结合公司的实际情况予以确定，随重庆市工资指导线的变化而调整，由公司总部发布，各二级单位参考执行，可根据生产情况在指导工日单价一定比例范围内上下浮动确定。

同时，各单位可根据其总体效益情况，按计件工资总额的一定比例确定计件人员的年终奖励，其具体分配与员工业绩考核结果挂钩。

2. 谈判工资

谈判工资主要针对服务于机关和生产一线，不具备计件条件的生产操作层岗位及服务性岗位，如房屋管理员、保安、守卫、驾驶员等。

中冶建工根据工种性质、技能要求、劳动强度、工作难易程度的实际情况，将谈判工种分为三类，每个类别的月工资标准分为主要工种和辅助工种两种指导价，各用工单位按具体工种在本单位生产过程中发挥的作用选择执行。

同样，各单位可根据其总体效益情况，按谈判工资总额的一定比例确定谈判工资人员的年终奖励，其具体发放与员工业绩考核结果挂钩。

三、有效分配体系构建的实施效果

2001 年至今，中冶建工通过深入细致的调查研究，结合外部环境和内部条件，尤其是结合公司的管理体制和自身生产经营的特点，不断对公司分配体系的有效性进行探索和实践，制定了一系列有关分配的规章制度，逐步形成了一套较为完善的行之有效的收入分配体系。该收入分配体系经过运行，取得了显著成效。

一是增强了公司的凝聚力，提高了公司在人才市场的竞争力。通过该收入分配激励体系的运行，充分承认员工的价值，为员工提供了施展才华的舞台，提高了员工的公平感和满意度，增强了公司的凝聚力，人才流失现象得到了较好的控制，公司在人才市场的竞争力不断加强。

二是促进了员工素质的提高，调动了员工的积极性。该收入分配体系实施的关键是考核，考核是对单位、部门以及员工个人工作成效的考评，是衡量各项专业管理工作质量的重要手段之一。通过考核，促使广大员工自觉地努力工作，在工作中不断地提高自身的工作能力和管理水平；同时也使广大员工充分认识自身的工作成效对组织的影响，进而促使其关心单位和部门整体业绩的完成情况，充分发挥团队精神，促进公司生产、经营和管理工作的全面、协调发展。该收入分配体系体现了具体问题具体分析的原则，充分运用差异化原理，增强了广大员工对收入分配的公平感，调动了员工的积极性。

三是公司经济效益显著提高。2018 年与 2000 年相比，公司产值增长 55 倍多，利润从亏损到盈利超过 8 亿元，全员人均收入增长 23 倍多，全员劳动生产率增长超 108 倍，百元产值人工成本降低近 9 倍。

第五节　创新科技管理　增强发展动力

一、以创新提升式发展为导向的科技创新管理的提出背景

（一）科技创新是现代企业生存的基本前提

随着现代科学技术和知识经济的发展，科技因素越来越成为企业参与市场竞

争的核心，科技创新成为决定企业生死存亡的关键。实践证明，任何企业只要在发展过程中因循守旧，思想僵化，失去了创新的活力，就难以在市场竞争中获得生存。逆水行舟，不进则退，在市场经济的竞争大潮中，企业经营再努力、管理再加强，所生产的产品如果跟不上科技发展的步伐，跟不上市场需要的节奏，也就只能被淘汰出局。

（二）科技创新是企业增强核心竞争力的需要

建筑市场目前是"僧多粥少"，施工企业为了争夺建筑市场，不惜在工程承包价格上展开恶性竞争，因此实施低成本战略便成为施工企业获得持续稳定发展的必由之路。降低成本的方式方法多种多样，作为最直接有效的降低成本方式——科技创新能从根本上保证企业在成本控制上走在同行前列。同时，建筑产品日新月异，建筑科技含量不断增加，谁先研发、掌握、运用新技术，谁就能在市场竞争中占据主动。技术创新对于获得和保持企业的竞争优势，提高整体竞争实力，从而加速企业的发展和拓宽发展空间都具有十分积极和重要的意义。

（三）科技创新是企业实现经营结构调整的需要

市场是企业生存之本，经营是企业管理的龙头，经营结构的调整是建筑企业适应市场结构变化的必然选择，而经营结构的调整必须以科技创新发展为前提，通过发挥企业技术实力在经营工作中的先导作用，营造企业品牌形象，能最大限度地赢得业主的信任，为获得市场奠定良好的基础。同时，对于建筑施工企业，建筑资质是实现经营结构调整不可逾越的门槛，为适应企业经营结构的调整需要，中冶建工只有不断进行资质升级、获取新资质，而在目前的资质升级或获取中，诸如技术标准、工法、专利等科技创新指标均为主要考察指标。科技创新是建筑施工企业成功实现经营结构调整的必由之路。

（四）科技创新是企业提升科研能力的需要

2010年以前，中冶建工虽通过加强各项基础管理工作，取得了较快发展，企业实力不断增强，但是企业科技创新工作一直比较薄弱，与企业发展规模不相匹配：一是受传统思想观念的影响，企业未充分认识科技创新的必要性。建筑企业科技创新主要依托于工程项目，而企业实行的是项目经理责任制，利润最大化是项目经理追求的目标，科技创新是一种具有高风险性的长期行为且要占用相当资源，势必影响工程项目建设，项目经理对此缺乏积极性和足够的动力。二是缺乏系统的科技创新组织机构，未建立长期的科技创新规划，工作指导性不强。三是未建立有效的激励机制，影响科技人员的创新积极性。四是企业科技创新人员缺失。为此，自 2010 年开始，中冶建工通过不断强化科技创新工作，不断健全完善创新管理体系，积极探索科技创新管理模式，不断增强企业的科技创新能力和核心竞争力，为企业经营结构的调整提供源源不断的支持。

二、以创新提升式发展为导向的科技创新管理的内涵和主要做法

创新是一个民族的灵魂，也是一个企业持续发展壮大的不竭动力。鉴于此，中冶建工坚持以市场为导向、以工程项目为载体、以技术中心为主体、以社会资源为辅助、以价值创造为根本目的，结合现代管理理论，通过营造科技创新工作氛围，健全科技创新管理体系，完善科技创新管理机制，使企业真正成为创新的决策主体、投资主体和新技术开发、应用的主体，促进企业产业结构调整和经济增长方式的转变，为企业创新提升式发展提供强大的科技支撑。其主要做法如下：

（一）科学构建科技创新研发体系和组织体系

结合施工企业实际，中冶建工建立了在企业统一组织调度下，以技术中心为主体，以项目部为依托的公司、二级公司和项目部相互协调配合的三级科技研发体系。

同时，为确保企业科技创新工作的有效开展，中冶建工形成了企业科技创新的组织基础（见图 11-10）。建立起以公司总工程师为主任委员、技术中心主任和公司副总工程师为副主任委员，各二级单位总工程师为委员的技术管理委员会，作为全公司科技创新工作的组织、领导和专家咨询机构。下属单位（分公司、子公司、项目部）设立技术创新领导小组，由各单位的总工程师担任第一负责人，其下又可根据专业分工分别设立专业技术研发小组进行专项研究。

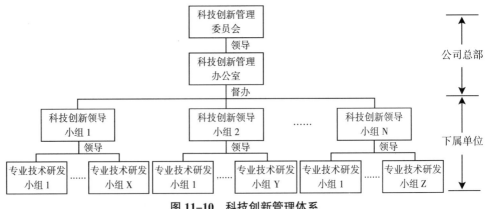

图 11-10　科技创新管理体系

（二）合理规划，明确方向

基于建筑行业发展特点，中冶建工坚持"自主创新、重点跨越、支撑发展、引领未来"的方针，紧密围绕企业转型升级、持续发展的目标，加强原始创新、集成创新和引进消化吸收再创新能力建设，着力突破建筑施工领域重大关键、共性技术，解决施工技术难题，以节能环保，降本增效，保证质量安全为重任，形成一批具有自主知识产权的核心技术，支撑企业发展。同时，围绕主营业务和市场导向，面向行业与地区科技前沿，着眼长远，超前部署前沿技术研究，培育新的经济增长点，引领企业持续健康发展。

在科技创新形式上，坚持市场与需求导向，以引进消化吸收再创新为主，关注集成创新，鼓励原始创新，发挥协同创新的作用。在实现方式上，主要以企业技术研发中心、博士后科研工作站，以及各专业技术分中心为主体，以项目为依托，充分利用自有设备和人才，面向工程实际和市场需求，坚持自主创新，形成自主知识产权。同时，对市场上已有的一些具有广阔市场前景的新技术、新工艺和新产品，通过引进和消化，为我所用，而对于自身专业力量薄弱，或针对一些新领域等难度较大的课题开展研发工作时，通过"校企合作、研企联合"模式，借用外部资源，联合开发，成果互享，以促进企业科技创新能力的提升。

（三）营造科技创新的工作氛围

1. 加强组织领导

中冶建工领导层高度重视科技创新在企业生产经营和发展中的重要地位，将科技创新摆在企业工作的中心位置，置于优先发展的战略地位。企业主要领导亲自制定科技工作的总体部署和重大政策措施，亲自协调科技与生产经营结合的重大问题，总工程师具体抓事关全局的项目和科技投入的落实到位，各职能部门负责科技创新的日常监督管理工作，从而形成主要领导总揽全局亲自抓，分管领导集中精力认真抓，有关部门齐心协力共同抓的格局。

2. 构建创新文化，培养创新意识

在长期的经营实践中，中冶建工逐步形成"团结、创新、诚信、务实"的企业精神，通过各种内部宣传媒介持续不断地向广大员工灌输以"鼓励创新，勇于创新，善于创新，注重实效"为核心内容的创新文化，提高其创新意识，从而在企业内营造一个良好的科技创新工作氛围，实现"要我创新"到"我要创新"的转变，切实扭转"说起来重要，干起来次要，忙起来不要"的做法。

（四）构建科技创新全过程管理机制

1. 科技研发项目立项管理

按照"以开拓市场为导向，以工程项目为平台，以提高作业效率、提高工程质量、提高项目收益为重点，开发独具竞争力的关键技术、工法、专利、方案、新材料使用配方、操作流程；以设备管理为平台，以提高设备寿命、提高设备效率、优化设备配置为重点进行科技创新；以经营工作为平台，以提高标书编制质量、提高编制速度、提高信息准确率为重点，利用计算机技术和网络技术、现代管理方法，形成独立模块和共享性资源"的指导思想，每年度围绕新技术、新材料、新工艺、新设备等科技开发项目，以半年为时间周期集中开展两次立项审批工作。

（1）严格立项申请。为充分掌握科研项目的基本情况，把好科技创新入口关，申报单位在申请科研项目立项时，须填报技术开发项目立项申请书，详细阐述拟申请立项项目的技术查新、当前技术市场应用状况、项目开发完成的应用前景和解决的主要问题等相关信息，同时须从文献查阅、开展调研和专题交流会等方面进行自评，填报科研项目立项工作评价表，经公司审核确认达到或超过 60 分（总分 100 分）的立项申请，公司予以组织评审。

（2）加强论证审批。评审组根据研究目的是否明确、项目负责人是否具有把握研究技术领域方向的能力、研究基础条件是否具备、目标是否可考核、技术路线是否正确、有无创新性、产生预期的效益（经济效益和社会效益）如何、研究经费预算是否合理和项目研究存在的风险分析等做出综合评价。采用无记名方式填写评审表，以到会评审成员有效投票数的 2/3（含）以上同意为通过立项评审，同时对评审通过的项目作出是否作为企业重大科研项目进行立项的建议。评审组评审通过的技术开发项目将上报公司董事会或办公会，董事会或办公会再根据评审组的意见以及企业生产、经营、发展等综合因素作出同意立项、暂缓立项、不予立项等决定。

（3）实行分级管理。为进一步提升对科技研发项目的管理效率、效果，中冶建工将科技研发项目根据其技术含量、价值、类别等情况，划分为重点科技研发项目和一般性科技研发项目，实行公司总部和基层单位两级管理模式。总部负责重点科技研发项目的管理和对一般性科技研发项目的指导性管理，基层单位负责一般性科技研发项目的日常管理。

2. 科技研发项目过程管理

为了明确企业与科研项目组的责、权、利，运用合同化管理手段规范和约束双方的行为，提高科技研发的成效，中冶建工对各科技研发项目实行目标责任考核制，对于重点技术开发项目，直接由公司与申请方签订《重点技术开发项目管理目标责任书》，而一般技术开发项目则由申请方所在基层单位与其签订《一般技术开发项目管理目标责任书》。公司总部与基层单位根据所签订的目标责任书，对科研项目组按季度进行过程考核，考核内容主要包括科研项目管理基础工作，项目进度控制，项目经费控制与核算，完成的专利、工法、论文等，考核结果与项目组预留的考核工资挂钩。对项目组组织不力，不认真开展工作，导致责任书无法履行时，将终止责任书的执行，收回研发经费，并追究项目实施单位或项目组有关领导的责任。

3. 科技研发项目结题管理

为准确把握项目的研发成效，项目研发完成后，中冶建工根据项目性质，组织相应专家组分别采取现场考察、书面评议、专家会议验收等多种方式对项目进行验收或鉴定，评价项目的科技成果水平、应用前景及实施效果。同时，两级公司各相关职能部门将对项目任务完成情况（如取得的技术成果、发表的论文、专利、获奖情况等）、应用证明、效益分析、资金使用情况等进行考核，作为企业年度优秀科技成果评选的依据以及成果创效益提成奖发放的依据，以鼓励提升科研项目的研发质量。

（五）加大创新激励力度，抓好科技人才队伍建设

实施科技创新战略，人才是关键。中冶建工在科技创新实践中重点突出"以人为本"的管理理念，充分发挥人在科技创新实践中的主观能动作用，紧紧抓住"培养人才、吸引人才、用好人才"三大关键环节，建立企业人才培养、发现、评价、选拔和使用的有效激励和约束机制，做到人尽其才，才尽其用，为企业的科技创新提供强大的人才保证。

1. 创新员工培训方式

一是开展导师带徒活动，搞好传、帮、带工作，在新员工到岗后，将分领域、分专业，有计划、有目的、有针对性地确定和调整师徒关系，签订结对协议，充分发挥优秀技术人才、管理人才、技能人才在员工培养中的传帮带作用，使新员工尽快掌握岗位业务技能，促进其尽快成长。二是强化企业一线施工技术人员职业能力培训规范，每年有计划地对新老员工进行技术培训，大力开展职工技能竞赛活动，使其快速地掌握基本施工技术，达到国家规范标准，同时不断地进行知识更新，逐渐掌握企业核心技术，将企业科技成果应用到建筑产品中。三是注重在职技术人员的再培训工作，以外培与内培相结合的形式，进行专业技术培训，形成持续培训网络与机制。四是积极开展"创建学习型组织"活动，培育"勤于学习，勤于思考，勤于总结，勤于提高"的学习氛围，鼓励科技人员加强自身学习，从而多渠道、全方位加快人才的培养和知识更新的节奏。

2. 建立技术带头人制度

中冶建工根据公司业务范围，划分出土建、机械、电气电子仪表、岩土工程、水暖、钢结构、工程测量七个专业类别，每个专业限额评选 1~2 名技术带头人，重点、有优势、覆盖面大的专业可根据实际情况适当增加 1~2 名技术带头人，总名额控制在 20 名以内，充分发挥各技术骨干在其专业领域的带头作用，努力营造"向技术要效益，以技术树企业形象，通过技术打造素质高、作风硬的职工队伍"的氛围。技术带头人评选工作每两年评选一次，可连选连任。公司每年对技术带头人的履职情况进行考核，考核结果与继续任职和享受津贴挂钩，考核不合格的，不再享受津贴，并取消下届技术带头人评选资格。

3. 加大创新激励力度

一是结合各二级公司科技创新工作开展的实际情况，中冶建工在年初对各二级公司下达一定的科研计划，其完成情况与各单位班子成员的年薪考核挂钩，以促使其领导班子重视科技创新工作的开展。同时，建立企业研发投入视同利润考核机制，对于各单位发生的经政府科技管理部门和税务部门认可计入企业所得税加计扣除基数的研发投入，一律视同考核利润，以进一步激发企业创新活力。

二是每年度进行一次科技创新成果的考核、奖励工作，对成果的奖励等级依据其技术水平高低、应用前景、综合效益等综合评定，并在年度工作会上集中奖励通报。科技创新成果奖获得者的工作业绩记入本人档案，作为考核、晋升、评定专业技术职务的重要依据之一。

三是鼓励参加各级政府部门和行业协会组织的科技创新成果奖项的申报评选，同一个项目分别获得不同级别奖项的，除可重复享受外部奖励外，还将由企业按获得的最高级别奖项颁发创声誉奖。

四是科技成果或技术的创造人在其所创造的科技成果、专利技术、专有技术等被推广应用或授权使用以后，每年按照实施该项科技成果或技术的税后利润的一定比例计取奖励，享受该项奖励的期限为 5 年或专利权有效期限。

4. 搭建交流平台，加大技术交流力度

一是建立技术 QQ 群，为青年技术人员的技术提升、成长提供学习交流平台。二是定期围绕工程项目技术、质量控制的关键点提出研讨课题，开展"技术沙龙"活动。三是组织广大工程技术人员对重点项目的重点施工环节进行现场观摩学习，加强技术人才和技术成果的交流合作。四是定期评审出版内部科技管理期刊《中冶建工科技与管理》，及时刊登广大技术人员的学习心得及技术总结，形成学术钻研和技术交流的浓厚氛围，提高技术队伍的整体素质和科技研发能力。五是建立对外交流平台，与重庆市政府相关部门和行业内其他研发部门建立定期交流学习机制，及时了解政府相关指导政策和行业内最新研发动态。

（六）充分发挥技术中心在企业科技创新中的作用

为打破企业技术人才分布不均、技术攻关力量不足、资金使用分散的局面，中冶建工在总部成立技术研发中心，并设立预拌混凝土工程技术中心、钢结构技术中心、勘察设计技术中心、工程检测技术中心等专业技术研发中心，各中心在企业科技创新中形成强大的合力，集中力量研究解决企业生产和发展过程中的关键技术，同时，通过各中心带头做好新技术、新产品、新工艺、新方法的开发和推广应用工作，在全公司起到示范作用，不断推进企业科技创新和成果转化工作的开展。技术研发中心主要承担企业发展的共性技术课题的研究，在建筑技术、新型节能环保建筑材料、新型实用的焊接设备和焊接技术的推广应用等方面重点开展研究，以充分发挥技术中心在科技创新方面的主力军和模范示范作用。各专业分中心主要负责开展与本专业密切相关的课题研究，提升相应专业技术研发能力，如混凝土技术中心主要以高性能砼，自密实砼，预拌干混砂浆，粉煤灰技术，硅粉砼技术，高强度等级砼的开发、生产、泵送技术的研制和应用为研究重点；钢结构技术中心主要以大型公共建筑、高层钢结构及环保节能钢结构制安和大型复杂钢结构整体提升技术等为研究重点；勘察设计技术中心主要以提升企业勘察设计能力，提高智能化、节能建筑设计及企业 EPC 工程总承包能力为重点；检测技术中心则以加强材料试验检测设备和工程检测设备的升级，增强检测手段，为企业技术创新提供能力保障为突破口。

从技术研究层面，科研项目的研发依托各技术中心的博士、硕士等高素质人才的理论基础，实践验证则由项目部参与完成，从而形成了从理论到实践的有机结合。

（七）充分利用社会资源，开展产、学、研结合，补充和提高企业的科技创新能力

作为建筑施工单位，虽有着丰富的实践经验，但理论知识相对缺乏，凭"经验"创新，研究深度不够，往往经不起理论验算和试验验证。另外，企业科技发展的知识储备不足，对一些前沿技术的学习交流不够，制约科技发展的思路，单靠企业自身的能力难以满足发展的内在需求和外部市场需求。鉴于此，中冶建工在科技创新实践中，注重产、学、研有机结合，加强与各大高等院校及科研院所开展良好的技术合作研究，充分借助科研院所的科研优势，把注意力和着力点集中到重大攻关项目和核心技术领域自主创新上，实现资源共享与优势互补，风险共担、互利互惠，支撑企业科研开发。如针对重庆地区原材料（特别是用特细砂作为细集料）的特点，公司和重庆大学共同研制了 C80 高强高性能混凝土，掌握了利用特细砂作为原材料制备 C80 高强度砼的关键技术，产品投放市场，反应良好。

同时，中冶建工逐步建立完善企业科技信息网络，设置专门的科技情报检索人员，加强科技情报检索和内外沟通渠道，超前跟踪和研究国内外具有市场前景的新技术、新工艺和新产品，大胆学习与引进，博采众长，为我所用，融合提炼，自成一家，形成自有的核心竞争能力。如在市场上出现一种新型混凝土增效剂后，混凝土技术中心对其及时进行了研究实验，发现将其加入混凝土中能够在保证混凝土强度不降低的基础上减少水泥用量，并能增强混凝土的综合性能。经过大量实验，企业掌握了使用增效剂生产混凝土的技术，优化了生产配比，并于 2012 年 5 月在重庆地区率先应用到商品混凝土实际生产中，较大程度地节约了原材料成本。

（八）加强知识产权管理，注重科技成果的申报与保护

为合理保护利用企业科研成果，中冶建工以"建立要素齐全、充满活力的自主知识产权创造体系，流转顺畅、运行高效的知识产权运用体系，制度健全、保护有力的知识产权保护体系，科学规范、运行协调的知识产权管理体系"为目标，按照激励创造、有效运用、依法保护、科学管理的方针，积极推动知识产权管理工作，通过提高把创新成果转变为知识产权的能力，以促进科技创新和形成自主知识产权，增强企业支柱产业竞争力。

1. 不断建立健全知识产权管理组织体系和制度体系

一是加强组织领导，两级公司均建立知识产权管理工作办公室，配备专职或

兼职工作人员，具体负责本单位知识产权日常管理工作。二是不断完善知识产权制度，制定适合企业主体专业发展的知识产权政策和发展规划，通过制度建设不断完善各项措施，以促进产业结构的调整与优化。

2. 加强知识产权保护

一是对于在科技创新过程中取得的科技成果，积极申报具有自主知识产权的专利技术和工法，以对科技成果进行保护。二是建立重大科技项目的知识产权工作机制，以知识产权的获取和保护为重点开展全程跟踪服务。三是建立科技档案和重要信息资料立档审批和使用审批程序，设置管理台账和使用登记台账，对档案的形成、保管、借阅、复制、使用等各环节进行严格管理。四是对于企业内部之间或与外部单位的技术合作均以合同形式对知识产权的内容、权属、收益分配等事宜作出明确约定。五是在与员工签订的劳动合同或聘用合同中，明确企业员工具有保护企业知识产权的义务，同时与企业重点培养的关键技术人员及对企业的技术权益有重要影响的人员，签订专门的知识产权保护协议，以保护企业的合法权益不受侵害。六是与重庆市一些知识产权中介和相关律师事务所建立长期、稳定的合作关系，加强知识产权信息交流，提高企业知识产权工作水平和维权能力。

3. 培育知识产权文化

中冶建工在全体员工中广泛开展知识产权普及型教育，加强知识产权宣传，提高知识产权意识。在企业中大力弘扬以创新为荣、剽窃为耻，以诚实守信为荣、假冒欺骗为耻的道德观念，形成尊重知识、崇尚创新、诚信守法的知识产权文化。

4. 强化知识产权的运用推广

一是建立信息共享机制，加强科研政策与知识产权政策的协调衔接，充分保障企业员工在科研活动中依法合理使用创新成果和信息的权利，促进创新成果合理分享。企业知识产权对内对外均实行有偿使用和转让，即由使用单位（或购买单位）与知识产权完成单位按相关法律法规签订相应合同后使用（或取得），若对外转让或授权使用需先经技术委员会审议通过后报董事会或办公会批准后方能执行。二是设立高新公司（后与物产公司合并），其最重要的职能就是科技成果的转化运用和推广，同时兼备研发新技术、新产品工作。

三、以创新提升式发展为导向的科技创新管理的实施效果

（一）企业科研能力全面提升

通过不断强化科技创新管理，中冶建工的科技创新能力得到全面提升，硕果

累累。2009 年至今，共取得省部级及以上工法 51 项，其中国家级工法 5 项，省部级工法 46 项；获得专利 1294 项，其中发明专利 188 项；主编国家标准 2 项、行业标准 1 项、地方标准 5 项；参编行业标准 2 项、地方标准 18 项；共承担 40 项省部级科研课题，另取得各类科技成果 70 余项，其中《矩形多肢焊接箍筋自动加工生产线关键技术研究》达到国际先进水平，《地下综合管廊叠合装配绿色高效施工技术研究与示范》《电力系统消谐保护装置校验仪的研制与应用等科技成果》等达到国内领先水平，《组合式围挡研发与应用》《全焊接箍筋研究与开发》等科技成果荣获重庆市建设创新奖，地方标准图集《工程建设标准设计［DJBT-062］Ⅱ类》在全市推广。由于中冶建工在科技创新领域的突出表现，公司被授予国家高新技术企业、博士后科研工作站、重庆市科技型企业、重庆市企业技术中心、重庆市建筑工程工业化绿色建造工程技术研究中心等称号，并荣获"十一五"全国建筑业科技进步与技术创新先进企业等荣誉称号。

（二）企业经营结构调整稳步推进，市场竞争力大幅提高

一是满足了公司各项总承包特级资质申报所需要的国家级工法、专利和国家或行业标准等科技成果，为企业资质升级作出了突出贡献。二是技术实力产生的品牌效应和核心竞争力，为企业不断推进经营结构调整奠定了基础。也是基于经营结构的成功调整，从 2010 年开始，在外部经济环境日益复杂的情况下，企业连续九年实现新签合同过百亿元的成绩，为企业的持续稳健发展打下了坚实的基础。三是独有的核心技术，使企业在参与市场竞争时获得了相较于其他企业的比较优势。公司在大型、特大型项目施工组织方面，特别是在多专业、多工种同时穿插作业方面总结提炼了一套独有的施工工艺。公司钢结构从原仅能与重庆本地钢构企业竞争发展到现在能与全国钢结构企业竞争的水平，在大型场馆、国家电网、超高层建筑和轨道交通等领域储备了一大批钢结构制造及安装技术；生产的自密实混凝土、高强混凝土、轻集料大流动性混凝土在行业内居于领先水平。

（三）企业降本增效成绩显著

中冶建工坚持以创新创效为中心，以科技创新为手段，通过积极研发先进的生产技术和标准，实施降本增效，成绩明显。如《全焊接箍筋研究与开发》项目研发的焊接格网箍筋与传统箍筋相比，在保证体积配箍率相同的前提下，能有效节约钢材用量 20% 以上，并节约劳动力成本 200 元/吨。

第十二章 中冶建工企业文化实践

企业文化是企业的灵魂，也是企业员工的精神家园。企业文化指导着企业的价值追求和发展方向。企业文化作为企业长期经营活动中自觉形成的，全体员工集体认同和遵循的价值观、信念和行为方式，是企业和员工共同诉求的综合反映。中冶建工的企业文化是中冶建工意识行为和思维方式的总纲和指导思想，是推动中冶建工实现持续稳定发展和实现发展目标的基本动力。面对日趋激烈的竞争条件和日趋复杂的内外环境，文化在企业竞争中的地位和作用更加凸显，进一步加强中冶建工企业文化建设，更好地发挥企业文化软实力对企业发展的保证、促进和协调作用，构建企业内部和谐的发展条件成为必然。进一步完善和深化中冶建工企业价值观体系和核心理念体系建设，用成熟的企业价值追求和企业文化理念来更好地统一领导干部和全体员工的思想和认识，来指导企业的意识形态、战略规划、治理结构、制度建设、企业管理和行为规范，将为保证企业发展的正确方向，促进企业核心竞争能力的稳步提高和持续增强发挥重要作用。

第一节 企业文化概念界定

一、企业文化

企业文化的提出源于日本经济的飞速发展，其概念从产生到发展已有 30 多年历史，但至今仍尚未有一个被大家普遍接受的定义。从国外学者对企业文化的定义看，普遍认为企业文化由一系列价值观和行为规范构成。Schwartz（1999）认为，企业文化是企业成员共享的信念和期望形态，这些信仰和期望会产生一套决定组织成员行为的基础。美国麻省理工学院教授 Edgar Schein（1984）也提出，企业文化是在一定社会经济条件下通过社会实践在企业成员相互作用的过程中形成的，为大多数成员所认同和遵循的，并用来教育新成员的一套价值体系。

国内学者对企业文化的定义宽窄不一：狭义的企业文化概念主要强调企业文化的价值观，如魏杰（2002）认为，企业文化是指导和约束企业整体行为及员工行为的价值理念；而广义的企业文化概念则涵盖了广泛的含义，认为企业文化是一种复杂的集合，由价值、信仰、象征、假设和规范所构成（郑竹文，1995）。俞文钊、严文华等（2000）提出，企业文化是以企业整体价值观为核心的行为规范的总和，是企业在长期的生产经营过程中所形成的那种区别于其他组织的本企业所特有的精神风貌和信念，以及一系列保证这种精神风貌和信念得以持久存在的制度和措施。

由此可以看出，企业文化的核心是企业员工所共同奉守的价值观、信念和行为标准，这一点在理论界基本达成共识。企业文化属于组织文化概念，是企业在实现企业目标的过程中所形成的，由企业全体成员共同认可和遵守的企业使命、愿景、核心价值观等理念体系以及践行这些理念体系的行为方式及物化行为等的总和，以人的全面发展为最终目标，企业的总目标与全体员工的目标协调一致。

二、建筑施工企业的企业文化

所谓建筑施工企业的企业文化是指建筑施工企业在施工过程中，结合企业自身特点，由员工主体在生产经营和变革实践中逐渐形成的反映企业理念层、行为层、表面形象层的文化体系，包括建筑施工企业的价值观、文化宗旨、经营理念、管理理念、质量方针、企业作风等企业共同遵守的行为规范。

由此可见，建筑施工企业文化是建筑施工企业的一种软资源，它是建筑施工企业在长期实践过程中培育起来的具有独特价值观基础的行为规范。它是施工企业发展中的核心要素，是推动施工企业不断前进持续高速运转的强大精神动力。建筑施工企业文化贯穿于建筑施工企业内外部因素之中，是一个多元的、动态的、且贯穿于建筑施工企业生产经营活动的全过程。

三、中冶建工企业文化

中冶建工企业文化，是在一定的社会历史环境下，在长期的生产经营过程中逐渐形成的、为全体或大多数员工所认可和遵循的企业文化理念体系和行为规范。中冶建工企业文化不仅是管理方法，更是形成管理方法的重要思想源头；不仅是行为方式，更是导致行为方式的动因；既根植于企业的一切活动中，又是对企业一切的活动的提炼和升华。

第二节 中冶建工企业文化理念体系的构建

中冶建工近年来的蓬勃发展，既受到外部市场环境利好的影响，同时也缘于内部企业文化的支撑。长久以来，中冶建工专注于企业文化体系的建构，为企业的发展提供不竭动力。中冶建工的企业文化由内涵至外延共分为三个层次：第一层次是企业核心价值观；第二层次是中冶建工的十大文化理念；第三层次是中冶建工由核心企业文化延伸出来，并且不断完善的各项子文化。

一、中冶建工企业核心价值观

（一）企业文化精髓

中冶建工的企业文化精髓是"诚实守信，追求不息"，首先，这是中冶建工企业文化的高度概括。市场经济的本质是诚信经济，特别是对于建筑施工企业而言，其产品生产过程长、环节多、体量大，只有诚信才能真正赢得客户。其次，也是对历史反思后的结论。企业因为缺乏诚信逐渐丢弃了市场，同时因对员工缺乏诚信，也遭到了员工的抛弃。"诚实守信，追求不息"，强调的是必须将诚实守信作为企业的核心品质而自律与恪守；有了诚信，外化的追求和行为才有根基。

（二）企业使命

中冶建工的企业使命是"为用户创造价值，为社会创造财富，为股东创造回报，为员工创造未来"。中冶建工企业价值观的体现就是要通过为用户创造价值来实现企业的持续稳定发展，实现员工与企业的共同发展，实现为股东创造回报，为社会创造财富。"为用户创造价值，为用户排忧解难，为用户提升服务"是中冶建工生存发展和长盛不衰的经营基础。

（三）企业发展愿景

"国内一流，重庆第一的工程总承包特级企业"和建设"具有国际竞争力的一流企业集团"是中冶建工的发展愿景。"国内一流"是定性，"重庆第一"则为定量。"重庆第一"的含义并非仅仅是企业规模与经济总量，而更重要的是指企业的管理能力、创新能力、人均劳动生产率、人均创利、资产负债率、净资产回报率、EVA 增长率、员工人均收入等经济技术指标重庆第一。"一流",就是要勇于参与全球化竞争,并在国际建筑业中跻身一流。它主要解决五个方面的问题:一是企业发展愿景和发展使命;二是企业共同价值观;三是企业战略目标(一般包含经营目标、财务目标和人力资源目标);四是企业核心竞争力和比较竞争优势;五是战略实施的保证措施。

(四)企业共同价值观

中冶建工的共同价值观是"追求事业上的成功和工作中的尽善尽美是我们最大的快乐和享受"。它包含了"事业上的成功"和"工作中的尽善尽美"这两个关键要素。"追求事业上的成功"有两层含义:一是所属组织在事业上的成功;二是个人事业上的成就。"工作中的尽善尽美"也有两层含义:一是有对手争第一;二是无对手争更好。

这是中冶建工人的企业文化核心、共同价值观,也是中冶建工追求文化的基础。这一共同价值观决定着中冶建工集团有限公司及集团全体员工的精神走向、精神寄托和精神追求,它是过去我们在"一五"和"二五"期间实现扭亏脱困和实力积蓄进程中一系列物质文明和精神文明成果的切身体会、自我总结和理论升华,已经深深地被全体员工所接受。共同价值观其实也是追求观和享受观,追求的是工作过程中的享受,事业成功后的快乐。学会享受工作和享受成功,学会在快乐中工作,在团结协作中互助互爱,在团队进步和企业发展中提升幸福指数,体现社会价值和人生价值。

(五)企业精神

"团结、创新、诚信、务实"是中冶建工长期贯彻的企业精神。

"团结是力量,创新是动力,诚信是根本,务实是作风"。这是企业精神的基本内涵,也是推动公司不断发展的精神动力。

团结是力量:企业倡导团结协作精神,只有团结协作,才能树形象;只有团结协作,才能争第一;只有团结协作,才能弥补个人不足和缺陷,使队伍无坚不摧。

创新是动力:创新孕育无限生机。我们正处在创新的伟大时代,必须具备创新意识,与时俱进,有计划有步骤地进行体制、经营、管理、技术、文化的创新,在日趋激烈的竞争和挑战中永葆青春。

诚信是根本:人无信不立,轻诺寡信,魅力全无、人格尽失,最终自取其辱。在外部，靠诚信赢得用户，决胜市场；在内部，单位之间、员工之间、上级与下级之间，必须讲诚信，用诚信完善人格、增强魅力。

务实是作风：务实的核心在于实事求是。思想上，尊重客观规律；方法上，注重调查研究；工作上，注重效率效益。

二、中冶建工十大文化理念

中冶建工十大文化理念是企业文化理念的重要组成部分，将核心理念分解融入不同的经营领域和人员领域，只有这样才能获得对核心理念更广泛的认同和理解。

(一) 十大文化理念内涵

一是经营文化，以"用户至上，诚信为本，全员经营，追求第一"为核心的经营理念。

二是创新文化，以应用为目的，以"鼓励创新，勇于创新，善于创新，注重实效"为基本要求。

三是效率文化，以增强时间意识为核心，以"追求一流业绩，追求更好更快，追求尽善尽美，追求单位时间的最大产出"为基本要求。

四是理财文化，以勤奋节俭为基础，以"勤奋治企，勤俭创业，艰苦奋斗，精打细算"为基本要求。

五是廉洁文化，以廉洁从业为核心，以"廉洁生威，廉洁治企，廉洁治吏，廉洁管理，以廉为荣，以贪为耻"为基本要求。

六是忠诚文化，以提高责任意识和履职能力为核心，以"忠诚于祖国，忠诚于组织，忠诚于企业，忠诚于岗位"为基本要求。

七是学习文化，以实践为目的，以"工作学习化，学习工作化"为基本要求。

八是反思文化，以培养优秀品质和优良作风为核心，以"善于总结思考，善于发现问题，善于分析问题和解决问题，善于自我完善和自我提高，善于培养优良作风"为基本要求。

九是质量文化，以企业品牌建设为核心，以"用我们的诚信、智慧和追求，雕塑时代的建筑精品"为质量方针。

十是安全文化，以"以人为本，安全第一，预防为主，综合治理"为安全方针，以"标化管理，文明施工，防治污染，努力营造友好型环境"为环境方针。

（二）十大文化理念的内在关系

十大文化理念是相互关联、相互作用、相互影响的有机体，其内在联系紧密而复杂，并且十大文化理念与公司企业文化整体之间也呈现出多样性的联系。如图 12-1 所示。

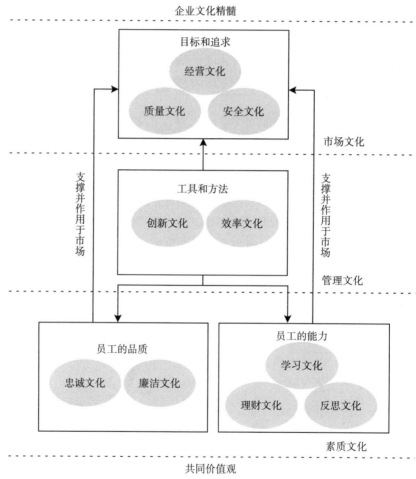

图 12-1 中冶建工十大文化理念的内在关系

（1）十大文化理念构筑在企业共同价值观基础之上，与企业共同价值观共同构成企业完整的价值体系；企业共同价值观是十大文化理念产生的根基，十大文化理念是共同价值观的具象化。

（2）"诚实守信，追求不息"的企业文化精髓是十大文化理念追求的目标，也是其必须贯穿的内在要求。

（3）十大文化理念之中，作为员工个体品质的"忠诚""廉洁"，与作为员工个体能力的"学习""反思""理财"构成基础性理念，支撑并作用于市场，因此是内在和自身的"文化要件"，故将其概括为素质文化。

（4）企业的龙头和命脉在经营，因此"经营文化"置于十大文化理念之顶，而"质量"与"安全"是最直接、最重要的两大支柱。质量和安全关乎企业生死，故将三者概括为市场文化。

（5）无论是着眼于市场的"经营""质量"和"安全"，还是着眼于内在的"忠诚""廉洁"以及"学习""反思""理财"，都必须以创新为动力推向深入，必须以效率为标尺权衡评判，因此，创新和效率是统筹其他文化理念的根本方法和原则，故概括为管理文化。

三、中冶建工子文化

企业的子文化是企业核心文化的延伸与拓展，同时也是对企业核心文化内涵的充实与丰富，不断加强企业子文化的建设力度，是巩固并提升企业文化影响力的重要途径。包括：以精细严谨为核心的管理文化；以"一体五制"为核心的项目文化；以"八项原则"为核心的招标文化；以标化管理和三标体系运行为核心的现场文化；以岗位贡献评价为核心的业绩文化；以尽职尽责尽心为核心的责任文化；以"事无巨细，行必善终"为核心的执行文化；以知恩图报为核心的感恩文化；以公平竞争、严格管理、精细指导、追求双赢为核心的总包文化；以促进现场市场互动，培养换位思考和团队意识，提高综合素质为核心的大循环文化；以政策公开、制度公开、考核公开、奖惩公开、追究公开为核心的公开通报奖惩文化；以围绕中心、保证监督、创先争优、提升自我为核心的党建文化。

四、中冶建工企业文化理念三个层次之间的关系

企业核心价值观是企业文化体系构建的基础，确定了中冶建工企业文化的方向和基调，是企业文化体系的总纲；十大文化理念是对核心价值观的分解落实，将核心价值观分解到生产、经营、管理的各个领域，使宏观的理念与企业实际相联系，是核心价值观与企业实际之间的纽带；子文化是对核心价值观的延伸和拓展，将企业文化核心理念发散到更多领域，更多范畴。三者相互联系，相互作用，共同构建起中冶建工独特的企业文化体系。

第三节 中冶建工企业文化落地的十大保障措施

企业文化落地，是一个层层落实，层层保障的体系。针对中冶建工面对的企业文化的落地问题，企业核心价值观及十大理念的深入贯彻和认同需要在行为层面上得到领导、员工等行为主体的彰显和落实。中冶建工企业文化建设十大保障措施确保企业文化落地见效。

一、建立企业文化管理制度，为企业文化建设提供制度保障

在企业文化建设方面，中冶建工为了确保企业文化建设的持续性和执行力，确立了"纵向到底、横向到边"的管理体系和"规范解释、统一标准、动态管理、注重实效"的考核体系，确保了企业文化建设工作责任到位、人员到位、目标到位、管理到位、考核到位。

"纵向到底"：一是成立企业文化建设委员会，领导全公司企业文化建设工作，决定企业文化建设工作的重大事项。企业文化建设委员会主任由董事长、党委书记担任，副组长由党委副书记担任，成员由其余公司领导和各职能处室负责人组成。二是实行主要领导负责制。各二级公司、子公司、区域性分公司主要领导，和各工程项目经理部项目经理，领导本单位、本项目的企业文化建设工作。三是成立企业文化建设办公室，企业文化建设办公室设在党委工作处，负责公司企业文化建设战略起草，相关标准、制度的制定，企业文化建设的服务、指导、监督、管理、考核，各项企业文化建设活动的组织，重大项目的策划，各种形象宣传资料的编辑出版等工作。四是区域性分公司、两级公司项目经理部、独立的生产车间、生产班组，都有专职或兼职人员主抓企业文化建设工作。

"横向到边"：企业文化建设进入现场标准化管理、质量安全管理、生产经营系统，并作为党委年度责任目标和党支部工作重要内容，实行了全覆盖，消除了责任盲区。

构建企业文化考核体系。将企业文化建设考评纳入党委方针目标考核体系，并不断修订完善考核内容，考核结果与二级单位班子年薪挂钩。

此外，公司制定了《中冶建工集团有限公司关于印发展示厅管理办法》和《中

冶建工集团展示厅更新细则》，建立起展示厅管理、更新的动态机制；下发了《关于做好中冶建工企业文化手册宣贯工作的通知》，对企业文化理念宣贯工作提出具体要求；制定了《中冶建工关于加强重点工程、重要场所、重要场面宣传工作实施意见》《中冶建工集团有限公司办公室及公共区域标识标牌管理办法》，对施工现场、机关办公楼的企业文化标识标牌进行了规范。针对中冶建工大厦内的企业文化阵地管理，还制定了《中冶建工集团有限公司大厦广播管理办法》《中冶建工集团有限公司大厦二楼电子显示屏管理办法》等管理制度。

二、构建完善的企业形象识别系统

（一）建立理念识别系统，让企业文化理念入脑入心

2003 年公司逐步步入良性循环轨道，公司的第一本企业文化手册《中国十八冶企业文化手册》正式编辑出版。这本小册子总结概括了企业文化对企业发展的重要作用，指引着广大员工发扬团结协作、顽强拼搏、吃苦耐劳、艰苦奋斗的企业精神，助推了企业发展。2013 年，公司对企业文化内涵做进一步阐释，完成了《中冶建工集团企业文化手册》的印制工作，形成图文并茂、便于员工理解和接受的企业文化手册。《中冶建工集团企业文化手册》已成为一本引领性、规范性的企业文化建设读本，我们将手册发放给每名员工，做到人手一册。2017 年 12 月，对《中冶建工企业文化手册》再次进行了修订，对手册中涉及企业文化建设和劳动规章制度的内容进一步充实和完善。

（二）建立视觉识别系统，发挥施工现场"窗口"作用

按照中冶集团《关于进一步加强中冶品牌建设的决定》《关于新形势下进一步加强中冶文化建设的通知》《中国冶金科工集团有限公司企业文化管理工作制度》《中国中冶施工现场品牌识别手册》等文件精神的要求，结合公司实际，出台了《中冶建工集团视觉识别系统》《中冶建工集团品牌识别手册》和《中冶建工施工现场管理标准》，进一步明确了在所有场所、媒体、广告、展示均应规范企业 LOGO、中英文名称、标准字体、标准色以及各类标识标牌；规范了办公区、车间、施工现场、大型机具设备企业文化内容设置标准，以更好地发挥项目现场的"窗口"作用，树立企业良好的对外形象。

（三）建立行为识别系统，让企业文化内化于心、外化于行

把理念变为思想，把思想融入规章制度，把规章制度变为全体员工内在的认可和外在的行动。员工的一言一行都是企业形象的展示，员工对外的协调能力、

沟通能力、业务能力和展示能力在某种程度上也体现出企业的文化素养。因此，中冶建工将企业文化融入企业制度中，制定了《员工工作的基本准则》《劳动规章制度》《干部管理办法》等，明确了六大作风、九大意识、五个不能容忍等内容，让员工在贯彻落实公司各项管理制度和规定的同时，接受和认同企业文化、践行企业文化，使企业文化建设真正成为推动企业发展和员工素质提高的思想基础和强大动力。

三、加强领导力建设，领导干部率先垂范企业文化理念

领导，顾名思义就是既"领"又"导"。"领"就是以身作则，引领示范；"导"就是遵循正确方向，施以明确导向。各级领导干部要充分发挥领导者的引领作用和表率作用，要模范践行"追求事业上的成功和工作中的尽善尽美是我们最大的快乐和享受"的共同价值观，把做强、做优、做大国有企业作为无怨无悔的终身追求，作为人生梦想的价值体现。

企业文化首先是企业家文化，企业领导者在企业文化落地的过程中扮演着重要的角色，肩负着重要的责任。从某种意义上说，企业文化中的一些核心理念与思想，直接或间接地代表或反映了企业领导者的思想追求、价值取向、文化态度和领导风格。领导者的言行举止、工作作风反映着其对企业文化的认可和执行。要想企业文化得到有效落地，企业领导者就应当好宣传者、倡导者、先行者，自觉践行企业文化，真正做到言行一致，为员工当好标杆，做好示范，树好榜样，从而带动、引导企业员工积极参与企业文化的实践活动。

中冶建工主要领导就是以身作则、模范带人重视领导言传身教的典型。对广大干部明确提出"各级领导干部要求员工做到的，自己首先要做到"，并率先垂范。主要领导作为中冶建工企业文化建设的创建者和主要倡导者，高度重视企业文化的建设，领导制定了企业文化建设方案，并在企业文化提炼、定位和升华过程中发挥了主导作用。坚持依靠先进文化理念凝聚员工，统一全公司员工的思想，提出"用户至上、诚信为本、全员经营、追求第一"的经营理念，为经营工作的大突破，为企业摆脱生存危机并最终实现长富久安的目标奠定了重要的思想基础。随后，根据形势的发展，我们提出了企业的共同价值观"追求事业上的成功是我们最大的快乐和享受"，并撰写了《企业文化与企业价值》《企业文化是企业发展的灵魂》《企业发展理论与管理实践》《企业文化是推动企业发展的基本动力》等文章，并编撰了《共赢共治共享——国企治理中的哲学思维》一书，系统

阐释了中冶建工企业文化内涵。每年公司新员工入职培训，开班入职第一课就是讲企业文化。

四、打造具有中冶建工特色的企业文化平台和企业文化产品

（一）企业文化展示厅建设

以入驻中冶建工大厦为契机，打造公司的企业文化展示精品工程。2012年，以公司总部机关入驻中冶建工大厦的良好契机，精心打造了1350平方米的中冶建工企业文化展示厅，使其成为企业文化宣传教育基地。面对历史资料匮乏的困难，充分利用现有资源，从中冶建工40余年的历史中整理出反映公司发展历程的重要图片资料100余张，重要先模人物资料和老照片十余张；收集整理制作实体模型和电子沙盘模型的31个精品工程建设资料，科技创新成果资料20余项等。经过反复修改、精心打磨，中冶建工集团企业文化展示厅图文并茂、生动形象地勾勒出企业发展脉络，解读出企业文化内涵，展现出企业精神。

中冶建工集团展示厅自2012年正式开放以来，发挥出了在企业文化宣传教育方面的阵地作用，推动企业文化入脑入心，引导广大员工从更高层次认同企业文化，使更多来访客人更加深入地了解公司企业文化。中冶建工集团展示厅也成为八方来客到中冶建工大厦的必到之地，成为领略中冶建工文化魅力、感受中冶建工发展潜力的第一视窗，成为外界了解中冶建工、认识中冶建工的重要平台。截至2018年12月，中冶建工集团展示厅已接待来宾729批次，累计接待近1万人次，获得来访客人的普遍好评。

（二）企业文化产品的制作

（1）按照简洁、美观、大方、实用的原则打造中冶建工宣传画册，力求从全新视角、全新角度，多方面、多层次展现出企业的实力，展现公司良好的发展态势。结合公司经营、宣传需要，先后印制了4版《中冶建工集团宣传画册》。

（2）为充分展示企业发展取得的巨大成就，提升企业文化内涵。2013年，按照公司党委"充分展示公司近年来在企业发展和企业文化建设方面取得的巨大成就"的要求，通过资料收集、实地考察等方式认真组织研究宣传片拍摄方案，制作完成中冶建工形象宣传片。2015年，完成中冶建工形象宣传片中英文版的更新工作，将最新精品工程、资质情况、科技创新成果等重点内容进行了充实，为了配合公司海外业务的拓展需要，完成宣传片英文版的制作，并制作了法语、俄语等多个配音版本。2018年，再次对中冶建工形象宣传片进行了更新，用全新

的画面和拍摄手段展现公司发展的新面貌。

（3）根据公司经营需要，2015 年，先后制作完成冶金建设、民用高层与公共建筑、市政路桥、勘察设计四个专业专题短片。

（4）2012 年底，公司总部机关入驻新落成的中冶建工大厦，在导视系统建设工作涉及广、种类多、数量大、时间紧、任务重的情况下，在短短两个月时间，完成了从市场调查、确定设计制作单位、确定设计方案、制作、安装、调试等全部工作，完成中冶建工大厦室内外导视系统设计工作，提升了企业形象。

五、围绕企业中心工作开展企业文化专题活动，提升企业文化认同度

为进一步学习、领会和践行公司的共同价值观、企业价值观、企业精神、工作准则和文化理念，中冶建工高度重视对企业文化核心理念的教育和实践，通过编写图册现身"说"文化，手机短信"传"文化，多媒体、宣传图板"看"文化，规范标识、推广品牌"展"文化，优质服务、规范管理"用"文化，通过公司层面的企业文化专题教育，将企业文化核心理念坚持不懈地向广大员工宣传、灌输，始终用先进的企业文化理念教育人、培养人。

（1）组织开展中冶建工集团"前进的印辙——镜头下的中冶建工·光影中的人文自然"摄影比赛。以"前进的印辙——镜头下的中冶建工·光影中的人文自然"为主题的摄影比赛，参赛作品涉及公司承建的工程建筑、构筑物的实景拍摄、施工生产一线员工工作的场景、广大员工参加文化体育等活动的画面，自然风景四类题材。通过比赛反映出近年来公司改革发展所取得的成就；展现出公司员工在岗位上坚定信心、迎难而上、锐意进取、奋力拼搏的精神风貌；反映出公司员工丰富多彩的业余文化生活，以及对企业发展的美好憧憬；弘扬了企业发展依靠员工，企业发展为了员工，企业与员工共同发展，企业发展成果与员工共享的企业价值。

（2）组织开展两届中冶建工集团企业文化展示厅解说大赛。为继续抓好企业文化的宣传教育工作，充分发挥企业文化核心理念教育人、培育人、规范人的作用，继续强化对企业文化核心理念的教育和实践，提升企业文化认同度，进一步学习、领会和践行公司的共同价值观、企业价值观、企业精神、工作准则和文化理念，我们以中冶建工集团企业文化展示厅为平台，组织开展了两届中冶建工集团企业文化展示厅解说大赛。通过比赛进一步加强了对企业文化的宣贯，深化了

广大员工对公司企业文化、企业发展历史的理解和认识，以及选拔培养一批能准确讲解公司企业文化、发展历史、发展形势，具有良好综合素质的优秀讲解员。

（3）为进一步加强廉洁文化建设，开展了廉洁书法作品比赛。举办了中冶建工集团"讲廉洁 正风纪 树正气"廉洁书法作品比赛，共收集参赛作品160余幅，并专门邀请专业人士对参赛作品进行评选。

（4）组织了全公司范围内的"党的十九大精神及企业文化知识答题"活动。党的十九大召开后，在OA办公系统学习互联平台上，组织了一次"党的十九大精神及企业文化知识答题"线上答题活动，公司全体在职员工4700余人参与了答题，进一步推动了党的十九大精神和公司企业文化入脑入心。

六、发挥项目现场"窗口"作用，提升品牌形象

强化《中国中冶施工现场品牌识别手册》《中冶建工企业品牌识别系统》和《中冶建工施工现场管理标准》贯彻。通过季度安全文明施工联合检查，继续加强对各施工现场的标识标牌规范进行坚持、指导和督促整改。确保公司每一个现场、每一个车间、每一处场所、每一次集会、每一次开工、每一次活动，都有充分展示企业形象的策划，都有规范统一的企业标识，都有规范统一的宣传画栏。为进一步提高大型移动设备上企业标识标牌设置的规范性、统一性，更好地展示出企业形象，公司大型移动设备均统一进行涂装并设置了企业标识标牌，让生产一线成为展示企业形象和宣传企业文化的窗口。

七、将企业文化建设向分（承）包队伍延伸

中冶建工重视并坚持企业文化理念在分（承）包队伍中的宣传、学习，让分（承）包队伍的广大人员，特别是其负责人自觉接受、广泛认同公司的企业文化理念。公司每周印制的《中冶建工》报、每季度印制的《视冶》杂志都会向分（承）包队伍寄送，让他们通过阅读公司自办的报纸、杂志，更加深入地了解公司、认识公司、从而潜移默化地接受和认同公司的企业文化，接受公司的管理理念，执行公司的管理制度，从而实现共赢、共享。

八、加强人才队伍建设，组织开展企业文化培训

为使各二级单位进一步明确企业文化建设是什么、做什么、企业文化如何落地，品牌建设如何规划、如何实施、如何保护，通过培训进一步开拓视野，打开

工作思路，创新工作方法，提高专业水平，进一步为公司企业文化建设和品牌建设提供智力支持。公司每年组织企业文化培训，邀请各大高校、知名企业、中冶集团专家、教授讲授企业文化建设和品牌建设相关知识。

九、不断总结公司企业文化成果，提升企业文化典型示范作用

公司高度重视企业文化成果整理与发布，为提升企业文化典型的示范作用，我们结合各单位企业文化建设特点，从案例背景、案例具体做法、案例启示等方面认真总结、分析企业文化建设中的经验和教训，组织人员撰写企业文化案例和企业文化论文，并择优推荐在公司内刊、中冶集团刊物上发表。5年来，公司共有37篇案例获重庆市企业文化优秀案例奖，25篇论文获重庆市企业文化优秀论文奖。

十、文明单位建设

文明单位创建工作是企业文化建设的有效途径，企业文化建设是文明单位创建的有效载体，可以相互促进，共同提高企业的精神文明和文化水平。为此，公司高度重视文明单位创建工作，加强了对二级单位创建活动的指导力度。目前，公司总部被评为"重庆市文明单位建设标兵"，8家二级单位创建成为"重庆市级文明单位"，5家单位创建成为"重庆市国资委级文明单位"。

第四节　企业文化建设的经验总结

一、中冶建工企业文化建设成果

优秀的企业文化可以创造形成企业优秀人才和优秀管理团队茁壮成长的良好环境。经过长期的企业文化建设，中冶建工内部已经形成了"团结和谐、积极向上、追求第一、追求更好"的文化氛围，这是企业文化建设的关键所在。企业文化建设使员工职业素质、职业精神显著提高：无为者变得有为，粗心者变得严谨，懒汉变勤快人，空谈者变实干家。企业已经呈现出班子建设一流、队伍作风一流、工作效率一流、人文环境一流的和谐企业的新面貌。无论在艰苦的施工现

场、平凡的工作岗位，还是文体活动中，广大员工都表现出追求第一、追求更好、追求持续改进的职业风范。

公司先后荣获"全国企业文化建设优秀成果奖""重庆市文明单位建设标兵""重庆市国企企业文化示范单位"称号，并且连续 6 年荣获"重庆市企业文化建设先进单位"称号。

二、企业文化建设基本经验

回顾中冶建工的发展历程，不难发现，企业文化的作用可谓居功至伟，主要有以下几方面的经验：

1. 企业文化是企业自身在长期发展中的文化积淀

中国十八冶，一没有丰富的自然资源，二没有固定的产品，三没有雄厚的资金作支撑，靠什么来迎接这场前所未有的机会与挑战并存的考验？认真回顾企业的发展历程，认真总结成功与失败的经验和教训之后，发现真正能够支撑企业，使之生生不息，能够在困境中奋起，创造出辉煌业绩的内在动力，不是别的，正是长期积淀的企业文化和蕴藏在员工头脑中的团结协作、顽强拼搏、吃苦耐劳、艰苦奋斗的精神。发扬这种文化和精神，就会弥补自身的不足和缺陷；就找到了取之不尽、用之不竭的"大森林、大煤田、大金矿"；就敢于面对任何挑战，就会拥有无坚不摧的强大力量，将企业生存、成长的主动权稳稳地掌握在手中。有什么样的企业文化就培养出什么样的企业员工，就有什么样的发展方式。企业文化的理解是自身长期发展中的文化积淀，是企业自身发展总结和提升的结果。

2. 企业文化不可复制

世界"百年老店"无不因其有优秀的企业文化。无论外部世界变化多端，还是内部 CEO 更换，都经久不衰。先进的产品技术，优秀的管理方法，不可多得的管理人才，高精尖的设备等，竞争对手都可以拥有，因为这些都具"可复制"性，唯有"企业文化"不可复制，竞争对手不可能拥有与本企业一样的企业文化。而企业优秀的管理方法的产生，优秀管理人才的成长，优秀技术成果的转化都需要在优秀的企业文化氛围内生成。因此，中冶建工按照"以人为本"的总体要求，组织职工学习、理解、实践和传播自己的企业文化。按照与时俱进的要求，根据企业的实践升华，不断丰富和发展自己企业文化的内涵，使其始终成为指导企业思想行为的精神动力。

3. 企业文化建设的目的是指导行动

十大文化理念的提出，实际上就是对中冶建工近年来企业文化建设实践和企业经营管理工作的总结，也是对今后公司企业文化建设的展望和要求。企业文化的作用，最主要就是要解决企业全体员工对有关理念的认识问题和意识问题，只有理念统一、思想统一、认识统一，最终行动才能统一。共同价值观和文化理念，不能仅是"挂在墙上，喊在嘴上"，而必须要入脑入心，深刻领会其内涵。企业文化建设的目的就是用于指导行动。

4. 企业文化建设的根本目的是打造企业品牌

加强现场施工管理，是建筑业企业实现合同目标和管理目标、追求效益最大化、争创文明工地和精品工程的重要手段。企业文化建设的根本目的是打造企业品牌，提高企业核心竞争力和可持续发展能力。企业文化在工作内容中，对员工的价值观念、语言行为进行规范，要求员工上标准岗、干标准活、说规范话、树良好形象。两者紧密结合，使企业在工程项目上充分体现市场追求，实现打造品牌、提高核心竞争力和可持续发展能力的目标。

5. 全体员工是企业建设和实践的主体

唯有高度重视企业文化建设在规范、统一员工思想行为中的作用，才能凝聚人心、树立品牌，不断增强企业的"软实力"。中冶建工坚持全体员工是企业文化建设和实践的主体，坚持员工的参与和实践在建立、充实、完善、改进企业文化上的主体作用。实践证明，只有不遗余力地弘扬先进的企业文化，才能振奋员工精神、增强员工凝聚力，才能调动员工积极投身企业改革与发展的伟大征途，才能完成繁重的生产经营任务，才能不断推进企业各项规章制度的贯彻和落实。

6. 用文化理念促进制度建设，用制度建设保证文化理念的落实

制度是刚性的、坚硬的，也是形式的、外化的；文化是黏性的、柔软的，也是精神的、内化的，两者的融合最终筑起由块及面，再至立体的、完整的，具有人格意义的——企业。坚持文化建设与制度建设相融合，用文化理念促进制度建设，用制度建设保证文化理念的落实。

7. 让企业的市场行为和经营行为成为企业文化的展示空间

要实现企业市场行为与"诚实守信，追求不息"企业文化精髓的高度融合，使企业的市场行为和经营行为成为企业文化的展示空间。要加强企业文化的宣传、教育、创新和完善，加强企业文化的全面建设，真正发挥企业文化在引领方向、统一思想、统一认识、统一步调中的指导作用。用高度契合的企业意识行为和正确无误的价值判断引领企业的健康发展。

第十三章　中冶建工党建实践

第一节　中冶建工发展史上的三次党代会

中冶建工自 2006 年分立改制后，已先后召开三次党代会，经历了三个重要发展时期，党的工作从过去很长一段时期以稳定队伍、解决历史遗留问题为主，逐渐过渡到以保证企业发展方向，全面融入企业改革发展大局，党的领导在企业发展中的作用日益显著和重要。特别是党的十八大以来，面临加强党的自身建设的要求越来越高，越来越严，全面从严治党已上升到国家战略的新形势，中冶建工坚持党的领导是国有企业的光荣传统和独特优势，坚持党的建设服务经营生产不偏离，坚持党的领导不动摇，加强党的建设不放松，把提高企业效益、增强企业竞争力、实现国有资产保值增值作为国有企业党组织工作的出发点和落脚点，助推公司党建成果、经营成果实现双促进、双丰收。

一、企业形势与任务

1. 把发展作为第一要务

2007 年是中冶建工实施"二五"发展规划的第二个年头，也是正式按现代企业制度要求运行的开局之年。中冶建工召开第一次党代会，选举产生了党的中冶建工有限公司第一届委员会和纪律检查委员会，明确了今后一段时期党委工作的指导思想，动员全公司广大党员和职工为企业加快发展而努力奋斗。以中冶建工第一次党代会为标志的企业党的建设迈入一个新的历史阶段。

没有高速度、高质量的发展，企业就会丧失生存的主动权，就会遭到市场的残酷淘汰和遗弃。尽管当时中冶建工已经站到一个新的历史起点，但面对激烈的市场竞争和企业现状，进一步加快发展仍然是中冶建工的第一要务。中冶建工深刻地认识到，要实现又好又快的发展，必须深化企业内部改革，必须以改革破解发展难题，突破体制机制障碍，实现体制机制创新，不断增强企业发展的活力。推进企业改革，加快企业发展，必须充分发挥党组织的把关定向、凝心聚力、保证监督作用，不断创新党的工作，实现与现代企业制度的有机结合，使政治优势转化为市场竞争优势，为企业实现又好又快的发展提供强有力的保证。

2. 全面实现"八个翻番"

2011 年，中冶建工更名为中冶建工集团，并召开第二次党代会。经过四年的不懈努力，中冶建工已跻身重庆一流企业集团行列，成为中冶集团成长最为迅速的子公司之一，享有良好的社会声誉；精细管理卓有成效，企业盈利水平居于同行业前列；党建工作成效斐然，在中冶集团乃至重庆市国资系统的影响力日益扩大。

在一个大发展、大变革、大调整的时代，企业高速发展的时候，必须准确把握时代特征，深刻分析企业的内在条件，全面制定企业持续、健康发展的正确战略。党代会提出到 2015 年，新签合同、营业收入、利税总额、资产规模、经济增加值、在岗职工收入、劳动生产率和技术装备率等在 2010 年基础上实现再翻番的总体目标；会议指出，必须通过加强党的建设，发挥好各级党组织和党员的作用以确保总体目标的实现。

3. 实现科学发展和成熟发展

2016 年 9 月，中冶建工的第三次党代会是在企业全面实现"三五"发展目标，发展质量和综合实力显著增强，"四五"发展规划开局顺利又面临诸多挑战的关键时候召开的一次重要会议。

此时建筑业的发展逐渐放缓，这是必然趋势，但建筑业作为国家经济建设的基础产业仍有很大的发展空间。中冶建工清醒地认识到，建筑市场的竞争日益规范、日益激烈，任务承接难度越来越大，而"两金"居高不下，完工待结算值持续升高，各类保证金持续增长等问题也很突出。中冶建工提出了"加强中间，做强主业，延伸两端，提升价值"总战略，并全面实施低成本战略、大循环战略、精细项目管理战略、做强做大主体专业战略、创新战略、人才战略、品牌战略、用户战略、转型发展战略、资本扩充战略、信息化战略和国际化战略等子战略，准确把握企业发展定位，切实转变发展方式，通过企业广大职工，特别是广大共产党员投身企业改革发展，提高发展质量和效益，助推企业的成熟发展和科学发展。

二、企业党建工作规划

1. 党委任期与企业五年规划相一致

中冶建工历来重视党的建设，始终把党的领导作为国有企业的最大责任和最大优势，始终把加强党的建设作为企业光荣的使命和神圣的职责，始终坚持将党的理论优势、组织优势、群众工作优势等政治优势有效转化为企业的竞争优势，为企业持续稳定发展提供了有力的保障。

2011 年，中冶建工将一直以来四年一届的党委任期调整为五年，与企业的五年战略规划调期同步。主要基于三个方面的考虑：一是党委管方向、把大局，就必须在企业战略的制定、决策上发力；二是把对一届党委的评价与同期企业五年规划目标的完成情况结合起来，要使党的工作深度融入到企业发展中来；三是通过党代会全面系统深入地宣传当期的五年战略规划，率先在党内统一思想、达成共识，为新的五年规划的实施奠定思想、组织和作风基础。实践证明，这个调整是有效的，也完全达成了上述三个目标。

2. 党建规划与企业五年规划相一致

经过 40 年的改革开放，企业发展的环境已经发生了极其深刻的变化。在全球经济一体化不断加深的条件下，国有企业实际上已成为我国参与全球竞争的骨干力量，面对的是世界上最强的竞争对手。在这样的环境下，企业的改革发展，就不仅仅是一个经济决策，更需要政治决策、安全决策、科学决策。全面准确地认识发展环境，提出系统的思想理论，指导企业的改革开放，就是企业党委实现领导作用责无旁贷的基本任务。

中冶建工通过党代会对未来五年的规划，将党建工作规划和企业的发展规划同步进行，突出党建工作的战略性、整体性和计划性。企业的发展需要一个健全的规划，在这个规划当中应当有党建工作的考虑，落在基层党建的层面上，在企业进行发展规划的同时，把党组织政治优势作为企业最重要的资源加以整合配置，把企业改革发展中热点难点作为党建工作的重点，把保证和促进企业改革发展、提高经营生产成效作为党建工作的出发点和落脚点，创新企业党建工作内容方式，建立与企业发展战略目标相一致、与企业发展模式相匹配、与企业经营管理方式相协调的党建工作机制，更好地发挥党建工作对企业改革发展的促进作用。

三、企业党建工作成就

1. 扩大党组织规模

中冶建工坚持行政架构与党组织设置相匹配，强化党的组织建设，党组织的规模不断扩大。先后有 11 个党总支被重庆市国资委党委批准升格为党委，3 个党委整建制转移按照属地化要求管理。中冶建工坚持把党支部建在项目上，2010 年出台了《工程项目部党组织工作条例》，工作条例的颁发强调党支部必须深入一线发挥作用，必须在保证项目建设上发挥作用，为重点工程的顺利实施提供组织保证。围绕国家"一带一路"倡议实施的历史机遇，中冶建工积极推进海外市场开拓的同时，同步推进成立了阿尔及尔、麦迪亚、吉杰勒和提济乌祖等片区党支部，形成了符合海外项目实际的党建区域化管理模式，将党组织优势转化为海外项目竞争优势和发展优势。目前中冶建工二级党委数量已从 18 年前的 8 个增加到现今的 25 个，并下设 206 个基层党支部，其中项目党支部 97 个，海外党支部 1 个。

中冶建工重视组织发展工作，严格按照"坚持标准、保证质量、改善结构、慎重发展"的方针，按照"控制总量、优化结构、提高质量、发挥作用"的总要求，努力"把骨干发展为党员"，2007 年迄今，十余年间发展党员上千名，目前企业在岗职工 4900 余人，党员 3300 余人，其中在岗党员 2200 余人，党员占员工总数比例近 2/3，在岗党员占党员总数达 2/3，员工中的党员比例、在岗与离退休人员党员的比例大幅提升。

中冶建工将管党治党融入企业中心工作，逐步完善党建工作责任，打造高素质专业化党务工作者队伍。在继承中国十八冶党建工作优良传统的同时，始终坚持党组织在企业的领导，确保两级公司党委有独立完整的工作机构，有满足企业党建工作的稳定党务工作者队伍，并持续推进党务工作者的专业化建设，持续推进党务工作者与项目管理、企业管理人员的有序循环交流。现有党务工作者 424 人。其中，35 岁以下 232 人，35~45 岁 103 人，45 岁以上 89 人；学历为大专及以下 103 人，本科 304 人，研究生 17 人。

2. 完善制度体系

中冶建工不断完善制度体系，实现了党的领导和企业治理有机统一。仅"三五"期间，中冶建工累计制定、修订完善各类规章制度多达 400 余项，涉及劳动人事、管理流程、招标体制、采购体制、经营体制、技术创新体制、项目管理、财务管理、党建工作等各个方面。在党的建设方面，中冶建工以企业生产经营为中心，结合党委基础工作、思想政治工作、党支部建设、干部与人才队伍建设、宣传工作与企业文化工作、纪检监察工作、信访稳定工作、群团工作等内容，科学划分难度和努力度，形成了具有可操作性、可量化考核的目标，对二级党委严格进行检查考核，坚持考核结果与二级单位领导班子年薪挂钩，并作为职务调整、党内评先评优的重要依据。为使方针目标管理真正落到实处，还制定完善了《党支部工作考核标准》和《项目部党组织工作条例》，修订完善了《党支部工作手册》和《党小组工作手册》，以此较好地推进了党务基础工作的规范化。通过党委方针目标管理来加强党的组织建设，是被实践证明了的、行之有效的工作方法。

3. 党建成效显著

回顾过去，中冶建工不论是在企业扭亏脱困时期，还是在实力积蓄、发展壮大时期，抑或是打造质量效益型企业时期，企业各级党组织都能够紧密围绕企业改革发展稳定大局，为企业改革发展提供坚强的政治、思想、组织、作风和纪律保证。中冶建工先后荣获中央企业先进基层党组织、中国五矿、中冶集团及重庆市委先进党组织、重庆市国资委先进企业党委等称号，荣获全国五一劳动奖状、全国企业文化建设优秀单位、中华全国总工会抗震救灾重建家园"工人先锋号"、中冶集团"四好"领导班子、重庆市国企贡献奖先进集体等众多荣誉。20余名党员分别荣获全国劳动模范、全国五一劳动奖章、全国技术能手称号，以及政府特殊津贴、重庆市优秀共产党员、重庆市国企贡献奖先进个人等荣誉，1名党员当选为全国人大代表，5名党员当选为市、区级政协委员和人大代表。

第二节　中冶建工党建工作的探索与创新

由"十八冶"到"中国十八冶"，再到"中冶建工"，乃至"中冶建工集团"，每次名称变更的背后，都是一次质的跨越，都彰显了这个企业广大党员、员工坚忍不拔的意志和团结拼搏的精神，并以一部企业发展史论证了"灿烂的思想政治之花必将结出丰硕的经济之果"这一重大论断。

一、完善党建工作体质机制

1. 明确党组织在企业法人治理结构中的地位和作用

当前我国正处于全面建设小康社会的关键时期，市场竞争国际化、产权结构多元化、劳动关系契约化趋势越来越明显，企业面临的市场环境日趋复杂、竞争程度日益激烈。融入社会主义市场经济的国有企业，必然要具有快速的市场反应机制和适应市场经济要求、市场认可的法人治理结构和治理机制，需要理论认识和实践上的突破。

中冶建工将党建工作总体要求纳入企业章程，完成企业五年滚动发展规划中有关党的建设方案的编制工作，明确党组织在企业法人治理结构中的主体地位。中冶建工设立的党组织，贯穿于决策层、管理层和员工三个层面，是一支具有先进的理论指导和价值追求、健全的组织体系和工作机制、严明的组织纪律和优良作风的队伍，能够把党和国家的大政方针与企业发展的具体目标结合起来，能够将企业经营目标、经营管理者的利益和职工利益同维护国家与社会利益统一起来，发挥党组织在把关定向、动员组织、服务群众、促进和谐、提升企业软实力等方面的优势，凝聚广大职工的力量，增强决策的执行力以及实现企业愿景和目标的战斗力。

2. 完善党组织参与企业重大问题决策的工作机制

随着党组织在企业法人治理结构中的地位和作用的明确，党组织参与企业重大问题决策，是加强内控度建设、完善法人治理结构的客观要求，这既是保证、监督党和国家方针政策在企业中贯彻执行的需要，也是发挥企业党组织领导核心和政治核心作用的必然要求。

中冶建工多次修订完善企业"三重一大"、党委会议事规则等决策制度，明确党组织参与企业重要问题决策。涉及决策事项，在法人治理结构各主体中董事会是决策主体，党组织的定位是参与决策。党组织参与决策是组织行为，是从政治角度把关定向，承担决策的政治责任。在执行方面，党组织支持法人治理结构的其他机构依法行使职权，不是代理其行使职权，是要发动党员、带领群众执行董事会决议，发挥党员的模范带头作用和党支部的战斗堡垒作用。在监督方面，以加强党内监督为重点，监督国企改革的正确方向，监督企业的关键人、关键岗位和关键环节，监督国有资产的安全和保值增值等，提高监督的有效性。

3. 坚持党组织对企业选人用人的领导权和管理权

在国企改革中坚持党的领导，坚持党管干部原则，建立适应现代企业制度要求和市场竞争需要的选人用人机制，有两重含义，一方面选好干部抓国企改革，另一方面是抓国企改革需要好干部。在经济全面向新常态调整、全面深化国企改革的背景下，建设一支高素质干部队伍，是企业改革成败与否的决定性因素。

中冶建工坚持党组织对企业选人用人的领导权和管理权，修订完善《干部管理办法》，持续开展处级干部岗位履职考核和后备干部民主推荐工作，坚持正确的用人导向，深化干部管理制度改革，全面提高领导干部的能力和素养，既明确党组织在干部管理权限上的政治领导责任，又明确董事会选人用人的法定职权；既充分发挥党组织在选人用人上的把关定向职能，又充分调动决策层、经营层依规选人和按需用人的主观能动性，从而实现党委会、董事会、经理层在用人上的融合和协调，形成合力。

4. 坚持宣传工作与企业文化建设相协调

宣传思想工作是党的工作的重要组成部分。中冶建工在抓好日常宣传和意识形态工作的同时，积极探索宣传工作与企业文化建设的有机融合，相互协调。首先，用社会主义核心价值观指导企业文化建设，把企业文化核心理念的提炼与对核心价值观的领会和贯彻相结合。其次，将企业文化核心理念纳入宣传思想工作的整体框架，并成为具有企业特色的部分。最后，把企业文化建设与各层级的文明单位创建结合起来，逐步形成二者互为载体、互为补充的生动局面，推动了文化、文明两个"建设"共建、共进。

5. 不断加强和改进对群团工作的领导

近年来，中冶建工党委深入研判员工年龄、思想，以及生活方式等方面的急剧变化，坚持党建带工建、党建带团建的基本思路，结合新时期的新要求，不断加强和改进对工会和共青团的领导，开创了群团工作的新局面。

（1）党建带工建。中冶建工不断健全完善党领导工会工作的制度机制，把工会工作纳入党委工作重要议事内容，及时研究解决带有方向性、原则性和全局性的重大问题，特别是在研究涉及企业改革、员工利益的问题时充分听取工会意见。随着劳动关系和职工队伍深刻变化，各级工会组织适应新形势、新任务，站在"为员工创造未来"的高度，突出服务职能，紧扣中心工作，以发展事业为目标把广大职工凝聚起来，以组织优势把广大员工团结起来，广泛组织开展形式多样的主题宣传教育、形势任务教育、劳动竞赛建功立业等活动，尤其是近两年开展的"双二十亿""双十亿""全面完成预算""突出贡献"等劳动竞赛，深入各重点工作、重点项目进行集中攻坚，发挥职工群众智慧和力量，解决科技创新、降本增效、安全环保等领域的发展难题，充分激发职工群众的劳动热情和创造活力。

（2）党建带团建。近年来，中冶建工青年员工比例大幅上升，"80后""90后"在员工中占比持续攀升，已成为企业的中坚力量。中冶建工党委要求团组织必须将团员青年队伍建设作为共青团自身建设的一项重要工作，也必须将其作为关系企业未来的重大战略任务。中冶建工党委坚持每年定期听取共青团工作汇报，定期研究共青团工作，为团组织出谋划策、解难答疑；公司党委给团委青年人才举荐特殊通道，留有"青年人才绿色直通车"便利；公司党委书记每年与优秀青年和团干部举行一次座谈，深入交流。坚持党建带团建，各级团组织通过开展青年活动，挖掘青年人才，激发青年参与企业发展成长的积极性，青年员工在市场开拓、项目管理、技术创新、团队建设等各方面奋力作为，将个人成长与企业发展协同起来。

二、加强党组织和党员队伍建设

1. 突出和提升基层组织力

企业改革越是向纵深推进，越要充分发挥基层党组织的战斗堡垒作用，中冶建工坚持"把支部建在项目上"，坚持抓基层、打基础，构建以党建为引领、统筹推进各项工作的新机制，企业党建工作展现出强大生命力。

从《中冶建工工程项目部党组织工作条例》为项目党建工作建章建制，到打造政治引领力强、推动发展力强、改革创新力强、组织向心力强、凝聚保障力强的新时期"五强"基层组织，培养政治素质优、岗位技能优、工作业绩优、群众评价优、作风形象优的新时期"五优"共产党员，体现了中冶建工致力于将基层党组织构建为宣传党的主张、贯彻党的决定、领导基层治理、团结动员群众、推动改革发展的坚强战斗堡垒的目标，以及点面结合、循序渐进的总体思路。中冶建工坚持选强配优基层党支部书记，坚持把"政治上靠得住、工作上有本事、作风上过得硬、群众信得过"的党员干部选拔安排到重要岗位，并做好支部书记连续性培养教育。在加强基层党员教育管理方面，注重从一线发展党员，努力把业务骨干培养成党员，把党员培养成业务骨干，使企业关键岗位有党员领着、关键环节有党员把着、关键时刻有党员顶着。

2. 坚持和加强队伍作风建设

伟大事业的起航，源于伟大的理想；伟大理想变成现实，源于优良作风的保证。纵观党的历史进程，可以看出，我们党之所以能够战胜各种困难和风险，取得革命、建设和改革开放事业的伟大胜利，一个重要原因就是我们党以优良的作风影响、带领人民群众投身火热的斗争实践，形成了以"理论联系实际，密切联系群众，批评与自我批评"为主要内容的优良传统作风。

从全面开展党的群众路线教育实践活动，到"三严三实"专题教育，再到"两学一做"学习教育，以及推进其常态化制度化，作风建设一直是中冶建工党的建设中至关重要的一环。加强队伍作风建设是一项长期性的工作，中冶建工结合企业实际提出并倡导"六大作风"，号召广大党员积极践行。机关作风建设也是企业作风建设的重点，中冶建工通过持续开展"转作风、强管理、重服务、树形象"服务型党组织建设，建立机关职能部门和基层单位党建联系点，联合开展组织生活和面对面恳谈会，针对管理、服务、作风等方面作出整改，围绕项目管理、招标管理、财务管理、人力资源管理等方面，积极帮助联系点解决实际问题和困难，热心为党员群众服好务、办好事，发挥好"指导、监督、协调、服务"的总部机关职能定位。

3. 发挥"互联网+党建"平台优势

当前，中冶建工 2200 余名在岗党员分布在 206 个党支部，其中项目党支部 97 个，海外党支部 1 个。由于地理跨度大、党员流动频繁等因素，党员的教育管理难度持续加大，党建工作呈现出区域发展不平衡、管理触角不深入等问题。中冶建工深刻认识到党建工作信息化管理的重要性及其在新时代下的特殊意义，确立"一切工作到支部"的鲜明导向，将从严治党要求落实到每个支部，打牢基础、补齐短板，不断推进党建工作信息化。通过"互联网+党建"平台，积极推广"党费管家"系统，目前已基本实现移动终端缴纳党费；积极推进党支部工作手册网络版，优化党支部管理工作，提升支部工作效率；运用智慧党建 APP，范围覆盖公司全体党员，党支部的组织生活成效通过云平台展现。依托"互联网+党建"平台优势，更好地惠及各基层党组织和广大党员，把党建信息化建设和企业"一体五制"升级版打造相结合，体现基层工作规范化、日常工作品牌化、整体工作特色化，实现党建工作的精细化管理。

三、夯实全面从严治党责任

1. 构建全面从严治党责任体系

为落实中央和上级党委对全面从严治党的要求，近年来，中冶建工党委着眼于标本兼治，统筹协调推进，在组织建设、作风建设和制度建设等方面作了很多有效的尝试，有力地促进了管党治党的规范化和科学化。

2018 年初，中冶建工党委在系统总结的基础上，制定了《关于落实全面从严治党责任的实施意见》。该《意见》明确党委、纪委以及党委书记、党委专职副书记、纪委书记、党委其他委员、党支部书记等 16 个全面从严治党责任主体，共计提出 74 条具体要求，把从严管党治党作为最根本的政治责任，把党委主体责任、纪委监督责任、党委书记第一责任和党委其他委员"一岗双责"的横向协同协作与纵向压力传导结合起来，进一步明确党支部书记和支委、党小组长、党员个人以及党建相关工作部门的具体职责，推动知责明责、履责督责、考责问责等各个环节形成闭合，构建形成主体明晰、有机协同、层层传导、问责有力的全面从严治党责任落实体系，为企业各级党组织以及党员领导干部从严治党提供了依据，成为落实全面从严治党主体责任的"工作指南"。

2. 抓好落实责任具体措施

党委工作目标考核是中冶建工党委多年来形成的好传统、好方法、好做法，是落实全面从严治党主体责任的有力措施。结合改革发展和党建工作实际，按照"突出重点、注重实际、量化考评、简便易行"的原则，将考核结果与各二级党委领导班子的年薪挂钩，作为职务调整、党内评先评优的重要依据，这一举措切实加强了党建工作的量化管理，有效发挥了考核的导向、激励作用。为进一步推动全面从严治党向基层延伸，压实基层党组织书记主体责任，促进基层建设全面进步、全面过硬，中冶建工坚持开展年度党建工作报告制度和述职评议工作，重点围绕贯彻党中央关于基层党建工作的部署要求、落实基层党建重点任务、推动全面从严治党向基层延伸等进行考核评估，并纳入党委工作目标年度考核中。坚持党委工作的年度考核，有效地避免或解决了企业党组织的领导弱化、党的建设缺失、管党治党宽松软等问题。

3. 坚持问题导向倒逼责任落实

中冶建工充分认识全面从严治党与全面从严治企的内在关系，充分认识内部巡视巡察工作在企业自我监督、自我净化、自我提升中不可替代的重要作用，建立完善了领导人员报告个人有关事项制度、廉洁风险防控管理办法、招投标监督管理办法、行政处分暂行规定、党风廉政建设责任制实施细则及"两个责任"等配套制度，同时强化干部管理监督，加强岗前廉洁教育。2018 年，中冶建工历时两个多月，对各分子公司、重点项目展开全覆盖综合监督检查，既是对党组织的一次全面自我体检，也是以问题倒逼责任落实，提升党建工作水平，加强作风建设的一项重要举措，并释放出全面从严治党越来越严，标准越来越高，处罚越来越严厉的强烈信号。

四、把党建成效转化为企业发展优势

1. 坚持党的建设与企业的经营生产工作相结合

中冶建工坚持党的建设与企业的经营生产工作相结合，积极应对宏观经济变化，固化公司的品牌和信誉才是企业长远发展的前提和基础，才是企业长远利益的根本所在，切实提高党建工作助推经济工作的能力，将党建工作优势作用于企业市场开拓、风险管控、安全生产、项目管理、内部改革等方面，向成本、管理、项目、市场开拓、资金管理、深化改革要效益，从而进一步提升企业核心竞争力。

发挥党建工作优势，综合提升企业核心的关键，是始终坚持围绕中心，服务大局的党建工作原则，做到目标融入、过程融入、结果融入。党建工作目标围绕企业改革发展的目标来谋划，党组织活动紧贴企业经营生产的重点、难点来开展，使党建工作和经营生产工作目标一致相互促进。中冶建工坚持全面推行基层党建工作示范点、积极开展创先争优活动等工作，结合企业安全生产的严峻形势，适时开展党员安全示范岗、党员安全监督岗等活动，激发广大党员在急难险重任务中的引领和带头作用；将党建工作延伸覆盖至劳务派遣人员，实现党员队伍教育管理的全覆盖，积极探索在分包队伍中党组织的建设，加强对分包队伍的管控力度。通过拓宽工作领域、创新活动载体，使党建工作更好地融入经营生产工作的全过程。继续推行并完善党委系统与行政系统的双向考核办法，在考核党建工作时，把企业主要生产经营指标和安全生产目标完成情况等作为党建工作效果的评价指标；在对企业领导班子进行经营业绩考核时，把落实管党治党"一岗双责"等作为经营业绩的一个重要组成部分来考核，使党建工作与经营生产管理融为一体。

2. 坚持党的建设与提高党员干部的执行力相结合

中冶建工坚持党的建设和提高党员干部的执行力相结合，用党员队伍建设带动员工队伍建设，将组织资源优势作用于提升员工素质、增强干部执行力。目前，中冶建工在岗员工中近 2/3 是党员，党员占据了大多数领导岗位和重要生产管理岗位。由此可见，企业各级党员干部和广大党员是企业改革发展稳定的中坚力量，在企业生产经营工作中起着重要的作用，他们既是企业管理活动中的决策者和组织者，也是企业各项规章制度的执行者和实施者。

党员是员工队伍中的骨干，是企业优秀的人力资源，中冶建工将党员队伍优势转化为对企业全体职工的带动力。通过积极探索新形势下党员管理工作的新机制、新方法，创新党员管理教育，加强党员的先进性建设，造就一支高素质的党员队伍，带动、引导广大职工共同提高素质。通过持续有效的作风建设，把优良作风落实到全体党员中，通过党员队伍的作风建设带动职工队伍的作风建设，从而促进各项工作的执行力，使企业的重大决策和各项规章制度在基层得到贯彻落实。

3. 坚持党的建设与企业的政治生态建设相结合

中冶建工坚持将党的建设作用于营造风清气正的企业政治生态，营造干事创业的企业环境。通过党组织参与企业重大决策和战略部署，通过对经营管理层中的各级党员干部进行监督，以及对违法违纪问题的查处，为促进企业持续稳定发展起到重要的保障作用。反腐倡廉重点在教育，全面加强党的纪律建设，用严明的纪律管党治党，不断增强党员领导干部廉洁从业意识，通过正面教育和警示教育相结合，典型教育和普遍教育相结合，正面教育与反面教育相结合，筑牢思想道德和党纪法规两道防线，增强廉洁自律的自觉性。反腐倡廉关键在督查，强化对落实中央八项规定精神、"三重一大"决策制度等监督检查，进一步规范领导干部的廉洁从业行为。中冶建工从经营生产管理的重要环节入手，严肃查处工程建设、招标投标、物资采购、选人用人、房地产开发等重点领域和关键环节发生的腐败问题，把权力运行程序作为制度建设的重要环节，确保权力的正确行使和制度的贯彻落实，及时发现和纠正违反制度的行为，维护制度的严肃性和权威性。总之，有效发挥党组织在企业经济活动中的保障监督作用，就是要不断加强党风廉政建设，以党风促作风，用作风促发展，增强企业的执行力和管控力，才能保证企业健康良好发展。

4. 坚持党的建设与企业的改革发展相统一

中冶建工坚持党的建设和企业的改革发展相统一，切实提高政治思想工作服务经济工作的能力，将政治思想优势作用于构建企业和谐、调动员工积极性等方面。企业要实现可持续发展，成为"百年老店"，不仅要有正确的发展方向，还需要安定团结融洽的工作环境，需要充分调动各方面的积极性，这离不开强有力的政治思想工作。

政治思想工作一直是中冶建工的优良传统和固有优势，面临新的形势任务，发挥好政治思想工作在促进企业改革发展中服务群众、凝聚人心、和谐共进等作用。中冶建工通过党建联系点的建立，密切联系职工群众，注重倾听职工呼声，反映职工诉求，为职工群众诚心诚意办实事，尽心竭力解难事。企业思想政治工作承担着团结、动员、组织干部职工，为实现企业的目标愿景贡献力量的重要职责。中冶建工通过形势任务教育，强化职业道德建设，积极培树宣扬先进典型，调动一切积极因素，凝聚各方力量，努力实现企业的发展目标。政治思想工作还承担着化解矛盾的责任，通过沟通协调、示范引导和提供服务的方法，让职工群众全面了解企业的发展目标和工作部署，教育引导职工正确处理个人利益和企业利益的关系，以理性合法的形式表达利益诉求，解决利益矛盾，促进企业和谐。

第三节　党风廉政建设和反腐败工作

党的十八大和十八届三中全会对完善国有资产管理体制、深化国有企业改革作出全面部署。新形势下，中冶建工根据党中央和上级党委的部署和要求，牢固树立"四个意识"，按照公司发展战略，全面深化企业改革，积极发展混合所有制，提升可持续发展能力，高度重视党风建设和反腐败工作，始终坚持党要管党、从严治党、依规治企，通过不懈努力，"不敢腐"的目标初步实现，"不能腐"的制度日益完善，"不想腐"的效应逐步显现，为公司科学发展、成熟发展和高质量发展提供了强有力的纪律保证。

一、坚持不懈抓好作风建设

1. 坚持党组织从严抓党风，弘扬优良传统和作风

各级党组织把管党治党作为主要职责和根本任务，扎实推进作风建设，牢记"两个务必"，贯彻"三严三实"，弘扬理论联系实际、密切联系群众、批评和自我批评以及艰苦奋斗、求真务实的优良作风。坚持对党员干部严格要求，严格教育，严格管理，严格监督，按照中冶集团加强"五种作风"、提升"五种能力"的要求，以及公司倡导的"六大作风""九大意识"，坚决杜绝"五个不能容忍"的要求，各级领导干部讲党性、讲原则，一级管好一级，一级带动一级。

2. 持之以恒落实中央八项规定精神，进一步改进工作作风

贯彻落实中央八项规定精神不放松，严格执行公司改进工作作风、密切联系群众的具体措施，严格执行重庆市党员干部政治纪律"八严禁"、生活作风"十二不准"，严格执行厉行节约反对浪费的各项规定，以抓铁有痕、踏石留印的劲头，坚决纠正"四风"，不断改进学风、会风、文风。各级领导干部坚持把自己摆进去，对照检查，带头落实，做到一马当先、率先垂范。注重将日常性监督与阶段性检查及专项监督检查结合起来，及时纠正打折扣、搞变通行为，坚决防止反弹。

3. 巩固和扩大党的群众路线教育实践活动成果，建立健全作风建设长效机制

按照"照镜子、正衣冠、洗洗澡、治治病"的总要求，巩固和扩大党的群众路线教育实践活动成果，在坚持中深化、在深化中坚持，不断提高思想认识和宗旨意识，增强贯彻群众路线的自觉性。两级公司领导班子每年至少召开一次民主生活会，持续深入查摆"四风"问题，切实整改脱离职工群众、作风漂浮等问题。总结运用教育实践活动的好经验好做法，健全领导干部带头改进作风、深入基层调研机制，完善党员干部直接联系和服务职工群众的制度及畅通职工群众诉求反映渠道制度，彻底改变过去的惯性思维，根除少数人身上存在的俗风陋习，以新的境界、新的风貌，树立中冶建工良好社会形象。对领导不力、不抓不管，整改不落实，"四风"问题依然严重的单位，严肃追究党委、纪委以及有关职能部门的责任。

4. 严明党的纪律和规矩，为作风建设提供保证

自觉学习党章、遵守党章、贯彻党章、维护党章，自觉反对特权思想、特权现象，自觉按照党的组织原则和党内政治生活准则办事，牢固树立党的意识和组织纪律观念。把严明党的政治纪律放在首位，维护党的集中统一，在思想上、政治上、行动上同党中央保持高度一致，坚定不移推进改革创新，毫不动摇巩固和发展公有制经济。严格执行党的各项纪律，严格执行请示报告制度，坚决克服组织涣散、纪律松弛等问题；坚决纠正无组织无纪律、自由主义、好人主义等现象，切实做到"四个服从"。有效运用监督执纪"四种形态"，以严明的纪律确保中央关于加强作风建设的决策部署落到实处。

二、坚决惩治腐败

1. 加大查办违纪违法案件力度，充分发挥惩治震慑作用

坚持有案必查、有腐必惩，"老虎""苍蝇"一起打，坚持党纪国法面前没有例外，不论什么人，不论其职务多高，不论其贡献多大，功就是功，过就是过，功过不能相抵，只要触犯了党纪国法，都一查到底，决不姑息。结合信访举报反映的问题，重点查办了违反中央"八项规定"精神、贪污贿赂、违反财经纪律、违反廉洁从业规定，收红包、吃回扣等案件；结合审计和内控检查，重点查办了因决策程序不规范或违规决策以及失职渎职给企业造成重大损失的问题；严肃查办了物资采购、招标投标、工程建设等重点领域、关键环节的违纪行为。坚持抓早抓小，治病救人，本着对企业负责、对干部负责的态度，全面掌握党员干部特别是领导班子成员的思想、工作、生活情况，对苗头性、倾向性问题及时进行约谈、函询，早发现、早提醒、早纠正、早查处，防止小问题变成大问题。对于疏于监督管理、致使领导班子成员或者直接管辖的下属发生严重违纪违法问题的，严肃追究责任。

2. 规范信访举报处置及案件查办流程，提高执纪审查能力和水平

公开举报电话和举报邮箱，并在公司协同工作平台上设立举报专栏。进一步规范信访举报处置流程，严格送阅程序，规范办理方式，加强实名举报办理和对举报人的保护。严格规范管理和处置反映领导人员的问题线索，坚持线索问题处置情况每月定期上报，重大问题线索在处置方式和处置意见确定后，于5个工作日内上报。完善纪检监察机构查办案件工作制度，严格规范案件查办程序，严肃党纪政纪处理，涉嫌违法犯罪的要按照程序移送司法机关。坚持畅通问题线索来源渠道，整合办案力量，审计、法律、监事等监督机构发现的违规违纪问题，及时移交纪检监察部门。坚持强化案件管理，加大对重点案件的交办、督办和查办力度，统筹协调系统内办案力量，推进"执纪审查人才库"建设。积极与地方纪

检监察机关和司法机关沟通，借助专业部门和专业力量，提高案件查办质量，发挥查办案件的治本功能。

3. 严肃查处用人上的腐败问题

坚持党管干部和党管人才的原则，坚持正确用人导向，从严要求、从严管理、从严监督。健全聘任制、任期制和任期目标责任制，强化对绩效考核和考核结果的运用，真正实现干部能上能下、能进能出，进一步增强干部"无为则无位"的危机意识，最大限度地激发人才的进取精神和工作激情。对违反组织人事纪律的绝不放过，坚决纠正选人招聘中的不正之风；对违规用人问题迅速处理，严格问责，不仅查处当事人，而且追究责任人。对举报选人用人方面的不正之风和腐败问题，组织力量进行核查，依纪依规严肃处理，让弄虚作假、不干实事、"会跑会要"的干部没市场、受惩戒，形成风清气正的用人环境。

4. 坚决纠正损害职工群众合法权益的不正之风

着力解决职工群众反映强烈的突出问题，切实维护职工群众的合法权益。坚决纠正企业改革中损害职工群众合法权益的不正之风，坚决纠正滥用职权、侵占职工群众利益的不正之风。重点纠正领导干部配偶、子女、双方近亲属在本企业担任重要领导和权力岗位担任要职的行为；领导干部的配偶、子女及其他特定关系人在本企业、控股企业和关联企业从事盈利谋私活动的行为；领导干部利用各种名义收受下属以及有利害关系单位和个人礼金、有价证券和支付凭证等行为；领导干部未经批准在本企业下属企业和所出资企业兼职并领取报酬，在关联企业和社会团体、中介机构领取薪酬的行为。

三、科学有效预防腐败

1. 深化反腐倡廉教育，筑牢思想道德防线

深入开展反腐倡廉教育。坚持重点教育与普遍教育相结合，坚持分类、分层、分岗施教，抓好理想信念和宗旨、社会主义核心价值体系和党纪国法教育。党委中心组每年安排廉洁从业专题学习，党政主要领导每年至少讲一次党课或作一次反腐倡廉形势报告；分期分批组织各级领导人员进行党性、党风、党纪，依法经营，廉洁从业教育；坚持组织科级以上及重点（关键）岗位人员签订廉洁从业承诺书；组织开展领导干部任前廉洁谈话、廉洁从业培训；学习廉洁榜样，强化示范教育；剖析违纪违法案件，加强警示教育。

深入推进廉洁文化建设。认真落实《关于推进中央企业廉洁文化建设的指导

意见》，充分发挥企业文化建设和思想政治工作优势，充分利用中冶建工网站、《中冶建工》报、OA办公系统等内部媒体资源，建立宣传教育网络，营造"以廉为荣、以贪为耻"的良好氛围。

2. 以规范权力运行为主线，将反腐倡廉的要求贯穿于企业改革发展和生产经营各项制度中

健全改进作风常态化制度。完善与中央八项规定精神有关的管理制度，合理确定并严格规范管理人员薪酬水平、履职待遇及业务支出费用，健全严格的财务预算、核准和审计制度，公开相关管理事项、费用预算及执行情况。

完善反腐倡廉制度。进一步健全"三重一大"决策制度及党委会、董事会、党政办公会议事规则；制定与领导人员薪酬管理、选拔任用等挂钩的党风廉政建设责任制责任追究制度；完善领导干部报告个人有关事项以及亲属回避管理规定；进一步完善礼品、礼金管理制度；建立健全廉洁风险防控管理办法、防止利益冲突制度、职工违规违纪行为处理规定。

完善薪酬管理制度，突出经营业绩考核的导向作用，使分配有制度、奖金有额度、发放有指标、资金有渠道、法规有保障。健全二级经营单位经营者业绩年度考核等制度；完善国有产权（资产）转让、项目投资、物资采购、对外合作、工程建设等重点领域和关键环节的管理与监督制度。

3. 强化权力运行的制约和监督，确保正确行使职权

加强党内监督。强化对民主集中制执行情况的检查监督，落实集体领导和分工负责、重要情况通报和报告、述职述廉、民主生活会、信访处理、函询谈话等监督制度，加强和改进对主要领导人员的制约和监督。按上级总体部署，积极推进内部监督检查工作，狠抓历年发现问题整改落实。

加强出资人监督和民主监督。加强对落实"三重一大"制度情况的监督，健全执行、问责和经济责任审计等制度。探索监事会监督的有效途径，建立上下协同联动的监事会组织体系，健全完善监事会监督制度体系和工作体系，有效发挥公司监事会对公司财务状况和经营管理情况的监督、检查和评价职能，坚持以问题和风险为导向，做深、做实、做细当期监督，着力增强监事会监督的权威性和有效性。加强经济责任审计工作，坚持二级单位负责人"离任必审"，加大任中审计工作力度；加强对改制重组、产权转让、投资项目等重大事项专项审计。推进财务预决算、国有资本经营预算监督检查、绩效评价、资金集中管理、内部控制体系建设等工作，加强投融资、担保、抵押、对外捐赠等重大财务事项管理。

完善职代会制度，充分发挥职工董事、职工监事的作用，畅通职工参与管理和监督的渠道，组织和引导职工有序参与和支持反腐倡廉建设。按照国资委建设"阳光央企"的要求，加强信息公开工作的研究，探索信息公开的方式方法，继续推行党务公开、厂务公开，建立健全新闻发布制度和信息公开制度，依法公开信息。

加强廉洁风险防控。探索建立覆盖所有业务和岗位的廉洁风险收集机制，加强对廉洁风险信息的监测分析、预警处置和动态管理工作，健全廉洁风险防控制度体系。坚持规范权力运行，把监督纳入管理流程、嵌入操作程序，以管理信息化实现权力运行透明、行为过程可控、责任过失可追溯。以监督检查经营管理人员履行职责行为为重点，围绕"三重一大"事项决策管理情况，企业改制重组、重大工程建设、物资采购、招标投标和成本管理等方面存在的突出问题，对重点项目开展效能监察，堵塞跑冒滴漏，挽回经济损失；探索推进监察部门和审计部门联合立项开展效能监察的新思路，发挥各自专业优势，强化问题的整改，推动提升管理水平和经济效益。探索推进内部权力配置进一步合理化，实行重要岗位（关键岗位）人员交流制度。发挥法律监督、民主监督、职工群众监督作用，探索规范领导干部正确行使权力的联动监督机制，提高监督实效。

4. 深化改革发展，从体制机制上防治腐败

在中冶集团的指导下，积极探索推进分（子）公司层面和项目层面的混合所有制。进一步强化公司的集中招标管理，加大集中采购力度，实现全公司的"阳光招标、阳光采购"。深化企业内部人事、劳动、分配制度改革，实现干部能上能下、员工能进能出、收入能增能减。进一步加强财务集中核算和集中管理，进一步完善公司项目考核体系，加强对境外项目的管控，防范国有资产流失。

四、加强对党风建设和反腐败工作的统一领导，严格落实"两个责任"

1. 党委切实担负主体责任

进一步健全反腐败领导体制和工作机制，严格落实党风廉政建设责任制，党委负主体责任。两级党委切实担负起政治责任，将党风建设和反腐败工作列入重要议事日程，与企业改革发展同部署、同落实、同检查、同考核，定期听取汇报，了解态势，解决突出问题。党委书记牢固树立不抓党风廉政建设就是失职的意识，认真履行党风建设和反腐败工作第一责任人职责，抓作风建设、抓严明纪

律、抓惩治腐败，做到重要工作亲自部署、重大问题亲自过问、重点环节亲自协调、重要案件亲自督办，做到守土有责、守土尽责；领导班子其他成员积极履行"一岗双责"，根据分工认真抓好职责范围内的党风建设和反腐败工作，强化对分管系统和人员的教育、管理。二级党委每年向公司党委报告主体责任落实情况。

2. 纪委积极履行监督责任

两级纪委积极协助党委加强党风建设和组织协调反腐败工作，督促检查相关部门落实各项工作任务，组织开展经常性监督检查，发挥利剑作用，强化管党治党责任落实。不断推动党的纪律检查工作双重领导体制具体化、程序化、制度化，以签字背书、定期述职、约谈汇报等工作方法，强化上级纪委对下级纪委的领导。建立健全问题线索处置情况的报告制度，查办腐败案件以上级纪委领导为主，线索处置和案件查办在向同级党委报告的同时必须向上级纪委报告。坚持转职能、转方式、转作风，进一步明确纪检监察工作职责定位，明确监督内容、途径和手段，加强对同级党委特别是班子成员的监督，强化监督的再监督，严格监督执纪问责。配齐配强纪检监察干部队伍，加大轮岗交流制度；坚持打铁必须自身硬，定期组织开展政治和业务培训，以更高的标准、更严的纪律要求自己，建设忠诚、干净、担当的"纪律部队"。加强日常管理，强化基础工作，做到情况明、数字准、责任清、工作实、作风正。对于有案不查、遇事推诿、在班子里充当老好人的纪委书记，及时进行诫勉谈话，追究责任。

第四节　加强党建经验总结

党的十九大报告明确指出："中国特色社会主义最本质的特征是中国共产党领导，中国特色社会主义制度的最大优势是中国共产党领导，党是最高政治领导力量。"毋庸置疑，作为中国特色社会主义事业的重要组成部分，国有企业的改革与发展必须在党的坚强领导之下，必须沿着党引领的正确方向"加油干"。只有加强党的领导，加强国企党建工作，国企改革和发展的方向才能把准把好。

中冶建工围绕加强党的建设，围绕将党的政治优势、组织优势、群众工作优势、干部人才优势转化为企业治理优势和改革创新优势，在继承中创新，在创新中发展，做了大量富有成效的探索。

中冶建工明确党组织在企业法人治理结构中的地位和作用，确保党组织参与企业重大问题决策，推动党的建设与企业发展深度融合、同步谋划，从制度机制层面为企业深化改革加快发展提供支撑和保障。

中冶建工坚持将党建工作重点放在基层，将基层工作重点放在基础，坚持"把支部建在项目上"，坚持抓基层、打基础，切实发挥党支部的战斗堡垒作用。

中冶建工坚持把强化干部队伍作风建设作为最重要的工作任务，建设政治坚定、作风过硬、求真务实、团结和谐的两级领导班子，培养一支忠于党、忠于企业的高素质干部队伍，引领企业持续健康发展。

中冶建工坚持对党风廉政建设和反腐败工作的高度重视，认真落实党风廉政建设"两个责任"，让权力在阳光下运行，营造良好的政治生态环境。

中冶建工坚持把建设先进的企业文化作为保持企业生机与活力的重要途径，打造具有中冶建工特色的企业文化，构建正确的价值理念和行为规范，激发广大员工的创造力，提升企业核心竞争力。

回顾中冶建工的发展历程，党的建设是一条贯穿其中的红线。在"加强和改进党的建设"的历史命题上，"全面从严治党"已上升至国家战略的新高度，要求越来越高，越来越严，中冶建工党的建设依旧任重道远。

第十四章 中冶建工集团改革发展经验总结

中冶建工的前身——中国第十八冶金建设公司成立于 1965 年，经过 20 余年的发展，至 20 世纪 80 年代末成长为重庆最大的建筑施工企业，代表了重庆建筑业最高水准，并在中国冶金建设领域赢得较高知名度。但随着市场经济的逐步确立，建筑行业日益放开竞争日益激烈，再加上当时决策层观念意识落后，这个创造了众多建筑精品的施工企业，于 1992 年前后开始走向低谷。在漫长的社会转型期，中国十八冶在亏损的泥淖里越陷越深，截至 1999 年，当年亏损近 7000 万元，累计亏损 1.7 亿元，职工工资拖欠 1.1 亿元，外部债务 1.2 亿元，银行贷款及职工借资本息合计 1.4 亿元，资产负债率 99%，各二级单位全面负债，最高达 120%；1999 年完成产值仅 3.1 亿元，其中施工产值 2.4 亿元，人均收入 5608 元，实发 3100 元，累计拖欠已达 22 个月；员工总数近万人，离退休人员共 7000 余人。这样一个企业，也许没有人会相信它能活过来。

2000 年 3 月，中冶集团对中国十八冶领导班子进行重大调整，新的领导班子坚持科学发展观，坚持以人为本，克服困难，励精图治，三年扭亏，三年夯实基础，奇迹般地使一个濒临破产的大型国有施工企业走出困境，并步入良性发展轨道。截至 2018 年，企业连续 18 年实现了主要经济指标的持续稳定增长，企业综合实力显著增强，新签合同、营业收入连续 8 年"双百亿"，较 2000 年分别增长 241 倍和 63 倍；利润总额较 2000 年增长约 8.9 亿元；净资产较 2000 年增长 427 倍；在岗员工年人均收入较 2000 年增长 15 倍；纳税总额达 4.65 亿元，较 2000 年增长 102 倍，连续多年被评为重庆市纳税 50 强暨纳税信用 A 级纳税企业。

回顾中冶建工的发展历程，几乎可以用十年辉煌、十年困难、十年崛起加以概括；其发展轨迹也与整个国有企业的发展轨迹相一致，与社会经济的转型、进步相契合，充分说明改革创新是发展的不竭动力。因此，对中冶建工发展之路的解析，实际是对一个国企样本的解析，其中应该不乏新鲜的经验和可借鉴的思维方式、实践路径，我们认为有五个方面的主要经验值得总结传承，分别是战略、管理、政策、文化、党建。

第一节　战略是方向，决定了企业的未来走向

清晰的发展战略是现代企业成功的关键。企业发展战略是对企业发展长期性和全局性的谋划，是一个企业的发展蓝图。古语云"预则立，不预则废"，俗语也有"人无远虑，必有近忧"，都是讲未来谋划的重要性，即战略。企业战略是对企业未来发展的中长期规划，包括目标的设立、环境的分析、企业优劣势的判断，以及可能出现的机遇或危机的预测等。清晰的发展战略能为企业指明前进的方向，是一个组织成员共同奋斗的行动纲领。企业战略是否清晰，是否合理，将决定一个企业的成败。企业主要领导要有战略思维，要高度重视本企业发展战略规划工作，应全程指导主持企业发展战略规划的编制。

2000年初的中国十八冶，背负银行债务3亿元，拖欠职工工资1亿元，其他债务1亿元，可谓内外交困。在此时公司做出了一个战略决定，提出经营结构和产业结构转型，要从以冶金建设为主转向以民用市政为主。这次战略转型，为企业赢得了广阔的市场，并最终扭亏脱困，为步入良性发展轨道奠定了基础。

自2001年起，公司开始以五年为一个周期，制定企业战略发展规划，先后实现了扭亏脱困、实力积聚、发展壮大三个重大战略目标。从2011年"三五"规划开始，企业领导层提出了"加强中间，做强主业，延伸两端，提升价值"的企业发展总战略。指出提升企业价值必须立足建筑主业，向其上游勘察设计、下游房地产及物业服务分别延伸，以此形成更为完善的产业链和服务价值链。以企业发展总战略为纲，中冶陆续制定了低成本战略、大循环战略、精细项目管理战略、做强主体专业战略、转型发展战略、资本扩充战略、创新战略、人才战略、品牌战略、用户战略、信息化战略和国际化战略等企业发展子战略，共同构成较为完善的企业发展战略体系。当然，这个体系也包括了中冶的发展愿景，即建设"国内一流，重庆第一的工程总承包特级企业和具有国际竞争力的一流企业集团"。企业愿景与企业总战略是指向一致而角度有异、各有侧重的关联性表述。

始终贯彻战略优先和战略导向的理念，可以更清楚地知道要做什么、能做什么和怎么做。因此从本质看，企业战略其实就是一种方法论，一种更为宏观的、关涉全局的方法论。

第二节 管理是基础，决定了企业成败

规范而严格的管理是现代企业成功的基础，而完善的管理制度是规范管理的前提，项目管理是施工企业管理的核心。管理是企业永恒的主题，任何组织都离不开管理。20 世纪 90 年代初开始，中国十八冶连年亏损，有一定客观原因，但主要原因还是当时内部管理失控，导致工程项目大面积亏损，企业滑入了低谷，处于破产的边缘。没有规矩，不成方圆。要规范管理就不能靠人管人，要靠制度管人。近年来，中冶建工非常重视企业规章制度建设，平均每年制定、修改、完善的管理办法有 60 项左右。从恢复管理、规范管理、提升管理再到精细管理，较为完善的规章制度确保了企业的有序运转。通过对中冶建工成功摆脱困境，走向健康发展的经验进行分析提炼，本文归纳了如下几点企业管理经验：

第一，企业管理是科学，有其自身的规律，规律可以被发现，可以被运用，但不能被创造。企业管理是实证的，任何将其描述为玄学的理论都背离了科学的本质。

第二，企业管理的对象终究是人，管理学追根究底是关于人的学问。对人的研究和认识，是贯穿中国哲学的主线，从诸子百家到程朱理学，再到顾炎武、王船山、曾国藩，一部"子"集，就是对人和人性不同角度的观察，这种观察甚至也充盈于经史之中。我国的先贤大儒给我国留下了丰富的管理学遗产，因此儒家、道家、法家、兵家无一不可以与管理学结合。"中国式管理"就是企业管理的"中西医结合"。

第三，对任何一个企业而言，没有最好的管理，只有最适合本企业的管理。"万法皆法，万法皆非法""运用之妙，存乎一心"。对企业管理方式方法的照搬照套，只是表面，关键在于"适合"。

第四，企业管理没有尽善尽美，只有追求尽善尽美的过程。也就是说，没有任何一种管理尽善尽美，包治百病，放之四海而皆准；也没有任何一种管理适用于一个企业十年百年。企业管理总是遵循着：管理—出现问题—解决问题—新的管理路径前进，所形成的轨迹是一个循序渐进、螺旋式上升的曲线。

第五，企业管理是一个整体，不同区域、流程的管理是彼此相关的。必须将企业管理视为有机整体，辩证治理是提高管理成效和管理效率的最佳方法。

第六，企业管理遵循"简明第一"的法则。不要迷信烦琐复杂的管理就是好管理，真正有效的管理无不简单明了，"删繁就简三秋树，标新立异二月花"不单单是艺术的、审美的法则，同样是企业管理的法则。

第三节　政策是关键，决定了企业动力

毛泽东主席曾指出："政策和策略是党的生命，各级领导同志务必充分注意，万万不可粗心大意。"同样，政策也是企业的生命，企业政策在企业治理中具有关键性的作用，在于企业政策决定了企业内部利益分配的根本方式和方法，对员工的积极性调动有着深刻而广泛的影响；如果足够地尊崇政策的严肃性和连续性，那么这种影响还会是深远的。正视政策在企业治理中的关键性作用，其实就是承认薪酬在整个激励机制中的关键性地位。

中冶建工早在2001年即开始收入分配政策的研究和制定，按照具体问题具体分析的原则，利用个体差异性理论，针对公司管理体制和施工任务的特点，经过三年多的探索和实践，在2004年形成了较为完善的收入分配体系。薪酬分配体系的核心和要害在于运用激励和约束机制充分调动全体员工的积极性和创造性。薪酬分配体系的政策底线，在于坚持"两低于"原则，即工资总额、收入水平的增长必须低于同期劳动生产率的增长，低于同期利费水平的增长，以保证企业法则的后劲和企业的持续稳定法则。

2004年即开始在两级公司决策层推行年薪制，这在当时的国企领域，确实有着打破思想禁锢、率先进入改革深水区的意义。更重要的是在此分配政策的激励下，对公司领导班子成员和项目经济产生了积极的推动力，这也就是中冶建工能够留住骨干的原因，成为企业扭亏为盈、快速发展的关键。

中冶建工的政策具有权威性和长期性。公司员工可以根据年度指标完成的情况，清楚地计算出自己的年度收入，项目经理也可以依照下达的项目目标责任书，在项目竣工后准确测算出个人收益。对分配政策的坚守，在巩固政策权威性的同时，其实也大大地增加了政策的透明度，从而奠定了公平和公正的基础，奠定了企业持续稳定发展的基础。

第四节　文化是环境，决定了企业人才成长的导向

独特的企业文化，是增强企业内部凝聚力和外部竞争力的有力保障。从长远看，企业之间的竞争归根结底是文化的竞争，企业文化的不可仿制性决定了它在企业核心竞争力中的重要作用。在公司扭亏脱困、改革发展的奋斗历程中，中冶建工逐步形成发展和完善了以员工共同价值观、企业使命、企业精神、企业愿景、工作准则、十大文化理念以及相关子文化等为主要内涵的，既具有中冶建工特色，又得到社会普遍认可的企业文化。通过对中冶建工企业文化的深入研究，本文归纳出以下几个要点：

第一，诚信。在中冶建工企业文化体系中，诚信是一个关键词，在企业精髓、企业精神、经营理念等多个核心理念中均有突出体现。这首先是基于现实的考量：市场经济的本质是诚信经济，只有企业保持诚信，才能真正赢得客户。如果企业对市场缺乏诚信，会逐渐被市场丢弃，如果对员工缺乏诚信，也会遭到员工的抛弃。"诚实守信，追求不息"，强调了企业必须将诚实守信作为企业的核心品质而自律与恪守，有了诚信，方可言外化的追求和行为。

第二，经营理念。"用户至上，诚信为本，全员经营，追求第一"的经营理念，是中冶建工企业文化之一，这对市场开拓产生了积极而深远的影响。市场开拓乃至于企业运行的所有环节必须以用户为中心，强调寻找和占有市场是所有员工的共同职责，指出唯有第一才能立于不败之地。用户意识、诚信意识、全员意识和竞争意识的培养和树立，为公司开拓疆土奠定了广泛的思想基础。

第三，共同价值观。"追求事业上的成功和工作中的尽善尽美是我们最大的快乐和享受"是中冶建工的共同价值观。价值观决定着一个人的思想方式和行为方式，而共同价值观是企业文化最为核心的理念，为企业员工迅速达成一致的意见搭建了十分重要的平台，对于一个企业的发展、一个团队的形成影响巨大。

第四，十大文化理念。学习文化、经营文化、创新文化、质量文化、安全文

化、理财文化、廉洁文化、反思文化、效率文化、忠诚文化十大文化理念，初步形成了完整的企业文化体系。如果说企业共同价值观倡导价值取向的一致性，那么十大文化理念则是心智模式，思维、行为甚至生活方式的进一步趋同，以期团队整体战斗力的快速提升。

制度是刚性的、坚硬的，也是形式的、外化的；文化是黏性的、柔软的，也是精神的、内化的。两者的融合最终筑起由线到面，再到立体的、完整的，具有人格意义的企业。优秀的企业文化可以创造形成企业优秀人才和优秀管理团队茁壮成长的良好环境。

第五节　党建是保证，决定了企业的政治生态和组织保证

2016 年 10 月，习近平总书记在全国国有企业党的建设工作会议上发表了重要讲话。讲话从坚持和发展中国特色社会主义、巩固党的执政基础和执政地位的高度，深刻回答了事关国有企业改革发展和党的建设的一系列重大理论和实践问题，提出了一系列带有创新性、突破性的理念思路和政策举措，为我们加强国有企业党的建设指明了前进方向，提供了根本依据。2017 年，市委召开的全市国有企业党的建设工作会议也鲜明提出，做强、做优、做大国有企业，归根结底，离不开党的建设这个法宝，党建工作做实了就是生产力，做强了就是竞争力，做细了就是凝聚力。当前，我国已经进入全面建成小康社会决胜期，国有企业作为我们党执政兴国的重要支柱和依靠力量，应当认真贯彻落实中央和市委决策部署，积极为经济建设做开路先锋。毫不动摇坚持党的领导、从严从实加强党的建设，是国有企业各级党组织和党员干部首要的政治任务和政治责任。

坚持党的领导，是国有企业改革发展的根本保证。党的坚强领导，是国有企业的政治优势和组织优势。企业党组织要紧紧围绕生产经营这个中心开展工作，党建工作要同企业发展深度融合、同步谋划。建筑企业党建工作的重点在基层，要坚持"把支部建在项目上"，发挥好党支部的战斗堡垒作用。要高度重视党风廉政建设和反腐败工作，廉洁是从严管理的前提，只有廉洁，才能从严管理，才能保障企业持续稳定发展。

　　国有企业中加强党的建设不单是党的执政需要，也是企业生产和发展的自身需要。企业党组织的存在，是国有企业政治优势的体现。我们党的建设的经验和理论，同样适用于企业党组织和党员队伍建设，适用于企业员工队伍建设。面对新的形势和要求，中冶建工围绕加强党的建设，围绕将党组织的政治优势转化为企业的竞争优势，在继承中创新，在创新中发展，做了大量富有成效的探索。党员队伍始终是员工队伍的骨干和中坚，党的建设始终是企业工作的重要一环。

　　新形势下的国有企业党建工作，面临着比以往任何时候都更多的挑战，我们必须顺应时代的发展，大胆创新党建工作方式，不断实践和探索国有企业党建工作的新方法、新途径，以更贴近时代的工作方法和思维方式推进党建工作，才能使企业的党建工作取得更好的效果，为企业的发展做出新的更大的贡献。

参考文献

［1］常修泽. 混合所有制经济新论［M］. 合肥：安徽人民出版社，2017.

［2］李锦. 新时代国企改革策略［M］. 北京：中国经济出版社，2017.

［3］曹森孙. 供给侧改革背景下我国国有企业改革发展路径探寻［J］. 改革与战略，2016（10）.

［4］程承坪. 当前国企改革的方向：建立中国特色现代国有企业制度［J］. 学习与实践，2017（2）.

［5］戴保民. 关于国有企业发展混合所有制的探讨［D］. 中国社会科学院研究生院博士学位论文，2017.

［6］单豪杰. 全面深化改革背景下国有企业党的建设研究［D］. 兰州大学博士学位论文，2017.

［7］国企党建丛书编写组. 国有企业改革发展探索［M］. 南宁：广西人民出版社，2017.

［8］国务院国资委新闻中心. 国企改革12样本［M］. 北京：中国经济出版社，2016.

［9］黄群慧，余菁. 新时期的新思路：国有企业分类改革与治理［J］. 中国工业经济，2013（11）.

［10］刘明越，吕大忠. 国有企业改革的方向：反垄断和市场化［D］. 南开大学博士学位论文，2010.

［11］吕政，黄速建. 中国国有企业改革30年研究［M］. 北京：经济管理出版社，2018.

［12］邵宁. 国有企业改革实录［M］. 北京：经济科学出版社，2014.

［13］沈根泉. 国有企业改革的社会主义方向问题研究［D］. 中央党校博士学位论文，2017.

［14］施能自，吴芙蓉. 新一轮国企改革的思考与操作实务［M］. 北京：中国

经济出版社，2017.

　　[15] 王秀国，牛欣.国企改革若干问题研究 [M].北京：中国经济出版社，2017.

　　[16] 杨英杰.做优国企——改革新读本 [M].北京：清华大学出版社，2017.